自治体政策法務

Yasutoshi Tamura ・ *Minoru Chiba* ・ *Tsutomu Yoshida*
田村 泰俊・千葉 実・吉田 勉【編著】

Policy and Legal Practice of Local Governments

八千代出版

執筆分担 (執筆順)

〈編者〉

田村泰俊（明治学院大学法学部教授）
　　第1部第1、2章、第4章、第2部第2章第2節1
千葉　実（岩手県環境生活部廃棄物特別対策室主任主査・岩手県立大学講師）
　　第2部第1章第1節、第2節1、2、4(1)、(2)②、③、5、第2章第4節、【コラム3】
吉田　勉（茨城県病院局経営管理課企画室長・明治学院大学法学部講師）
　　第2部第2章第1節、第2節4、【コラム5】

〈執筆者〉

越智敏裕（上智大学法学部教授）
　　第1部第3章、【コラム1、2】
宮原　均（東洋大学法学部教授）
　　第1部第5章、第2部第1章第2節4(2)①
津軽石昭彦（岩手県環境生活部副部長兼環境生活企画室長・岩手県立大学講師）
　　第2部第1章第2節3、第3節2、3、第3部第2章
小林明夫（愛知学院大学法学部准教授）
　　第2部第1章第3節1、【コラム4】
山本未来（明治学院大学法学部准教授）
　　第2部第2章第2節2、3
菅原あすか（茨城県農林水産部農業政策課係長）
　　第2部第2章第3節1、【コラム6、7】
深山秀文（千葉市総務局総務部総務課市政情報室長）
　　第2部第2章第3節2
阿部　鋼（弁護士）
　　第2部第3章、【コラム8】
提中富和（大津市職員・滋賀大学客員研究員）
　　第3部第1章、【コラム9、10】

はしがき

　法学部や総合政策学部の学生の多くが、人生の選択として自治体公務員を選択して来ていることは周知の事実であろう。しかし、大学での法学教育は、いわばパンデクテン的な憲法、民法、刑法、商法、訴訟といった、伝統的な司法を意識した構成となっている。公務員志望者にとって、公務員となろうとするとき、公務員試験向きの受験勉強的なものしかないと言っては言いすぎだろうか。むしろ、公務員になってから必要な法的知識や教育が、これらの学部では必要ではないのか。こういった問題意識から生まれたのが本書である。

　ところで、現代の自治体実務では、分権と独自の政策が重要となっている。そこで、この公務員となってから必要な法的トレーニングを政策法務を中心に構成してみることとした。

　一方で、自治体実務の現場では、行政事件訴訟法が改正され、不利益処分や申請拒否処分、あるいは代執行を行う場合など、訴訟を念頭に置かなければならない場合が多い。このことから、判例からみた政策法務を基調とすることとした。

　以上のような本書の性格から、本書は大学教員、行政訴訟に精通した弁護士、自治体実務を知る自治体職員により執筆されている。

　これから公務員となろうとする学生のみならず、そういった法的トレーニングを受ける機会の少なかった現職の自治体公務員の人々にも参考になるであろう。

　最後に、本書を作成する事務作業の多くを、愛知大学法学部の山本未来さんが担ってくれたことを付記しておくとともに出版にあたっては八千代出版の森口恵美子氏、御堂真志氏にお世話になった。ここに感謝の意を表したい。

2009 年 5 月

田 村 泰 俊

千 葉 　 実

吉 田 　 勉

目　　次

はしがき

第1部　総論―自治体政策法務の理論―

第1章　自治体における政策法務とは何か ―――――― 3
第1節　自治体政策法務の定義 ………………………………………3
　　1　なぜ自治体政策法務という考えが必要なのか　3
　　2　政策そして法務とは何か　5
　　3　自治体政策法務の具体的な性格　6
第2節　政策形成の循環サイクルの意味と役割 …………………7
　　1　政策形成の循環サイクルの意味　7
　　2　政策の立案と実施という政策実現のツール　7
　　3　政策の合理性測定のツール　9
　　4　国の法令の見直しを促すためのツール　9
第3節　政策過程と行政技術としての政策法務 …………………10

第2章　自治体政策法務の到達点と課題 ―――――――― 13
第1節　歴史的な系譜 ………………………………………………13
第2節　現在の状況と課題 …………………………………………14

第3章　訴訟結果の自治体政策法務への反映 ――――― 17
第1節　自治体の行政活動に関係する訴訟には
　　　　どのようなものがあるか ………………………………17
　　1　自治体が直接的に訴訟にかかわるもの　17
　　2　自治体が間接的に訴訟にかかわるもの　25
第2節　自治体が訴訟を意識する必要性 …………………………26
　　1　訴訟リスク　26
　　2　訴訟が提起された場合の対応　28
【コラム1】行政不服審査制度の可能性　29
　　3　自治体が直接的にかかわる訴訟の場合　30
　　4　自治体が間接的にかかわる訴訟の場合　31

【コラム2】私人による法の実現　32

第4章　自治体政策法務と判例 ―― 33
　第1節　判例へのアプローチ 33
　第2節　判例の争訟的見方と政策的見方 34
　第3節　政策課題を阻害する判例への対応 35

第5章　自治体政策法務における憲法の重要性 ―― 39
　第1節　自治体政策法務における憲法の位置付け 39
　　1　自治立法　39
　　2　自治解釈・運用法務　43
　第2節　自治体をめぐる憲法訴訟 46
　　1　具体的審査制と抽象的審査制　46
　　2　法律上の争訟　47
　　3　部分社会　48
　　4　統治行為　49
　　5　憲法上の争点適格　49
　　6　文面審査・限定合憲解釈　50
　　7　審査基準　51
　　8　立法事実　56
　　9　違憲判決の効力　57
　　10　違憲判決の拘束力と判例変更　57

第2部　各　論

第1章　立法法務 ―― 61
　第1節　概　説 61
　第2節　実体的な論点 63
　　1　立法を検討する前に――現行制度の十分な活用　63
　【コラム3】現行制度の意外な活用　66
　　2　立法事実の把握　66
　　3　立法に馴染む対象かどうか　69
　　4　立法の適法性　74

iv

5　設計した制度の法的効果等（処分性、保護すべき利益の範囲）の確認　85
　第3節　条例制定過程・手続等に関する論点 88
　　1　条例等の制定過程　88
　【コラム4】法規審査担当セクションのデスク配置　105
　　2　議員・市民立法　107
　　3　住民の意見の反映　113
　【参考資料】住民参加条例の制定状況　118

第2章　解釈・適用法務 ─────────────── 125
　第1節　概説──法令解釈と自治体職員 125
　　1　自治体窓口での法務　126
　【コラム5】「やらないか、やるか」それが問題！　131
　　2　積極果敢に困難に立ち向かう技術としての法務　132
　　3　まとめと本章のねらい　139
　第2節　実態的論点Ⅰ 139
　　1　自治体による法令の自主解釈　139
　　2　不作為の行政責任　142
　　3　行政の実効性確保　148
　　4　政策変更における法務　159
　第3節　実態的論点Ⅱ 174
　　1　人事管理と自治体法務　174
　【コラム6】国家公務員法の改正と人事管理　178
　【コラム7】職員の採用と政策法務　181
　　2　公の施設の管理権限と管理責任　182
　第4節　行政手続に関する論点 191
　　1　行政手続と行政処分の関係　191
　　2　第三者の利益　193
　　3　行政指導　194

第3章　訴訟法務 ──────────────────── 199
　第1節　概説──リスクマネジメントとコンプライアンス 199
　第2節　訴訟対応の基礎知識 200
　　1　行政事件訴訟と民事訴訟　200

2　行政事件訴訟法と民事訴訟法　　201
　　3　行政事件訴訟の類型　　201
　　4　国家賠償事件　　201
　第3節　訴訟対応の手順（リスクマネジメントの概略）..........................202
　　1　訴状の送達　　202
　　2　代理人弁護士への委任　　202
　　3　答弁書の提出　　203
　　4　口頭弁論と弁論準備　　203
　　5　証人尋問　　203
　　6　口頭弁論の終結　　204
　　7　判決と確定　　204
　　8　判決言渡期日後の対応　　205
　【コラム8】弁護士報酬　　205
　第4節　自治体のコンプライアンスマニュアル
　　　　　（産業廃棄物事案を中心に）..206
　　1　訴訟リスク回避の工夫　　206
　　2　行政指導の継続に関する指針　　206
　　3　許可申請への対応に関する指針　　208
　　4　不許可処分における指針　　227
　　5　違法行政の禁止　　240

第3部　自治体政策法務を定着・飛躍させるために

第1章　政策法務のPDCAサイクルを回していくための組織的対応──249
　第1節　通達依存の「非法治行政」..249
　第2節　非法治行政に対する判例の反応..250
　　1　裁判所も通達を忖度している　　250
　　2　予算主導の「非法治行政」を住民訴訟が問う　　253
　　3　政策的対応の非法治性を行政手続法制が問う　　257
　　4　行政権限の不行使を義務付け訴訟が問う　　259
　第3節　法治行政へ転換するために──法務の日常化..........................260
　　1　法務能力の一般的必要性　　260
　　2　行政手続法制の浸透化　　261

【コラム９】政策法務のPDCAサイクルは縦横無尽に回る　*263*
　　3　行政強制の日常化　*264*
　　4　行政不服申立てを回避しない　*266*
　　5　訴訟遂行は職員の手で　*267*
　　6　条例提案の平易化　*268*
　第4節　自治体職員の法務能力の向上のために *269*
　　1　法務研修の考え方　*269*
　　2　法務能力の研鑽意欲を高めるための方策　*270*
　第5節　政策法務のPDCAサイクルを回すための組織的取組み *272*
　　1　政策法務による法務の日常化　*272*
　　2　Plan段階の法務担当部門のかかわり　*272*
　　3　Doの段階の原課の取組みと法務主任　*274*
　　4　CheckからActionの段階のキーステーション　*275*
　　5　政策法務のOJTの基地　*276*
　【コラム10】政策法務課と政策法務推進計画　*277*
　第6節　自治基本条例による政策法務のPDCAサイクルの規範化 *278*

第2章　多様なネットワーク ─────────────── *281*
　第1節　自治体間のネットワーク *281*
　　1　自治体間における統一条例の制定　*281*
　　2　自治体間における政策法務のネットワークづくり　*287*
　第2節　自治体職員間のネットワーク *290*
　　1　業務を通じた職員間ネットワーク　*290*
　　2　業務外の自治体職員間ネットワークによるスキル・ノウハウの共有　*291*
　第3節　自治体と研究機関、NPO、シンクタンク等とのネットワーク ... *293*
　　1　市民立法等におけるファシリテータ機能　*293*
　　2　政策法務における技術的支援、コンサルティング機能　*295*
　　3　政策法務における事務的作業のサポート機能　*295*
　　4　首長や自治体職員の意識改革促進機能　*296*

判　例　索　引　*299*
索　　　　　引　*303*

略記一覧

行訴法	行政事件訴訟法
国賠法	国家賠償法
自治法	地方自治法
自治法施行令	地方自治法施行令
出入国管理法	出入国管理及び難民認定法
精神保健法	精神保健及び精神障害者福祉に関する法律
地公法	地方公務員法
廃棄物処理法	廃棄物の処理及び清掃に関する法律
分権一括法	地方分権一括法
民訴法	民事訴訟法

最大判	最高裁判所大法廷判決
最（1小）判（決）	最高裁判所第1小法廷判決（決定）
高判（決）	高等裁判所判決（決定）
地判（決）	地方裁判所判決（決定）

刑集	最高裁判所刑事判例集
民集	最高裁判所民事判例集
行集	行政事件裁判例集
裁判集民事	最高裁判所裁判集民事
判時	判例時報
判タ	判例タイムズ

第1部

総　論
―自治体政策法務の理論―

第1章
自治体における政策法務とは何か

第1節　自治体政策法務の定義

1　なぜ自治体政策法務という考えが必要なのか

　まず、2000年のいわゆる分権一括法は、475本の法律を一括して改正した。その主要な理由は、国の事務を自治体に行わせることで、国と自治体を上下関係に置いていた機関委任事務を廃止し、国と自治体との法的な関係は、わが国の行政目的を達成するため役割を分かち合っている役割分担の関係（自治法1条の2）すなわち、国と自治体とを対等協力関係とする点にあった。

　それでは、国と自治体が、上下関係ではなく対等協力関係である必要は、どのような点に求められるのだろうか。それは、行政が対応しなければならない様々な問題に対し、当然、国と自治体とではそれに対する考えやアプローチが異なる場合が多いので、この異なった考えやアプローチを対等の立場でぶつけ合い、そこから解決策を模索し、協力して実現することが、健全な問題解決のあり方にほかならないからである（法の世界における価値相対主義）。換言すれば、上下関係から国の価値観や理解だけが是とされる場合、異なった価値観や理解が考慮される可能性が低くなり不健全な行政運営となる場合が多くなることとなる。このような意味から、分権が必要となる。そこで、分権とは、いわゆる三権分立が国の組織を立法・司法・行政と3つに

割りチェック・エンド・バランスをはかるのに対し、国と自治体を対等協力関係に置く別の角度からの権力分立、つまりチェック・エンド・バランスのシステムと考えてよいであろう。

　1993年自治法改正で導入された自治6団体による国への申入れ（自治法263条の3）以外にも自治体の国政参加権の強化（協議機関の設置等）が模索されたり、国からの関与の規定（自治法245条）の見直しの必要が議論されたりするのも、真の対等協力関係の構築を実現しようとする試みと考えてよい。

　以上のように、国と自治体が対等協力関係となった以上、自治体は、国とは異なった理解やアプローチを採るべき場合があり得る。

　次に、それぞれの自治体では、その住民のニーズ、人口規模、財政規模、地理的条件、そして産業構成等、様々な面で、相異や特徴を有している。そこで、この相異や特徴に沿った、あるいはそれを生かし成長させる行政運営が期待され、望まれることとなる。各自治体のよって立つフィロソフィーや特徴を制度化するいわゆる自治基本条例（全国初は、ニセコ町、都道府県では、2009年神奈川県条例）や福島県の商業によるまちづくり条例など最近の独自条例制定の動向を見れば、このことは容易に理解できよう。また条例以外でも、岩手県の平泉文化遺産の世界遺産登録へのチャレンジや、「子育てするなら山形県」との山形県のスローガンからも同様のことを知ることができよう。

　最後に、対等協力、そして独自性や特徴を出すということは、逆に言えば自立を各自治体に求めることとなる。自治体訴訟法務にその例を1つだけ求めてみよう。最近、現実には国の規律密度が高いと自治体側が感じた例として、行政事件訴訟で廃棄物処理法上の許可処分を行った自治体が被告とされたケースで、「国の利害に関係のある訴訟についての法務大臣の権限等に関する法律」の適用を国から否定された例がある。このように、訴訟戦略も、自ら自立して立ててゆく時代となっている。

　以上のような点から、自治体政策法務とは、国と自治体との分権を支える、あるいはそれと表裏一体の関係にあることを知っておこう。なぜなら、分権とは、各自治体が、それぞれの行政上の課題に関し、独自のアイデア（政策）を立て、それを法という道具を自由自在に使って実現することを意味す

るからである。

2　政策そして法務とは何か

　同じ法を適用する機関といっても、「司法」は「個別」のケースに対し、しかも法適用を行う時点から見れば「過去」に対し法を適用し、いわば個別事案の後始末を行う作用である（事実認定とそれに基づく法令適用による「一件落着型」）のに対し、行政の1つの特徴は、将来のまちづくり、環境保全、産業育成や保護といった「未来」を創ることがその存在意義や活動の1つの中心となり、これを「政策」と呼んでいる。

　それでは、その政策を支える「法務」とはどのようなことを意味するのだろうか。1つの政策目標を達成するためには、複数の法手法があり、例えば「費用」対「効果」などの観点からどの法手法を選択すべきかを決定することとなる。なぜなら、行政活動は「法」に基づいて動いているからにほかならない。2つだけ例を掲げてみることとしよう。ある自治体を全国にアピールする。これは、その自治体にとって1つの重要な政策課題となる（地場産業の育成、観光客の誘致などの基礎となる）。そこで、1つには、キャラクターを作り、それを「まちづくり条例」の中に取り込み、条例を元に、キャラクターを利用し活動する、すなわち条例制定という方法が考えられる。また、別な方法として、すでに自治体が有している法令上の権限を利用するやり方も考えられる。例えば、住民基本台帳法は、自治事務なので、比較的自治体の自由度が広いから、架空の者の住民登録が可能となり、キャラクターを住民登録して住民票を作成し、それを発行しアピールするなどである。

　また別の例として、いわゆる孤独死防止という政策課題を考えてみよう。1つには、町内会等の利用（「ソフト・ロー」の利用）が考えられる。すなわち、町内会に1人ぐらしの老人宅を定期的にまわってもらう。また、別の方法として、日々、自治体が行っているゴミ収集を利用するという方法もある。ゴミ収集事業を業者との契約で行っている自治体で、この契約を利用し、高齢者宅については個別収集を行っている例がある。この場合、収集時に応答のない場合、自治体に通報させることが可能となる。

以上のように、自治体政策法務とは、自治体が立案した政策や行政課題を、法というツールを自由自在に利用し実現することをいう。

3　自治体政策法務の具体的な性格

　以上のように自治体政策法務とは、国と自治体との分権を基礎に、各自治体が独自に政策を立案し、法という道具（ツール）を自由自在に使ってその政策を実現しようとするものといってよい。

　そこで、政策法務の著作物でよく論じられる「法制執務」との相違を例として見てみることとしよう。まずこれを図解してみることとしたい（図1-1-1）。

　まず、広義の自治体政策法務とは、自治体がその政策実現を行うために利用する法的ツールすべてを指すと考えてよい。その意味では、伝統的な法制執務もそのツールの1つであることは疑いない。例えば、条例制定の際に行われる条文案の法文チェック、「A、Bその他C」とするのか「A、Bその他のC」とするのか（なお前者はCにA、Bと性格の異なるものを、後者は、A、Bと類似するものを読み込むこととなる）などをイメージしてみるとよいであろう。

　しかし、よく自治体政策法務で、法制執務から離れるべきといわれるのは、以上述べたように法制執務が不要ということではなく、次のような意味として理解すべきであろう。すわなち、法制主管課（自治体により課名が異なるので、一般的な表記としてはこのように呼ばれることが多い）が、法文チェック等を行うときに使う法的ツールが法制執務であり、政策・行政課題を具体的に取り扱う現場の各担当課が利用する法的ツールが狭義の政策法務であるといえる。そこで、この狭義の政策法務においては、各担当課（職員）は、むしろ、現場での問題発見、政策を支える事実の把握・確認、それを解決すべきアイデ

図1-1-1

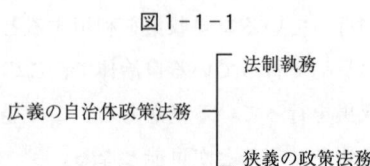

アと法的ツールの選択（条例制定が必要か、契約手法で対応するのか等）を行うということとなる。

そこで、これを条例制定を例とすれば、各担当課（外部の専門家等をまじえた研究会──利害関係ある団体等を入れた審議会を経た条例案の作成）、担当課と法制主管課との協議そして、議会提出となる。その際、各担当課では、法文チェックは法制主管課が行うので、むしろ問題発見やアイデアという政策を忘れてはならない、すなわち、法制執務にとらわれないアプローチが、ある意味で必要となることを知ることができよう。このような点で、狭義の政策法務は、現場の担当課、職員の法ということができる。

第2節　政策形成の循環サイクルの意味と役割

1　政策形成の循環サイクルの意味

司法と行政は、同じく法を適用する作用とはいえ、次のような大きな相違がある。それは司法は主に過去の事実への法の適用であるのに対し、行政は政策、すなわち、将来に向け法を利用し、その実現をはかるという点なのである。そこで、この将来を法というツールで作るという点で、独特の法のフレーム・ワークがあるといわれる。それが、Plan（立案）──→Do（実施）──→See又はCheck（評価）というフロー（いわゆるPDS又はPDCAサイクル）、すなわち、政策形成の循環サイクルと呼ばれるものである。

2　政策の立案と実施という政策実現のツール

まず、立案（Plan）の段階では、よく「協働」という表現が利用されている。これは、一般には、住民と行政が共に協力しながらその自治体の政策づくりを行う、すなわち、住民参画の基本であるといわれている。自治基本条例（いわゆる自治体の憲法とも呼ばれる）はその1つの例であり、未成年でも参加できるこの種の条例の第1号たるニセコ町のまちづくり基本条例が著名な制定例となっている。そのほか、パブリック・コメント（行政から条例の制定・改正案、計画の策定案を示し、それに対する住民の意見を入れて最終案をねる）が

あり、2001年、岩手県、新潟県、滋賀県が全庁的に始めた（なお、要綱によっているが、市町村では条例による横須賀市などの例がある。法的には、後に述べる政策評価条例との整合性などから条例によるべきであろう）。

また、ユニークな例として、自治法は、まさしく「住民」をその対象とし、外国籍の人々も住民なので、その参画のツールとして条例によっている川崎市の例（川崎市外国人代表者会議条例、なお、自治法を改正し外国籍議員を認めることが可能な点につき、最〔3小〕判平成7年2月28日民集49巻2号639頁）や、法的拘束力はないものの（那覇地判平成12年5月9日判時1746号122頁）、重要な政策事項について住民投票条例を有している自治体がある。

次に、この「協働」を、自治体政策法務の1つの側面から見た場合、自治体の中には、首長・議員という住民を代表する選挙で選出された人々と一般職という2つが存在している。そこで、この協働は、選挙で選出された者と住民と一般職（テクノクラート）が共に協力して政策を策定し実現することを意味することとなる。そこで、狭義の政策法務に焦点をあてた場合、一般職の政策内容への意見や提言等をそれぞれの自治体が吸い上げる組織機構の構築が必要となる。1つ2つその例を挙げてみることとしよう。まず、岩手県の例を見てみよう。岩手県では、2001年、部設置条例（通常、部の設置は条例、課の設置は規則により定められる）を改正し、従来トップだった総務部を最後にもってゆき、トップを総合政策部（当初は「室」。これは、当時、自治法が人口により設置部数を限定していた。その後の自治法改正でこの制度は廃止された）、その後に現場を担当する部を配置し、現場の政策重視を打ち出した。また、通例は、財政課に対する予算要求権は本庁各部が有するのに対し、岩手県では県の出先機関にもこれを与え、現場がその地域に必要な政策を予算要求という形で具体化できるようにもしている。また、2002年、三重県では、その組織単位として、チーム制・マネージャー制を採った。そのねらいは、政策課題に対する総合行政の推進と、課長職はマネージャーとして、旧機関委任事務時代のような上下のベクトルではなく、むしろ自らのチームのプレーヤー（職員）の力を政策課題に十分対応させることにあると考えられる。また、近年、千葉県では、政策法務課を設置した。刑事での裁判員制度や民事での調停制

度は、刑事・民事が基本的には社会常識であることに由来するが、行政法令は、建築基準法、薬事法、食品衛生法等、専門・技術的である場合が多い。自治体各担当課は、これらの専門・技術法令を運用しており、狭義の政策法務が現場のツールであることから、これを法的にフル・サポートしようとするのがそのねらいの1つといってよいようである。また、これは、訴訟法務にも反映している。千葉県では、顧問弁護士制度を廃止し、訴訟対応に20数名の弁護士をリスト・アップしてケースごとにそれぞれの分野に専門知識や実績を有する弁護士に依頼するという方法を採っている。政策は、専門・技術的側面が強いので、これに対応する1つの試みと評価してよいであろう。

3　政策の合理性測定のツール

立案 (Plan) された政策は、次に実施 (Do) される。しかし、政策は、司法での事実認定と異なり、未来を向いているので、その結果は常に変化し、未確定である。そこで実施した政策については、ある一定の時間経過後、その効果測定を行う必要がある。これが、評価 (See) であり、「政策評価」(広義では、事務事業評価も含む) と呼ばれる。

北海道が行った「時のアセスメント」や、いわゆる行政改革推進条例が採られた計画に対するローリングなどの規定を置くことがあるが、現在、多くの自治体で、政策評価条例を制定している。

ところで、この政策評価とは、データ分析であることを忘れてはならない。すなわち、分析したデータをもとに、再び立案 (Plan) にもどることとなる。そこで、これを政策形成の循環サイクルと呼んでいる。

4　国の法令の見直しを促すためのツール

なお、評価や立案が以上のようなものであることから、特殊な問題につき1つだけ言及しておくこととしよう。

すでに述べたように、自治体政策法務とは、国と自治体との分権を支える自治体側の法的なツールなのである。しかし、現在でも、自治体側から見れば、国のいわゆる規律密度が高いと思われる場合も多い。そこで、自治体側

から、国へ法令等の見直しを求めたり促したりするための法的なツールが必要となってくる。

現在、自治法上の制度としては、1993年の改正自治法263条の3第2項での自治6団体の国への申入れ、そして、それを補充する2006年改正自治法263条の3第5項での各大臣の新たな事務または負担の義務付けをなす施策の立案にあたっての情報提供義務などがある。

しかし、以上のような自治法上の制度は、具体的な各行政エリアでの国の規律密度との相関関係では、弱い制度であるともいえる。

そこで、自治体政策法務的なツールの利用方法を見てみよう。まず、条例制定権（自主立法権）の利用がありそうである。確かに条例は、自治体内の企業や住民等を対象として制定される。しかし、実質的には国への自治体の強い要望を示す法的ツールとしての利用もあり得る。例えば、住民基本台帳法改正前、市区町村は、ダイレクト・メール目的での大量閲覧請求や、ストーカー等の動機からの住所調べ目的の請求に対しては、原則として閲覧させないことを望んだといわれる。その1つとして、熊本市の住民基本台帳の閲覧制限条例が制定され、その後、住民基本台帳法が改正され、原則閲覧はできないこととなった。また同様のことは、大規模店の立地規制にかかる福島県商業まちづくり条例と都市計画法との関係についてもいえそうである。

次に、法令解釈も利用できるツールといってよかろう。国と自治体とを上下関係に置いた旧機関委任事務では、国からの通達が唯一法解釈を示すものであった（いわゆる「通達行政」と呼ばれた）。しかし国と自治体が対等・協力関係である現行法制度の下では、国と異なった法解釈を示し、自治体の立場を示すツールとして利用し得ることもあろう。

第3節　政策過程と行政技術としての政策法務

第1章のまとめとして、自治体政策法務とは、国と自治体との分権を基礎に、行政過程の中で自治体の現場の各担当課が利用する法的ツールであるということが理解できた。そして、その行政過程とは、具体的には、Plan（立

案）──→Do（実施）──→See 又は Check（評価）というフローを構成している。

　ところで、2004年改正行政事件訴訟法は、その大改正の基本の1つを、国民の利用しやすい司法、自治体側からすれば訴えられやすくなった司法に置いている。また、2008年行政不服審査法全部改正法案は、公正な審理に力点を置き、行政作用へのチェック機能の強化をその目的の1つとしている。そこで、行政過程を担う現場の自治体各担当課・職員も、これらの法改正の動向を踏まえ、これに耐え得る政策の立案・実施につとめなければならないこととなる。そして、そのための有効な1つの方法として、具体的な自治体関係の判例を精査し、政策実現のためどこまでなし得るのかを常に判断しつつ行政運営を行わなければならない。それと同時に、日常的法務として、例えば、行政訴訟では書証のウェートが高い（専門・技術法令の解釈等が争点とされることが多いことによる）ので、文書管理を適切に行い、まちがっても文書を私蔵することがあってはならないなど、心がけるべき点も多い。2009年国では公文書管理法が制定されたので、自治体でも従来の公文書管理規定を条例化する動きがあるだろうが、訴訟対応という点からも条例化はむしろ望ましいこととも言える。

　そこで本書では、その全体を通じ、判例を中心に、自治体政策法務を説明してゆくこととする。

第2章
自治体政策法務の到達点と課題

第1節　歴史的な系譜

　「自治体政策法務」という新しい法的コンセプトは、どのように生まれ、どのように発展してきたのだろうか。次のようなステップで、当面は、理解しておいてよいのではないかと考える。

　第1期として、自治体の現場で、それを政策法務として意識したのかどうかは別として、政策課題に対応していた時期がある。しかし、この時期、いわゆる「近代法」的発想から、法的武器がなかったことや、条例に対する法律先（専）占論などのように（最近の学説では「専」を意味的には利用すべきとの主張がある）、事実上、分権を否定する理解もあった。そこで、この時期は、限界を強く意識せざるを得なかった。著名な武蔵野マンション事件をこの時期のケース（最〔2小〕判平成元年11月8日判時1328号16頁）として見ることもできよう。

　第2期として、この限界を克服するための、研究者の分析や提言といった研究成果との融合期と位置付けられてもよさそうな段階があったように思われる。この時期、自治体職員の中からも政策法務のリーダー的職員が多く育ってきたことも注目される。第1章・2章の参考文献として掲記してある文献を見ても、以上のような動向を知ることができよう。

第3期として、2000年分権一括法を境に、研究や実践等を通じ、一般職員にも政策法務というコンセプトが広がりを見せ、先進自治体の組織改革にも影響を与え始めた。いわば、浸透期とでも呼ぶ段階に至ったと評価してもよい時期に来ているといってよかろう。

第2節　現在の状況と課題

　以上のような流れを経て、現在の政策法務は、実務の具体的な問題への分析と提言のほか、第1章・2章の参考文献にも見られるように、全体をカバーする実務書やテキストといった形で、その全体像も把握できるようになっている。

　しかし、そこには、さらなる次のステップへの課題も生じてきている。アット・ランダムに指摘を試みてみよう。

　まず、実務への提言や著作物が、ほぼ同様のスタンスや執筆者による場合が多くなっている傾向があるように思われてならない。加えて、著作物の中には、政策法務とはいうものの行政法とほぼ変わりのないものが見うけられるような印象もあるし、実務研修でも「政策法務」イコール「条例立案」と誤解しているむきもあるようであり（法というツールを自由自在に使って政策実現をはかるものであることから、条例もそのツールの one of them であることを忘れている）、問題発見と多様なアイデアを重視する政策法務と矛盾する現象が一部で生じているのではないかとも思われる。

　次に、自治体財政の逼迫から、法律系研修が大巾に削減されたり、市町村で法務担当職員が存在しない自治体が見られたりもしている。行政事件訴訟法や行政不服審査法の改正だけで法の支配や法治国家が実現するわけではない。車の運転にたとえるなら、教習所や免許制度を創らないでおき、ただ取り締っているのと同じであるといっては言いすぎであろうか。

　最後に、政策法務が分権を支える考え方であることから、次のようなこともいえよう。1つには、国の自治体への規律がいまだ強い分野があり得る。また1つには、都道府県と市町村との関係で、対等、協力関係を基礎とする

政策調整の場や制度の整備が必要となろう。2005年の鳥取県のように市町村課自体の廃止を行ったような場合はなおさらである。協力して1つの政策課題にあたる場合であれ、2007年の茨城県のように地方税の収納率の低い市町村への補助金カットのように利害が対立する場合であれ、これは今後の課題となってこよう。

＜参考文献＞

本書は、教科書なので本文中での文献引用は、原則として行わず、最も代表的な参考文献を各項目後に一括掲記することをおことわりしておく。

第1章・第2章につき

阿部泰隆『政策法務からの提言』（日本評論社、1993年）

阿部泰隆『政策法学の基本指針』（弘文堂、1996年）

阿部泰隆『政策法学と自治条例』（信山社出版、1999年）

阿部泰隆『政策法学講座』（第一法規、2003年）

阿部泰隆『続・政策法学講座』（第一法規、2006年）

天野巡一『自治のかたち、法務のすがた』（公人の友社、2004年）

天野巡一編『職員・組織改革』（ぎょうせい、2004年）

天野巡一＝岡田行男＝加藤良重編著『政策法務と自治体』（日本評論社、1989年）

宇賀克也『地方自治法概説（第2版）』（有斐閣、2007年）

木佐茂男編『自治体法務入門（第2版）』（ぎょうせい、2000年）

北村喜宣『環境政策法務の実践』（ぎょうせい、1999年）

北村喜宣『政策法務がゆく！』（公人の友社、2002年）

北村喜宣『分権改革と条例』（弘文堂、2004年）

鈴木庸男編『政策法務の新展開』（ぎょうせい、2004年）

田中孝男＝木佐茂男『テキストブック自治体法務』（ぎょうせい、2004年）

田村泰俊編著『最新・ハイブリッド行政法（改訂版）』（八千代出版、2006年）

山口道昭『政策法務入門』（信山社出版、2002年）

吉田　勉『講義・地方自治法』（八千代出版、2008年）

第3章
訴訟結果の自治体政策法務への反映

　本書は、訴訟を意識した政策法務を論ずるものであるが、本章では、自治体が訴訟にどのような形でかかわっているのかについて、本書で後に検討する主な判例を適宜位置付けながら概観する。

第1節　自治体の行政活動に関係する訴訟にはどのようなものがあるか

　本章では、自治体が直接的に訴訟にかかわるものと、間接的に訴訟にかかわるものに大別して整理を試みる。

1　自治体が直接的に訴訟にかかわるもの
(1)　行政事件訴訟
　以下では、自治体が直接的に訴訟にかかわる行政事件訴訟として、抗告訴訟、公法上の当事者訴訟及び民衆訴訟としての住民訴訟を取り上げる。これら以外にも機関訴訟及び選挙訴訟が考えられるが、前者は利用可能性が低く、後者は個別分野特有の制度であるので、ここでは扱わない。
　①　抗告訴訟
　ア　抗告訴訟の類型
　行政事件訴訟法（以下「行訴法」という）の規定する抗告訴訟は、「行政庁の

公権力の行使に関する不服の訴訟」(行訴法3条1項)であり、取消訴訟(同条2項・3項)、無効等確認訴訟(同条4項)、不作為の違法確認訴訟(同条5項)、義務付け訴訟(同条6項)及び差止訴訟(同条7項)の5類型が行訴法で法定されている。このうち義務付け訴訟には、法令上の申請を前提とする申請(満足)型義務付け訴訟(行訴法3条6項2号)と、それ以外の非申請型義務付け訴訟(同条同項1号)の2種類がある。そして、これらの法定抗告訴訟以外にも、法定されていない法定外(無名)抗告訴訟も否定されないと理解されている。

　個別行政実体法上の権限を持つのは行政庁であるが、抗告訴訟の被告は当該行政庁が属する公共団体となる(行訴法11条1項)。ただし近時、権限が民間開放されている場合があり、例えば民間指定確認検査機関による建築確認(建築基準法6条の2)や指定管理者(自治法244条の2第3項)による処分など、当該権限自体が民間の団体に帰属している場合には、当該団体が抗告訴訟の被告となる(行訴法11条2項)。

　抗告訴訟を提起する原告は処分又は裁決(以下「処分等」という)の相手方であることが多いが、相手方以外の第三者が提起する場合も少なくない。その場合には原告適格の有無が問題とされる。原告適格については、いわゆる小田急線連続立体交差事業認可処分取消請求事件(最大判平成17年12月7日民集59巻10号2645頁)など、行訴法の平成16(2004)年改正を踏まえた実質的拡大の傾向があるため、漫然と従来の判例を前提とすべきでなく、注意が必要である(例えば大阪地判平成20年2月14日判タ1265号67頁)。なお、抗告訴訟に第三者が訴訟参加(行訴法22条)ないし補助参加(行訴法7条、民事訴訟法42条)をしてくる場合もある。前者の例として自治体を被告とする第三者による建築確認取消訴訟に建築主が訴訟参加するケースはしばしばあるし、後者の例として後に見る岡山県吉永町産業廃棄物処理施設設置不許可処分取消請求事件補助参加申立事件(最〔3小〕決平成15年1月24日裁判所時報1332号3頁)等がある。

　イ　抗告訴訟の対象

　抗告訴訟の対象は、処分その他公権力の行使であり、公権力の主体たる国

または公共団体が行う行為のうち、その行為によって、直接国民の権利義務を形成しまたはその範囲を確定することが法律上認められているもの（最〔1小〕判昭和39年10月29日民集18巻8号1809頁）であるとされている。一般に、条例そのものは処分とは解されていないが（例えば永田町小学校廃止条例事件〔最〈1小〉判平成14年4月25日判例地方自治229号52頁〕）、処分性の有無の判断は個別事情によるし、近時、最高裁判所は、行政指導について抗告訴訟を容認するなど処分概念を柔軟に解釈する傾向を示している（富山県病院開設中止勧告取消等請求事件〔最〈2小〉判平成17年7月15日民集59巻6号1661頁等〕、最大判平成20年9月10日民集62巻8号2029頁等）。したがって、政策判断にあたっては、抗告訴訟の提起可能性について慎重に検討しておく必要がある。処分性についての判断が分かれている例として都市計画法の適合証明の交付・不交付（岡山地判平成18年4月19日判タ1230号108頁等）がある。

　ウ　取消訴訟

　処分等の取消訴訟（行訴法3条2項・3項）は抗告訴訟における中心形態であり最も多用されている。

　取消訴訟については6ヶ月の出訴期間が設けられており（行訴法14条）、出訴期間を徒過すると不可争力が生ずる。取消訴訟については自由選択主義（行訴法8条）がとられているが、個別法において不服申立前置とされていることが少なくなく、その場合には不服申立期間（行政不服審査法の原則は60日である）内に不服申立てをしておかなければ、不服申立前置を欠くとされ、取消訴訟も不適法とされる。

　エ　無効等確認訴訟

　出訴期間を徒過した場合であっても、処分等に重大かつ明白な違法がある場合には無効とされ、無効確認訴訟が許容される（行訴法3条4項・36条）。ただし、重大性要件と明白性要件が常に要求されるのか等について、必ずしも判例は一貫していない。

　無効等確認の訴えにおける「等」には存在確認訴訟、不存在確認訴訟、有効確認訴訟及び失効確認訴訟が含まれるとされる。

　オ　不作為の違法確認訴訟

法令に基づく申請があるにもかかわらず相当期間内に何らの処分等がされない場合に当該行政庁の不作為について違法確認訴訟が許容される（行訴法3条5項・37条）。本書では宮城県白石市産業廃棄物処理施設設置等許可拒否処分取消請求等事件（仙台地判平成10年1月27日判時1676号43頁、仙台高判平成11年3月24日判例地方自治193号104頁）等を見る。

カ　義務付け訴訟

義務付け訴訟には、申請型（行訴法3条6項2号・37条の3）と非申請型（3条6項1号・37条の2）がある。申請型義務付け訴訟は、行政庁に対し一定の処分等を求める旨の法令に基づく申請等がされた場合において、当該行政庁がその処分等をすべきであるにもかかわらずこれがされないときに提起し得るものであり、取消訴訟または不作為の違法確認訴訟と併合提起する必要がある（行訴法37条の3第3項）。情報公開において非開示決定の取消訴訟に、開示決定の義務付け訴訟を併合提起する場面がその典型である（本書で扱うものに東京地判平成18年10月25日判時1956号62頁等がある）。

非申請型義務付け訴訟の訴訟要件は、取消訴訟のそれに重大な損害要件、補充性要件が加重されている（行訴法37条の2第1項）。周辺住民が特定行政庁の属する公共団体を被告として、違反建築物の所有者等に対する建築基準法9条の是正命令を義務付ける訴えを提起する場合がその典型とされている。

キ　差止訴訟

行政庁が一定の処分等をすべきでないにもかかわらずこれがされようとしている場合において、行政庁がその処分又は裁決をしてはならない旨を命ずることを求める差止訴訟も提起され得る（行訴法3条7項）。

差止訴訟の訴訟要件としては、取消訴訟のそれに重大な損害要件、補充性要件、処分等の蓋然性要件が加重されている（行訴法3条7項・37条の4）。ただし、補充性要件は非申請型義務付け訴訟と異なって消極要件とされており、行政庁側で訴えが補充性を充たさないこと、すなわち、「その損害を避けるため他に適当な方法があるとき」にあたることを主張立証する必要がある。

ク　執行停止、仮の救済

上記の抗告訴訟については、執行停止制度及び仮の救済制度が設けられて

おり、取消訴訟と無効等確認訴訟については執行停止制度（行訴法25条）が、義務付け訴訟については仮の義務付け制度（37条の5第1項）が、差止訴訟については仮の差止め制度（同条第2項）がそれぞれ利用され得る。仮の救済は本案訴訟よりも手続が早く進められるため、自治体としても迅速な裁判対応が求められる。

② 公法上の当事者訴訟

公法上の当事者訴訟とは、当事者間の法律関係を確認し又は形成する処分又は裁決に関する訴訟で法令の規定によりその法律関係の当事者の一方を被告とするもの（形式的当事者訴訟）及び公法上の法律関係に関する確認の訴えその他の公法上の法律関係に関する訴訟（実質的当事者訴訟）である（行訴法4条）。

形式的当事者訴訟は、収用委員会の裁決のうち損失の補償に関する訴え（原告が起業者であるときは土地所有者又は関係人を被告、原告が土地所有者又は関係人であるときは起業者を被告とする。土地収用法133条2項・3項）がその典型例であり、それぞれ個別法により規定されている。

実質的当事者訴訟は、従前から公務員の地位確認や国籍確認などで利用されてきたが、平成16年の行訴法改正において、取消訴訟を中心とする抗告訴訟のみでは国民の権利利益の実効的な救済をすることが困難な局面に対応すべく、実質的当事者訴訟のうち、確認訴訟を活用することにより、権利義務などの法律関係の確認を通じて、取消訴訟の対象となる行政の行為に限らず、国民と行政との間の多様な関係に応じ、実効的な権利救済をはかるべきものとされている。したがって、抗告訴訟の対象とならない場合であっても、行政指導、行政立法や行政計画などのうち一定の行為についてはなお行政訴訟が提起される可能性も考慮しておかねばならない。

③ 住民訴訟

住民訴訟は、公共団体の機関の法規に適合しない財務会計行為の是正を求める訴訟であり（自治法244条の2）、自己の法律上の利益にかかわらない資格で提起される民衆訴訟（行訴法5条）の一類型である。その違法主張が認められる例も決して少なくなく（一例として、大阪高判平成15年2月6日判例地方自

治247号39頁)、また財務会計行為のみならずその先行行為の違法が争われる例もある。

　住民訴訟については、オンブズマンによる制度活用がされて久しく、最高裁判決を含め多数の判例が積み重なっており(一例として第三セクター日韓高速船補助金事件〔最〈1小〉判平成17年11月10日判時1921号36頁〕)、政策法務にあたっても住民訴訟が提起される可能性を考慮する必要がある。なお、本書でも、最(2小)判昭和62年3月20日判時1228号72頁、浦安ヨット係留用鉄杭強制撤去事件(最〔2小〕判平成3年3月8日民集45巻3号164頁)、さいたま地判平成17年3月16日LEX/DB25410393、最(2小)判平成20年1月18日民集62巻1号1頁等を検討する。

(2)　**国家賠償請求訴訟**

　国民は、自治体の違法な行政活動に対して、憲法17条により国家賠償請求の権利を有するとされ、国家賠償法(以下「国賠法」という)にそのための手続が規定されている。

　国賠法1条1項は、公務員の不法行為に対する国・公共団体の損害賠償責任について定めている。同条項にいう「公権力の行使」は私経済的な行政活動を除き行政指導など非権力的な行政活動を広く含むとされており、自治体の政策判断にあたっても国家賠償請求訴訟の提起可能性を考慮しなければならない。本書でも例えば最(3小)判昭和60年7月16日判時1174号58頁や最(2小)判平成3年4月26日民集45巻4号653頁等の事例を検討する。近時、比較的多く見られる類型には規制権限の不行使の違法を理由とするものがあり(宅建業者監督責任賠償事件〔最〈2小〉判平成元年11月24日民集43巻10号1169頁〕、クロロキン薬害事件〔最〈2小〉判平成7年6月23日民集49巻6号1600頁〕、関西水俣病国家賠償事件〔最〈2小〉判平成16年10月15日民集58巻7号1802頁〕、筑豊じん肺事件〔最〈3小〉判平成16年4月27日民集58巻4号1032頁〕など)、行政側敗訴判決も少なくなく、規制権限の適正な行使も自治体に求められている。

　国賠法2条は、国・公共団体の公の営造物の設置または管理の瑕疵に関する損害賠償責任について定めている。同法1条が公務員の故意・過失を要件

としているのに対し、2条は営造物の設置・管理の瑕疵を責任要件としており、ここにいう「瑕疵」は通常有すべき安全性を欠くことをいうと理解されている。

(3) **民事訴訟・民事保全**

自治体の行政活動に対しては、行政訴訟ではなく民事訴訟を提起する例も見られる。また、本案訴訟に先立って民事仮処分の申立てがされることも少なくない。近時の例として、景観権、人格権等に基づき道路工事の差止めを求める民事訴訟につき、道路工事の一般的停止を求めるもので、行政訴訟の方法によることなく事業認可ないしその事業計画変更の認可に対する不服を申し立てるものであるから民事訴訟として許容されないとして訴えを却下した原判決を取り消し、原裁判所に差し戻したものがある（名古屋高判平成19年6月15日 LEX/DB 28131920）。

行訴法44条が「行政庁の処分その他公権力の行使に当たる行為」について「民事保全法に規定する仮処分」を禁止していることから、上記のような民事仮処分は許されない、仮処分が許されないなら本案訴訟も当然に許されないとする理解も見られ、判例も分かれている（上記名古屋高判の原審名古屋地判平成18年10月13日判例地方自治289号85頁参照）。

しかし、この例でいえば、名古屋高判が判示したように、都市計画事業認可という行政処分が周辺住民に対し人格権侵害等を受忍する義務を課しているとまではいえないから、民事訴訟・仮処分は許容されるものと考えられる。このように、自治体の政策法務にあたっては、行政訴訟のほかに民事訴訟の提起可能性をも考慮する必要がある。

(4) **自治体が原告となる場合**

以上の場面では、自治体が被告となる場合について説明したが、自治体が原告となる場合もあり得る。これは自治体がその政策判断を具体化するために積極的に訴訟という法的手段をとる場面である。

そのような場面には次の3つがあると考えられる。なお他にも、自治体が契約当事者である場合にその地位に基づいて訴訟上の請求をする場面が当然にありうるが、ここでは扱わない。

① 自治体が持つ公法上の債権を保全しようとする場合

実例は少ないが、自治体が持つ公法上の債権を保全するために、自治体が債権者となって民事仮処分の申立てをするケースが見られる。第 2 部第 1 章第 1 節で扱う青森・岩手県境産業廃棄物不法投棄原状回復費用等仮差押申請事件（盛岡地決平成 13 年 2 月 23 日判例集未登載）がその例である（他に、福岡地決平成 17 年 6 月 29 日判例集未登載、福岡高決平成 17 年 7 月 28 日判時 1920 号 42 頁がある）。

② 行政上の義務履行請求をする場合

例えば法令違反行為に対する中止命令など、相手方に非代替的作為義務が公法上課される場合には、行政代執行ができないから、行政上の義務履行を実現するために自治体が民事訴訟を利用することが考えられた。

しかし、これについては、本書でも検討する宝塚市パチンコ店建築中止命令事件（最〔3 小〕判平成 14 年 7 月 9 日民集 56 巻 6 号 1134 号）が、国又は地方公共団体が専ら行政権の主体として国民に対して行政上の義務の履行を求める訴訟は、裁判所法 3 条 1 項にいう法律上の争訟にあたらず、不適法であるとしたため、どのように行政上の義務の履行を確保するかが政策法務において重要な課題となっている。

③ 自治体が行政処分の名宛人である場合

行政庁間の行為は内部行為とされることも少なくないが、自治体が行政処分の名宛人となることがあり、その場合には理論上、自治体が行政処分を争う抗告訴訟の原告となることも考えられる。

例えば起業者である自治体が国土交通大臣に対し土地収用法に基づく事業認定の申請をし（同法 17 条）、それが拒否されたような場合には、理論上、申請者たる自治体が申請拒否処分の取消訴訟を提起することが考えられる。しかし実際には申請に先立って十分な事前協議がされるため、そのような実例は見当たらない。

なお、旧通産大臣による自転車競技法に基づく場外車券場設置許可について、第三者である地元自治体がまちづくり権を主張してその無効確認等を求めた珍しい事例として、サテライト日田訴訟がある（大分地判平成 15 年 1 月 28

日判タ1139号83頁)。この例のように、自治体が第三者として抗告訴訟を提起するケースもあり得ないではないが、現在の判例理論を前提とする限り、処分の相手方でない場合には原告適格が認められる可能性は低いと考えられる。

2 自治体が間接的に訴訟にかかわるもの

自治体が直接的に訴訟の原被告となるわけではないが、自治体の行政活動をめぐって関連する訴訟が提起されることがあるので、政策法務においては間接的な訴訟についても考慮しておく必要がある。

(1) 民民間の民事訴訟

民民間の民事訴訟においても自治体の政策判断の適法性が争点となることがあり得る。例えば自治体の建築主事がした建築基準法6条の建築確認に基づき、施主によるマンション建築がされている場合において、近隣住民が日照権侵害等を理由とするマンション建築の民事差止訴訟を提起したような場合には、建築確認という行政処分の適法性が争点の1つとなり得る。これは、自治体の行政活動を前提とする民間の行為をめぐって民民間の訴訟となったケースである。

この例の場合、受忍限度判断の一要素として建築基準法という行政法令(この場合は日影規制)の違反が争点の1つとなり、建築確認の適法性が民事訴訟において審理されることになる。著名な例では、国立マンション事件(最〔1小〕判平成18年3月30日民集60巻3号948頁)や宮城県丸森町最終処分場使用差止仮処分申請事件(仙台地決平成4年2月28日判時1429号109頁)等がこれにあたる。

また、民民間の訴訟としては、争点訴訟もある。争点訴訟は、私法上の法律関係に関する訴訟において、処分等の存否またはその効力の有無が争われている訴訟である。公売処分の無効を前提として旧所有者が公売物件の所有権確認・所有権移転登記抹消登記手続等を請求する訴え等がこれに該るが、実例は少ない。

この点、民民間の訴訟の結果次第では、国家賠償請求訴訟が提起される可

能性もあり、自治体として訴訟参加をすることも全く考えられないではない。ただし実務上は、このような場合において、自治体が訴訟参加をする例は聞かない。

(2) 刑事訴訟

　行政法令違反には刑罰が付されているものもあり、その場合には検察官により刑事訴訟が提起される可能性もある。行為が悪質な場合など、自治体において違反者を刑事告発し、必要な情報提供をするなど毅然とした対応をとるべき場合もあろう。換言すれば、当該事案における行政法令違反について、自治体による行政上の対応で足りるのか、さらには刑罰という司法上の対応まで必要なのかを検討する必要がある。

第2節　自治体が訴訟を意識する必要性

1　訴訟リスク

　自治体が政策判断をするにあたっては、当該政策判断がもたらす関係者への影響をシミュレーションし、どのような関係者がいつどのような点を不服としてどのようなリアクションをとるか、さらに関係者が訴訟という法的手段を実際にとる可能性はどれくらいか、訴訟が適法に提起され得るか、裁判所が当該政策判断を維持するか、司法判断はいつ頃出されるか、違法とされた場合の政策遂行や他案件への影響など敗訴リスクがどのようなものか、といった事項（これを仮に「訴訟リスク」と呼ぼう）を、行政目的達成の見込み、想定される紛争案件数、他の自治体における動向、過去の類例に関する司法判断などを考慮しつつ、あらかじめ検討しておく必要がある。

　訴訟リスクの検討は、①当該政策判断が条例制定のような形で一般抽象的な事案を念頭においてされる場合と、②行政処分のような形で個別具体的事案を念頭においてされる場合とで分けてされるべきであろう。なお、いずれの場合でも、憲法違反が問題となる場合があることにも注意が必要である（例えば、最大判昭和50年4月30日民集29巻4号572頁、最大判平成17年1月26日民集59巻1号128頁）。

一般抽象的な政策判断においては、徳島市公安条例事件（最大判昭和50年9月10日判時787号22頁）の判断枠組みを念頭において検討する必要がある。多くの場合、条例制定など一般抽象的な政策判断は、後に個別具体的な事案において適用され具体化した時点で適法性が問題とされる（例えば高知市普通河川等管理条例事件〔最〈1小〉判昭和53年12月21日民集32巻9号1723頁〕、飯盛町事件〔福岡高判昭和58年3月7日判時1083号58頁〕、東郷町事件〔名古屋高判平成18年5月18日最高裁HP〕）。この場合でも、例えば山梨県高根町簡易水道事業給水条例無効確認等請求事件（甲府地判平成13年11月27日判時1768号38頁、東京高判平成14年10月22日判時1806号3頁、最〔2小〕判平成18年7月14日民集60巻6号2369頁）、大阪高判平成18年4月20日判例地方自治282号55頁や前掲・永田町小学校廃止条例事件のように、直ちに個別具体的な政策判断としても問題とされる場合がありうることに注意が必要である。

　個別具体的な事案における政策判断は、典型的には行政処分としてされる。自治体法務では、例えば情報公開をめぐる紛争（本書で検討する例として、最〔3小〕判平成15年6月10日判時1834号21頁）や公の施設の利用不許可処分をめぐる紛争（本書で検討する例として、最〔3小〕判平成7年3月7日民集49巻3号687頁、最〔2小〕判平成8年3月15日民集50巻3号549頁等）等の類型が多い（本書では、他にも廃棄物処理法上の廃棄物処理施設設置不許可をめぐる札幌高判平成9年10月7日判時1659号45頁や職務命令拒否戒告処分をめぐる最〔3小〕判平成19年2月27日民集61巻1号291頁等を検討する）。そして、政策判断は、行政処分のみならず、行政指導、勧告や回答などの形でされることもあり得る（例えば工場誘致施策変更事件〔最〈3小〉判昭和56年1月27日民集35巻1号35頁〕）。

　政策判断の適法性は、個別行政法の法律解釈ないし事実認定の問題であるが、行政法の一般原則にも留意する必要があるし、政策形成過程にも司法チェックが入り得ることに注意が必要である（例えば紀伊長島町事件〔最〈2小〉判平成16年12月24日民集58巻9号2536頁〕、和歌山県中間処理施設不許可処分事件〔和歌山地判平成16年3月31日判例体系28091233〕等）。

　後の司法審査によって当該政策判断が違法とされる可能性が高いとすれば、当該政策判断により行政目的を達成するのは不適切である。将来における政

策遂行上の混乱を回避する意味でも、そのような政策判断をすべきでないということになろう。逆にその可能性が低いとすれば当該政策判断について、訴訟の観点から消極的に考える必要は小さい。

裁判所による当該政策判断の審査結果がどのようなものとなるかは、本書第2部で分析されるけれども、常に明確に想定し得るものではない。他に類例があるなど高い精度で司法審査の結果を予測し得るものもあれば、司法判断が適法、違法のいずれになるかがはっきりしない場合もあり得る。

これは最終的には、本書で後に検討されるような考慮事項を踏まえたケースバイケースの判断となるが、リスク・ゼロの政策判断がむしろ稀であることからすれば、わずかな敗訴リスクがあることを理由に有用な政策判断に消極的になる必要はない。換言すれば、訴訟リスクに過度に敏感になることは望ましいことではない。明らかに違法な政策判断を強行することは問題であるが、適法であることが確実な政策判断ばかりを常になし得るわけではないから、法の不備等により適法か違法かが不明な政策判断であっても、リスク・マネジメントを行った上で、実施するという判断も必要と思われる（後掲阿部参照）。これは住民訴訟との関係で財務行為の行政運営を考える場合も同様である。

なお、訴訟において当該政策判断を維持するために、手続を適正に履践することは当然として、さらに第三者専門家や審議会等の意見を得ておく（あるいはそのような手続を制度化しておく）ことが有効な場合があろう。

2 訴訟が提起された場合の対応

実際に訴訟が提起され、判決が出された場合にどのような対応をすべきかということも問題である。

自治体勝訴の判決なら、問題は少ないとも思われるが、その理由付けに留意すべき場合もあろうし、上級審における逆転敗訴のリスクも検討する必要がある。勝訴判決が確定した場合であっても判決理由のいかんによっては政策の修正が必要かもしれない。典型的な例は事情判決であるが、それに限られないであろう（政策判断を違法としつつ個別事情に応じて当該処分が適法とされた

場合等)。

　自治体敗訴の判決なら、上級審の判断を仰ぐべき場合もあれば、上訴せず当該判決に従って速やかに政策を修正すべき場合もあろう。その場合でも他の案件を含め遡及的な政策変更までするのか、あるいは将来に向けて政策修正をしておくのか、類似案件への波及効果も視野に入れつつ検討する必要がある。

　敗訴判決が確定した場合には、当該判決の趣旨を踏まえて政策を修正する必要が生ずるが、判決の拘束力の働き方、範囲など判決の射程が必ずしも明確でない場合もあり得る。その場合には判決の理解とそれを踏まえた政策判断について、新たな訴訟リスクを検討する必要が生ずる場合もあろう。

　なお、訴訟に着目している本書では扱わないが、正確には行政不服審査についても訴訟の場合と同種の考慮をする必要がある。行政不服審査法は抜本的改正が検討されており、政策法務にあたっても十分に狭義の行政争訟の意義と可能性を考慮しておかねばならない。

【コラム 1】行政不服審査制度の可能性

　本書は、訴訟制度に着目して自治体法務のあり方を考察するものであるが、訴訟の前段階である行政不服審査制度に着目して同様の考察をすることも有意義であろうし、さらには同制度を活用して自治体法務をよりよいものとすることも考えられてよいであろう。

　行政不服審査制度は、行政訴訟制度とは異なり、行政の自己反省ないし自己統制としての機能を持ち、ユーザーにとって簡易迅速で便利な行政上の救済手段となり得る。同制度では、行政の専門性を活用することができ、違法性のみならず、不当性審査が予定されている点でも独自の存在意義がある。

　自由選択主義(行訴法8条)の下で、ユーザーは行政不服審査、行政訴訟のいずれをも選択できる建前であるが、個別行政法上、不服申立てが前置されていることも少なくなく、自治体法務の現場においても重要な制度である。

　本書執筆現在、審理員制度・行政不服審査会制度の導入等を目玉とする抜本的な行政不服審査法改正法案が国会に上程されたものの、いったん廃棄となっているが、自治体法務にとって、訴訟に至る前段階の紛争解決手段としてだけでなく、自己チェックの場として、また、不満を持つ住民に対する説明のツールとして、行政不服審査制度の運用を見直すことも必要ではないだろうか。

3 自治体が直接的にかかわる訴訟の場合

　行政事件訴訟は、自治体の政策判断が具体化された場合に最も提起されやすいものであり、政策判断にあたり訴訟リスクの十分な検討が必要である。処分という形で、個別具体的な政策判断をする場合には、訴訟となった場合の帰趨を考慮しておく必要がある。この点、行政事件訴訟の提起可能性は、特に個別具体的な政策判断において重要な判断要素として考慮されるべきであるが、他方で例えば第三者の原告適格が認められず抗告訴訟が不適法となることを見越して、違法とわかっている政策判断をするなどということは法律による行政の原理に照らし許されることではない。

　条例制定など一般抽象的な政策判断がされる場合でも、当該条例上に抗告訴訟の対象となる処分を設定するのか、申請（満足）型義務付け訴訟を認める法令上の申請を規定するのかといった点をあらかじめ検討した上で制度設計をする必要がある。この場合の司法救済の可能性や救済方法について不明確性を残すことは、将来において自治体及び住民らにとって無用の不確実性を残すことになるから、可及的に回避すべきであろう。そして後の個別具体的事案へ適用する段階でどのような訴訟リスクがあるかもあらかじめ考慮しておかなければならない。

　さらに差止訴訟、非申請型義務付け訴訟との関係では、事前の行政手続段階でも訴訟を意識する必要がある。例えば不利益処分の差止訴訟が提起され、仮の差止めの申立てがされた場合には、不利益処分を課すための行政手続と司法手続が並行して進行する可能性がある。この場合に、司法手続とはかかわりなく行政手続を進め不利益処分を課すべきか、司法判断を先行させるべきかは、一般論としては行政目的の達成の必要性と相手方の利益保護との比較衡量によるのであろうが、事案に応じて判断せざるを得ないであろう。なお、国レベルであるが、特定商取引に関する法律2条3項の電話勧誘販売を行う原告が、経済産業大臣から同法23条1項に基づく業務停止命令を受けるおそれがあるとして、行政事件訴訟法37条の5第2項の仮の差止めを申し立てたが、同項の「本案について理由があるとみえるとき」にあたらない等として却下された例（名古屋地決平成18年9月25日 LEX/DB 28112501）では、

裁判所の却下決定がされるまで不利益処分が控えられている。非申請型義務付け訴訟が提起され、仮の義務付けの申立てがされた場合にも同様の事態が生じ得る。

また、公法上の実質的当事者訴訟としての確認訴訟との関係では、典型的な行政処分に該当しない行政指導や質問に対する回答などであっても、行政側の事実認定や法的判断の適法性が訴訟により問われる可能性を意識しなければならない。個別具体的な事案への対応の場面のほか、指導要綱の策定や一定の行政計画などの一般抽象的な政策判断であっても、原告の公法上の法律関係に引き直された場合に訴訟によりその違法性が問われる可能性を考慮しなければならない。端的にいえば、抗告訴訟のリスクだけでなく、当該政策判断について公法上の当事者訴訟としての確認訴訟が提起されるリスクも考慮に入れる必要がある。

後に本書で見るように、政策判断がさらに広く司法審査にさらされ得る住民訴訟や国家賠償請求訴訟の訴訟リスクは常に考慮しておくことが必要である。

4　自治体が間接的にかかわる訴訟の場合

自治体の行政活動をめぐって民民間の紛争が生じ民事訴訟に発展することは、多数の利害関係が複雑に交錯する現代社会の法運用において一定程度不可避のことである。しかし自治体が直接にかかわるものでないとはいえ、間接的なものであっても、訴訟により行政の政策判断が違法とされることによる政策遂行上の混乱もあり得るし、民民間の紛争と訴訟自体が無用の社会的コストであるともいえ、自治体行政にとって好ましいことではない。

この点、自治体の政策判断が明確なもので、関係者の十分な手続保障をはかり、適切な行政過程を経た、関係者にとって説得的なものであれば、そのような民民間の紛争自体を回避することが可能な場合があるように思われる。例えば各自治体が定めている開発をめぐる紛争調整条例などはそれを目指す例ともいえようが、個別具体的な政策判断においてはもちろん、一般抽象的なそれにおいても、関係者の意見を十分に聞くとともに、行政の説明責任を

十分に果たし、紛争をできる限り予防することを心がける必要がある。

　刑事訴訟は、自治体の政策法務において通常最も強力な最終手段であり、政策判断にあたっては、刑事訴訟の可能性も視野に入れる必要があろう。条例において、とりわけ非定型的な行為につき罰則を設けるような場合には、刑事訴訟になった場合の弁護側の主張も想定し、構成要件の明確性などを慎重に検討する必要があろう。

【コラム２】私人による法の実現

　アメリカ法では、私人による法実現（private enforcement）という概念があり、行政が法を完全に執行するリソースを持っていないという認識を前提に、環境法等の分野において、行政活動を補完するために、私人に対し裁判所を通じた法執行権限を与えるという立法政策がとられることがある。市民訴訟（citizen suits）の一類型たる執行代位訴訟（citizen enforcement actions）がそれである。この制度の下では、行政法令の違反者に対し、行政庁が何らの措置もとらない場合、私人が違反者に対し違反是正訴訟を直接提起できる。

　この制度については、過剰執行（over-enforcement）の批判もあるが、アメリカ行政法に強く根付いているものであり、法の過少執行の是正に役立ってきた。わが国では例えば不法投棄や不適正処理の問題を抱える廃棄物処理法の分野で自治体が住民の力を有効に活用できるようにも思われる。訴訟を含む制度設計は国法レベルの対応を必要としようが、政策法務において法執行における住民参加の拡大も検討してはどうだろうか。

＜参考文献＞

阿部泰隆『政策法学講座』（第一法規、2003年）

阿部泰隆『続・政策法学講座―やわらか頭の法戦略』（第一法規、2006年）

小林久起『行政事件訴訟法』（商事法務、2004年）

司法研修所編『改訂・行政事件訴訟の一般的問題に関する実務的研究』（法曹会、2000年）

福井秀夫＝村田斉志＝越智敏裕『新行政事件訴訟法―逐条解説とQ&A』（新日本法規出版、2004年）

南　博方＝高橋　滋編『条解・行政事件訴訟法（第3版）』（弘文堂、2006年）

第4章
自治体政策法務と判例

第1節　判例へのアプローチ

　「法」を見る場合、それぞれ異なった立場から異なった見方が成り立つ。そこで、法の本質はよく am bivalency すなわち「2価値が1つになっている」といわれる。1つの条文に関して、民事事件で、原告と被告の解釈が異なるのも、このような理由によっている。

　例えば、政策法務の基礎となる行政法についても、最近の阿部泰隆『対行政の企業法務戦略』(中央経済社、2007年)のように、企業側から見る見方を示した重要な文献から、行政側とは異なった見方があることを知ることができる。

　同様に、「判例」についても、自治体政策法務の立場から、自治体側からの見方があるはずである。

　1つの例を挙げてみよう。建築基準法上の指定確認検査機関（いわゆる民間主事）が行った建築確認に違法がある場合、最高裁判所は、法6条の2第3項が、確認済証の交付を行った場合、指定確認検査機関は特定行政庁（自治体）にその旨の報告義務を負うこと、及び同3項が、この報告を受け、特定行政庁が建築基準関係規定に照らして不適合と認める場合、その旨を逆に通知し確認の効力を失効させ得ることを主要な理由として特定行政庁に国家賠

償法上の被告適格を許容した（最〔2小〕決平成17年6月24日判時1904号69頁）。

さて、自治体側からのこの判例の見方として参考になる代表的見解が福井秀夫『ケースからはじめよう　法と経済学―法の隠れた機能を知る―』（日本評論社、2007年）83頁以下であろう。そこでは、法律は、個々の具体的な建築確認すべてを二重チェックすることが特定行政庁に求められているわけではないこと（同、95頁）、自治体に責任を負わせた場合、民間機関がその責任を全うしようとするインセンティブの欠如が生ずる可能性のあること（同、96頁）が指摘されている。

このように、自治体側から見た問題点を、判例の中に見出しておくことが政策法務からの判例の見方としては、まずスタート・ラインとなることを忘れてはならない。

第2節　判例の争訟的見方と政策的見方

自治体の目あるいは自治体職員の目から判例を見るといっても、そこには、一般の争訟法的見方があるように思われる。

まず前者、一般の争訟法的見方の判例を1つだけ示しておくこととしよう。地方税法19条の2は、県税事務として職員が行った課税処分は県税事務所長の行った処分とみなすこととしている。そこで、これに不服のある者は同19条で知事に対し、行政不服審査法に基づく審査請求を行うこととなる（実務では、審査請求書は、県税事務所を経由して提出される場合が多い）。ところで、この審査請求に対しては、当然、知事が直接この審理を行うわけではなく、自治体によって部課名は異なるが、例えば総務部税務課等の職員が現実にはその判断を行っている。そこで、これを行う職員は、公正の点から（処分庁、不服申立人双方から距離をおいて）裁判所と同様の視点で、同種の紛争解決への適用という視点から判例を見ることとなる。このような見方は、2008年4月の行政不服審査法案が、審理員制度を導入し、審理員は職員が行うこととなろうから、今後もまして重要となってくる。

一方で、政策法務的視点とは、どのようなものなのだろうか。1つだけ、

その例を示してみよう。最（2小）判昭和57年4月23日民集36巻4号727頁は、建築に関連し、東京都中野区が、車両制限令に基づく特殊車両通行認定を、付近住民の反対運動を理由に約5ヶ月留保したケースで、国家賠償法上の違法性を否定している。このケースの経過を見た場合、業者は付近住民と話し合うことによってスムースな建設を行おうとし、区役所で区の職員も同席した上で解決が模索されたという経緯がある。

ところで、現代の自治体行政での法律関係は、よくいわれるように、住民―行政―業者という3面関係である場合が、建築行政以外に例を求めれば産業廃棄物の最終処分場の許可のように、多いことは周知のことであろう。そこで、この判例を建築行政以外の行政エリアで、この3面関係にあたる場合には適用し政策目標を達成する試みを行う可能性などを考えてみてもよさそうである。その場合、できれば業者から事実上の住民との斡旋方を要望する旨の文書を得ておくなどの実務上の工夫を行い、違法との評価を受けないように進めることに留意すべきであろう。

第3節　政策課題を阻害する判例への対応

最近は、残念なことに、自治体行政や政策そしてその実務に根本的な理解を欠いているのではないかと思われてならない最高裁判例が目立っている。本章で取り上げた平成17年の指定確認検査機関に関する判例のほか、建築基準法上の2項道路の包括指定に行政事件訴訟法上の処分性を認めた判例（最〔1小〕判平成14年1月17日民集56巻1号1頁）、そして何よりも、条例違反に関し自治体からの民事訴訟の提起を否定した判例（最〔3小〕判平成14年7月9日民集56巻6号1134頁）などを思いうかべてみればよいであろう。

そこで、政策法務の1つの観点や視点として、この種の判例にどう自治体として対応するべきかという問題が生じて来ることとなる。例えば、阿部泰隆「宝塚パチンコ店条例門前払い最高裁判決を受けて、市はどうすべきか」自治実務セミナー42巻10号4頁以下（2003年）は、このような観点や視点の必要性をよく示している。

そこで、本章では、判例変更を求めるとまではいわないものの、同種のケースが出た場合の対応策を、いわゆるソープランド事件（最〔2小〕判昭和53年6月16日刑集32巻4号605頁）に求めてみることとしたい。

この事件では、個室付浴場の開業を阻止する目的から緊急に町有地を児童公園として県から認可を得たというものであり、裁量権濫用の典型的なケースである。

そこで、この判例をベースに同種のケースが生じたあるいは生じそうな場合への対応策をさぐる判例の読み方を示してみよう。

まず、判旨は、緊急性に着目している。そこで、最近のラブホテル建設規制条例制定の動向（建築基準法は全国一律の最低基準を定めた法律と解されるので、この種の条例は合法である）から、事が起きる前に、予防的に建築規制条例を制定しておくことが考えられる。

次に、この種の条例で対応する場合、立法事実の確認が必要となる。日本の「立法事実」はアメリカのlegisrative history（立法資料）より広いのではないかと考えられそうだから、広い意味での環境であるとか、住民以外の利用がほとんどであり住民の環境利益を害しているなど、あらゆるデータを整えておくことが必要となろう。

最後に、住民の環境利益を法理論として固めておくべきであろう。昭和53年当時は、すでに述べた、住民―行政―業者の3面関係という法理が、いまだ十分に受け入れられていなかった時代であり、しかも刑事事件であった。そこで、これから生ずる問題に条例で対応した場合、行政事件としての条例無効の訴えや国家賠償訴訟が考えられるから、このフィールドでは、住民の環境利益を3面関係の法理から裁判所に受け入れさせることは可能かもしれない（裁量や行政権限濫用と条例での立法裁量には差があるという説明も可能かもしれない）。

以上のように、かつての判例から今後生ずる問題への対応策を考えることも必要である。

<参考文献>
阿部泰隆『行政法解釈学 I』（有斐閣、2008年）
天野巡一＝石川　久＝加藤良重編著『判例解説　自治体政策と訴訟法務』（学陽書房、2007年）
木佐茂男「有機農業風の研究スタイル？―山形個室付浴場事件異聞」判例地方自治145号（1996年）
高木　光＝稲葉　馨編『ケースブック行政法（第3版)』（弘文堂、2007年）
田村泰俊編著『最新・ハイブリッド行政法（改訂版)』（八千代出版、2006年）
「特集行政不服審査法・行政手続法改正の検討」ジュリスト1371号（2009年）
山本未来「行政主体間の争訟と地方自治」愛大177号（2008年）

第5章 自治体政策法務における憲法の重要性

第1節　自治体政策法務における憲法の位置付け

　2000年の地方分権改革一括法により、自治体は、自立して、その地域の政策の企画・立案・実施に責任を問われることになった。そのために、自治体における政策法務は必要不可欠なものとなったが、その内容は、自治立法法務、自治解釈・運用法務、自治体争訟法務、国法改革法務の4つであるとされる。これら政策法務の内容・実施は、国の定める法律によって拘束・確定されてはならず、常に、最高法規である憲法に根拠を持たねばならない。そこで、本章においては、政策法務と憲法の関係について検討していく。

1　自治立法

　憲法94条は「地方公共団体は……法律の範囲内で条例を制定することができる」とし、自治体に自治立法権を明文で認めている。しかし、この立法権は無制限ではなく、「法律の範囲内」に限定されている（自治法14条1項は「法令に違反しない限り」としている）。これは、国全体を一律に規制すべき事項について、各自治体がばらばらに立法することを防ぐことを目的としていると考えられる。しかし、一律に規制すべき事項とは何か、いかなる規制がなされるべきかの判断を、もっぱら国・国会・法律に委ね、それを所与の前提

として条例制定の範囲を考えることは妥当ではない。その法律自体が、憲法92条「地方自治の本旨」に違反して無効である可能性があるからである。さらに、条例が「法律の範囲内」にあるかどうかについては、「上乗せ」「横だし」「スソ出し」条例の問題があるがこれは第2部第1章に委ね本章においては、条例が提起した憲法問題に絞って検討する。

(1) **自治体・条例による取扱いの差異と平等（憲法14条）**

　法律による一律の規制がされていない領域について、ある自治体においては、条例により一定の行為が規制・処罰され、別の自治体においてはそれを規制する条例が存在しないことがある。この場合、同一の行為を行ったにもかかわらず、処罰される・されないの取扱いの差異を生じ得る。この場合、処罰される者が不公平感を抱き、憲法14条「法の下の平等」に違反するとの主張がなされることがある。しかし、このような地域による取扱いの差異は、自治体に条例制定権が認められる以上、直ちに、「平等」に違反しない。最高裁も、東京都の売春取締条例が問題になった事件において「憲法が各地方公共団体の条例制定権を認める以上、地域によって差別を生ずることは当然に予期されるところであるから、かかる差別は憲法みずから容認するところである」としている（最大判昭和33年10月15日刑集12巻14号3305頁）。

　しかしながら、一般論として、直ちに、条例相互の取扱いの差異が「平等」に違反していないとしても、そのような取扱いの差異が自治体相互において存在することについて一定の合理性が求められる。そして、この合理性は、各自治体が置かれている実情や特殊性、これに対処する必要性の高さ等から判断されることになる。この点について、伊藤正己裁判官は「国全体に共通する面よりも、むしろ地域社会の状況、住民の意識……など多くの事情を勘案した上での政策的判断にゆだねられるところが大きく……地域差のあることが許容される範囲が広い」かどうか、を基準に考察されている（最〔3小〕判平成元年9月19日刑集43巻8号785頁）。そして、伊藤裁判官は、この基準により、岐阜県青少年保護育成条例の「自販機による有害図書の販売禁止」は、自治体の政策判断にゆだねられる領域は広いとされ（最〔3小〕判平成元年9月19日刑集43巻8号785頁）、他方、福岡県青少年保護育成条例の「淫

行処罰」については、「各都道府県の条例における規定は、全体として、著しく不均衡かつ不統一なものとなっているのが実情であるが、このような地域による顕著な差異について、国民を納得せしめるに足りる合理的な理由を見出すことはできない」とされている（最大判昭和 60 年 10 月 23 日刑集 39 巻 6 号 413 頁）。

　このうち、自治体による「著しく不均衡かつ不統一な規定」「地域による顕著な差異」という観点からすれば、「自販機による有害図書の販売禁止」と「淫行処罰」とにそれほどの差異があるかは議論があるところと思われる。いずれにせよ、不均衡・不統一もやむなしと国民を納得させる合理的な理由が存在しているかが重要である。そして、この点については条例相互の比較に加えて条例の内容そのものが、憲法上の権利を侵害しているかの分析も必要とされるであろう。この点に着目して条例と憲法が問題になった事件を紹介する。

(2) 性的自己決定権（憲法 13 条）

注目される判例——福岡県青少年保護育成条例事件（最大判昭和 60 年 10 月 23 日刑集 39 巻 6 号 413 頁）

　福岡県条例は「何人も、青少年に対し、淫行……をしてはならない」と規定し、最高裁は「淫行」を(ア)「青少年……の心身の未成熟に乗じた不当な手段」(イ)「青少年を単に自己の性的欲望を満足させるための対象として扱っているとしか認められないような」性交又は性交類似行為をいうと解釈して明確性の主張を退けた。「解釈」にあたり、最高裁は、性的自己決定権の存在を前提に、憲法上の保護が及ばない、その濫用にあたる部分に条例の適用範囲を限定し、その有効性を維持したのである。しかしながら、憲法によって保護されている性的自己決定権の範囲に関しては、最高裁内部においても対立が見られ、濫用にあたるのは(ア)「不当な手段」に限定されるのではないか、未成年者を「年少者」と「年長者」と区別して「淫行」を考えるべきではないか、等の意見がある。いずれにせよ、ずさんな立法として福岡県は反省が迫られると思われる。

(3) デモ行進と表現の自由（憲法 21 条）

注目される判例——徳島市公安条例事件（最大判昭和 50 年 9 月 10 日刑集 29 巻 8 号 489 頁）

徳島市では、条例によりデモ行進を届出制とし、「集団行進……の秩序を保ち、公共の安寧を保持するため……三　交通秩序を維持すること」を守らなければならないと規定した。そして、これに違反した集団行進の主催者、せん動者等に対して「1 年以下の懲役若しくは禁錮又は 5 万円以下の罰金」を科することとしていた。被告人は、集団行進に参加し、自ら「だ行進」し、また集団行進者に「だ行進」するよう刺激を与えたため、道路交通法及び条例に違反しているとされた。

最高裁は、デモ行進に対して「秩序正しく平穏に行われて不必要に地方公共の安寧と秩序を脅かすような行動にわたらないことを要求しても……集団行進等の本質的な意義と価値を失わしめ憲法上保障されている表現の自由を不当に制限することにはならない」とし「だ行進、うず巻行進、すわり込み、道路一杯を占拠するいわゆるフランスデモ等の行為が秩序正しく平穏な集団行進等に随伴する交通秩序阻害の程度を超えて、殊更な交通秩序の阻害をもたらす行為にあたる」としている。

(4) 財産権の保障（憲法 29 条）

注目される判例——奈良県ため池条例事件（最大判昭和 38 年 6 月 26 日刑集 17 巻 5 号 521 頁）

この事件では、ため池の決かいの原因となるため池の堤とうの使用禁止を、条例によって規定することが憲法 29 条 2 項に違反しないかが問題となっている。判旨は①憲法 29 条 2 項は適法な財産権の行使への制約は法律によるとし、違法な財産権の行使（例えば人の生命身体・社会の安全秩序を害する財産権の行使）には同項は適用されない。②財産権の制約についても、地方公共団体の特殊な事情により、法律で一律に定めることが困難であり、その条例で定めることが容易かつ適切なことがある。ため池の保全はこの場合にあたる。③本条例制定の根拠を法律（旧地方自治法）に求めることができる。同法は、地方公共団体に処理する権限を認めた「行政事務」として「地方公共の秩序

を維持し、住民及び滞在者の安全、健康及び福祉を保持すること」「防犯、防災、罹災者の救護、交通安全の保持等行うこと」を掲げ、本件ため池の決かい防止を目的とする堤とうの使用の禁止は「行政事務」の範囲であるとした。

条例による財産権の制約が可能であるかについて、最高裁は、正面から答えていないが、人の生命身体・社会の安全秩序を阻害する財産権の行使はそもそも憲法の保障の対象外であり憲法29条2項は適用されないので、法律によらず条例による制約が可能であるとした、とも読める。

しかしながら、財産権行使に対する評価は適法から違法に変化し得るものであり（現に、本件ため池の堤とう使用行為は数百年間にわたる伝統があった）、この評価及びその変更もまさしく地域の実情によって左右される。とすれば、財産権行使の適法・違法について、法律という形式によってのみ決定できるとすることには問題がある。この点、最高裁も、自治体の特殊な事情により、法律による一律規制が困難・不適当な場合があり、各条例によることが容易・適切な場合があるとしている。

2 自治解釈・運用法務

自治体は、自治行政権の一環として、国の法律の解釈権を有する。この自治解釈権は自治体がその政策を実施していくにあたり、法律を解釈・適用し、さらにはそれを選択・統合することも含まれる。この点、従来型法務における法律適用事務は、自治体の事務遂行の根拠となる法律について、国が示している法解釈を検索することが中心であった。特に、機関委任事務においては、国からの通達・通知及び自治体による照会への国の回答に依存していた。しかしながら、機関委任事務は廃止され、法定受託事務に関する国の関与は、原則として、指示や勧告にとどめられることになった（自治法245条の7以下参照）。その結果、法律の意味について住民や国との間に食い違いが生じた場合には、その意味を最終的に確定する権限を有する裁判所の判断を仰ぐ必要性が高まってきた。

法律の自治解釈にあたっても、法解釈の一般的なルールが遵守されるべき

は当然であるが（解釈の基本として、文理解釈、論理解釈、反対解釈、勿論解釈等があるが、これら基本を守ることは、その結果に責任を持たねばならない自治体自治解釈において、いっそう重要であるといえる）、憲法上の問題に絞ると、第 1 に、法律の解釈は、「全体の奉仕者」たる公務員の立場からなされなければならない、ということである（憲法 15 条 2 項）。したがって、一部の者のみの利益になるように法律を解釈・運用することは許されず、このことは憲法 14 条「法の下の平等」にも根拠を有する。

第 2 に、三権分立・法治主義から導き出される公務員の法律遵守義務である。行政は、主権者国民の意思を直接反映する法律に適合しなければならず（憲法前文・41 条・73 条 1 号）、これは、行政の担い手である公務員に法律遵守を職務義務として課することによって達成される（国家公務員法 98 条 1 項）。このことは、自治体の職員が法律・条例に基づく行政を行う場合にも妥当する（地方公務員法 32 条）。これらの規定により、自治解釈にあたり、法律を意図的・恣意的にゆがめ、法律と行政を乖離させることは許されない。

しかしここで問題になるのは、自治解釈によって確定した法律の意味が、憲法に違反していると判断した場合、自治体の職員はどのような実務処理をなすべきか、である。より具体的にいえば、違憲法律を前にしても、なお愚直に法律を遵守していくか、それとも公務員の憲法尊重擁護義務（憲法 99 条）を優先させて、法律とは異なる（作為又は不作為の）実務処理を行うか、問題になる。前者の立場に立つならば、地方分権改革ひいては憲法の「地方自治の本旨」に反するが、後者に立てば、「法律による行政の原理」の根幹を揺るがしかねないこととなろう。

注目される判例——「君が代」演奏拒否戒告処分取消請求事件（最〔3小〕判平成 19 年 2 月 27 日民集 61 巻 1 号 291 頁）

上告人は、A 小学校の音楽専科の教諭として赴任し、同校校長は従来どおり卒業式においても「君が代」演奏を行うよう上告人に求めたが拒否された（結局、式当日の「国歌斉唱」は録音テープの伴奏により行われた）。被上告人都教育委員会は、上告人によるピアノ演奏拒否は職務命令違反にあたり、地方公務員法 29 条 1 項 1 号ないし 3 号にもとづき戒告処分を行い、上告人はこれ

が憲法19条「思想・良心の自由」を侵害するとして、その取消しを求めて訴えを提起したのが本件である。

上告人は、「君が代」は、過去の日本のアジア侵略と結びついており、これを公然と歌い伴奏することはできず、また、「君が代」がアジア侵略で果たした役割等の正確な歴史的事実を教えず歌わせることは、子どもの人権侵害であり、これに加担することはできない、と主張した。最高裁は、職務命令は憲法19条に違反しないとした。

多数意見は、「君が代」の歴史観とピアノ伴奏は、一般的には不可分に結びつかず、ピアノ伴奏を求めることは、直ちに上告人の歴史観・世界観それ自体を否定しないとする。また、公立小学校の入学式・卒業式において「君が代」の斉唱は広く行われ、伴奏をするという行為自体は、音楽専科の教諭等にとって通常想定・期待され、したがって特定思想の外部への表明行為と評価することは困難であるとした。さらに、上告人は、A小学校の音楽専科の教諭であって、法令等や職務上の命令に従わなければならない立場にあり（憲法15条2項、地方公務員法30条・32条が根拠法律として掲げられている）、入学式等において音楽専科の教諭によるピアノ伴奏で国歌斉唱を行うことは、法令（学校教育法20条、同法施行規則25条に基づく小学校学習指導要領第3章第3の3「入学式や卒業式においては……国歌を斉唱するよう指導するものとする。」等が掲げられている）の趣旨にかなうものであり、本件職務命令は、その目的及び内容において不合理であるということはできないとした。

これに対して、藤田宙靖裁判官の反対意見は、公務員は「全体の奉仕者」であることから、その基本的人権にそれなりの内在的制約が伴うこと自体は否定できないが、このことから当然に、その基本的人権へのいかなる制限も甘受しなければならないことにはならない。本件の場合、「ピアノ伴奏を命じる校長の職務命令によって達成せられようとしている公共の利益の具体的な内容」と「上告人の思想及び良心の保護の必要」とを慎重に考慮しなければならない。この点についてのさらなる検討のために原判決を破棄し、本件を原審に差し戻すべきとされている。

この事件は主として公務員の思想の自由の問題として議論されるが、他方、

法律により国歌として定められた「君が代」の伴奏を職務執行の場面で拒否し、公然とこれを批判したという側面も重視されなければならないはずである。公務員個人の思想とその職務執行における公務員の義務とのバランスをどのようにはかっていくか難しい問題があるといえる。

第 2 節　自治体をめぐる憲法訴訟

　憲法は最高法規であり、これに反する一切の法律、命令、処分等は効力を有しない（憲法98条1項）が、憲法の文言は一般的、抽象的であり、その意味を確定することは困難である。そのため、憲法の意味を確定し、下位の法令、処分等がこれに違反しているかどうかを、客観的に、最終的に確定する必要があり、その役割を担うのが裁判所である。憲法81条は「最高裁判所は、一切の法律、命令、規則又は処分が憲法に適合するかしないかを決定する権限を有する終審裁判所である。」としている（この文言からすると、最高裁判所のみに審査権があるとも読めるが、最高裁判所は終審裁判所であり、下級裁判所にも審査権があるとするのが通説、判例である）。そこで、憲法81条に基づき、対象となった法律、処分等について、裁判所による憲法判断が求められたもの一般を憲法訴訟と呼んでいる。

　従来、自治体における実務は、法律及びそれについての国の解釈に依存するところが多かったが、これは法律を所与のもの、有効であることを前提にしていたからである。しかし、政策法務においては、自治立法、自治解釈が重要になり、法律の解釈においても条例の制定においても、自治体が責任を持って憲法の意味を理解し、実務に反映させる責任を負っている。そして、この責任は実際の憲法訴訟の中で果たされることになるのである。

1　具体的審査制と抽象的審査制

　憲法訴訟の中心は、行政処分等の根拠となる法律等の違憲・無効の判断である。これを裁判所に判断してもらうために、2つの考え方がある。1つは、現実・具体的事件を解決するのに必要な限りでの憲法判断にとどめるもの、

もう1つはこうした現実の事件の発生及びその解決の必要性を待つまでもなく、裁判所に法律等の憲法判断を求めるものである。前者は具体的審査制と呼ばれ、例えば、実際の行政処分を不服とする者が、その取消訴訟の中で、処分の根拠となった法律の違憲・無効を裁判所に求めるものである。この場合、通常の裁判の流れの中に違和感なく憲法判断を取り込めるという利点があるが、具体的な事件が提起されなければ、憲法判断がなされず、本来、違憲無効とされるはずの法律等がそのまま姿をとどめ、これに従った実務が繰り返される、という欠点がある。

　そこで、実際の事件の発生を待つことなく、法律等そのものを審査し、違憲無効とすることが考えられる。これが抽象的審査制と呼ばれるものである。ドイツの制度がよく知られているが、通常の裁判所とは別に憲法裁判所が設置され、具体的な事件の解決とはかかわりなく、法律等の憲法判断が積極的に行われている。日本においてもこの制度の導入が有力に主張されているが、憲法の改正を含む政策論にとどまり、現行憲法の解釈としては具体的審査制で落ち着いている（最大判昭和27年10月8日民集6巻9号783頁「我が裁判所は具体的な争訟事件が提起されないのに将来を予想して憲法及びその他の法律命令等の解釈に対し存在する疑義論争に関し抽象的な判断を下すごとき権限を行い得るものではない」）。

　以下、具体的審査制を前提に憲法訴訟の問題点を探る。

2　法律上の争訟

　裁判所が審査権を行使するためには、現実の事件が発生し、その解決が求められていることが必要である。しかし、その事件は、裁判所による法令の解釈適用によって解決できるもの、すなわち、「法律上の争訟」に限定される。しかし、何がこれにあたるかについては議論がある。

　最高裁は、国家試験で不合格になった者が、試験の解答が誤りであり、不合格判定の変更、損害賠償等を求めた事件において、国家試験における合格、不合格の判定は「学問または技術上の知識、能力、意見等の優劣、当否の判断を内容とする行為であるから、その試験実施機関の最終判断に委せられるべきものであって、その判断の当否を審査し具体的に法令を適用して、その

争を解決調整できるものとはいえない」とした（最〔3小〕判昭和41年2月8日民集20巻2号196頁）。

　この事件で原告は、5万円の損害賠償等を請求しており、紛争の枠組みだけを見れば、法律上の争訟といえるが、その内容自体は裁判所の審査が困難であったため、手続的に「法律上の争訟」性を欠くとして訴えを却下したのである。同様の例として、信仰の対象である「板まんだら」を安置する正本堂の建立資金として信者が寄付を行ったところ、板まんだらが偽物であった等を理由に寄付金返還請求がなされた事件がある（最〔3小〕判昭和56年4月7日民集35巻3号443頁）。この事件も「具体的な権利義務ないし法律関係に関する紛争の形式」をとっているが、結局は「信仰の対象の価値又は宗教上の教義」について判断することが必要不可欠であり、この点については、裁判所が「法令を適用することによっては解決することのできない問題である」とした（宗教法人の代表役員の地位をめぐっての紛争が裁判所に持ち込まれた場合にも同様の判断が示されている〔最〈3小〉判平成5年9月7日民集47巻7号4667頁〕）。

3　部分社会

　紛争の型は、法律の解釈適用によって解決し得るものであっても、一定の組織・団体等の内部にとどまる争いは、その自律的な解決を最終的なものとし、裁判所の介入を許さないという考え方がある。最高裁は「自律的な法規範をもつ社会ないし団体に在っては、当該規範の実現を内部規律の問題として自治的措置に任せ、必ずしも、裁判にまつを適当としないものがある」とし、地方議会議員に対する懲罰（議会への3日間の出席停止）はこれに該当すると判断した（最大判昭和35年10月19日民集14巻12号2633頁）。また、国立大学の単位取得の確認という問題について「大学は……一般市民社会とは異なる特殊な部分社会を形成している」、「単位の授与（認定）という行為は……教育上の措置であり、卒業の要件をなすものであるが、当然に一般市民法秩序と直接の関係を有するものでない」とした（最〔3小〕判昭和52年3月15日民集31巻2号234頁）。同様に、「政党が組織内の自律的運営として党員に対してした除名……は、原則として自律的な解決に委ねるのを相当とし……裁判

所の審査権は及ばない」としている（最〔3小〕判昭和63年12月20日判時1307号113頁）。

この「部分社会の法理」においては司法救済が拒否されるため、個人に対して有利な立場にある団体や多数派の横暴・恣意を助長する危険がある。そこで最高裁は、この法理の適用を、団体等の成立の根拠が憲法にあり、紛争の自律的な解決が期待できる組織（地方公共団体の議会、大学、政党）に、及び、その団体等の内部的な問題（一般市民法秩序と直接の関係を有しない内部的な問題）に限定している。

4 統治行為

「法律上の争訟」が提起されているが、高度に政治性を帯びているため、その解決には法令の解釈・適用よりも政治判断が求められ、したがって国会・内閣の政治部門そして最終的には主権者国民にその判断を委ねようとするものである。衆議院の解散が憲法69条の要件を満たさず、憲法7条に基づいてなされたことが問題になった事件で、最高裁は「解散は、多くは内閣がその重要な政策、ひいては自己の存続に関して国民の総意を問わんとする場合に行われるものであってその政治上の意義もきわめて重大である……その法律上の有効無効を審査することは司法裁判所の権限の外にあ」る、とした（最大判昭和35年6月8日民集14巻7号1206頁）。

5 憲法上の争点適格

裁判所による審査を可能にするためには、事件が現実に発生し、なおかつ、その性質が裁判所による解決になじむものであることが必要であるが（客観的要件）、誰が、裁判所を利用し、憲法問題を提起することができるか（主観的要件）の問題もある。この「誰が」の問題も大きく2つあり、1つは、裁判所という有限の制度を誰に利用させるかという議論、もう1つは裁判所を利用する資格があることを前提に、どのような憲法上の論点を裁判所に判断させることができるかの問題がある。前者については、主として個別の訴訟法上の議論に委ねられ、憲法訴訟においては主として後者が問題になる。

具体的審査制においては、憲法判断は、裁判所に適法に提起された事件を解決するのに必要な限りでなされるから、通常は、当事者の憲法上の権利が法律によって侵害されているかどうかが問われるが、第三者の憲法上の権利が問題とされる場合もある。この第三者は、仮定的第三者と現実的第三者とに分けられる。

仮定的第三者とは、当事者との関係で問題になっている法律が、適用されうる第三者を意味する。条文の文言が広範にわたるとして法律を攻撃する「過度に広範の理論」で問題とされる第三者がこの典型である。一方、現実的第三者とは、当事者へ権利侵害に第三者の権利侵害が同時に巻き込まれている場合である。この例として第三者所有物没収事件（最大判昭和37年11月28日刑集16巻11号1593頁）を挙げることができる。被告人は密輸を企て懲役刑となったが、その附加刑として、犯罪に用いられた船舶・貨物等は没収されたが、この没収は第三者の貨物に対してもなされ、しかもこの第三者には弁解・防御の機会が与えられなかった。被告人は、第三者の29条・31条の権利を侵害していると主張し、最高裁は、この争点を提起する適格を認め、実際に違憲判決を下し、被告人の所有物への没収のみを有効とした。

6　文面審査・限定合憲解釈

法律の文言が「過度に広範」又は「漠然」であるかを審査し、法律を無効とする審査が行われる。しかしながら、これらの文面審査が求められた場合、裁判所は、法律の文言を解釈により限定し、これによって憲法上の権利侵害の可能性を切り捨て、要件・効果が明確になるように文言を精緻化し、その上で再度、「過度に広範」又は「漠然」を問う傾向がある。

このような限定解釈には、その解釈の内容に疑問が寄せられると同時に、これは裁判所による解釈の限界を超えた立法行為であり、許されないとの批判がある。

注目される判例——東京都教組事件（最大判昭和44年4月2日刑集23巻5号305頁）

東京都の公立小中学校の教職員に対する勤務評定の導入をめぐり、東京都

教組が反対し、組合員2万4000人が勤務時間中の集会に参加した。そこで、都教組の委員長らが地方公務員たる教職員にストライキの遂行をあおり地方公務員法37条1項・61条4号に違反したとして起訴された。この事件では、直接言及されていないが、最高裁多数意見は、適用される地公法が「過度に広範」であることを前提に、これに限定解釈を施し、その解釈したところからすれば被告人の行為は構成要件に該当しないとして無罪としたケースである。

すなわち、地公法37条1項・61条4号がその文言どおりにすべての地方公務員による一切の争議行為を禁止し、これらのあおり等を禁止処罰すると理解するならば、労働基本権を保障する憲法28条に違反し無効である。しかし、法律の規定は、可能な限り、憲法の精神に即し、調和するように合理的に解釈すべきである。その結果、争議行為に通常随伴して行われる行為のごときは、処罰の対象とされるべきものではない、とし被告人らの行為は「通常随伴行為」にあたるとした。

法律を解釈し、その意味を明らかにしてから事件に適用することは、裁判官として当然であり、その方法として上位規範の憲法に違反しないようにすることもまた当然である。しかしながら、解釈は解釈であって立法ではない。この点が強く指摘され、その後判例変更されている（最大判昭和48年4月25日刑集27巻4号547頁、最大判昭和51年5月21日刑集30巻5号1178頁）。

7 審査基準

憲法第3章が国民に保障する人権は、絶対無制限ではない。その「濫用」は禁止され（12条）、「公共の福祉に反しない限り」最大に尊重されるのである（13条）。したがって、一見すると人権の行使に見えても、「濫用」「公共の福祉違反」にあたる場合には、憲法の保障を受けず、規制しても憲法違反にならない。つまり、「濫用」「公共の福祉違反」を見極めて、この部分に限定して規制を行うことが、立法機関の役目である。もっとも、憲法の文言は一般抽象的、包括的であり、社会の方向性・価値観を示しているにすぎないことが多い。しかし、この文言の抽象性は懐の深さにつながり、その時々の

社会・経済・文化等の変動に対応する柔軟性をもたらし、社会の基盤に変更をもたらさず安定性を与えることができる（硬性憲法であることがさらにこの安定性に貢献している）。

そこで、抽象的な憲法の内容を現実に即して具体化し実現する必要があるが、その第一次的な責任を負うのは国会である。主権者国民の直接の選挙によって選ばれた国会こそがこの役割にふさわしい。その結果、民主政の基盤を欠く裁判所は、違憲立法審査権の行使に際しできるだけ国会の判断を尊重する（法律を合憲・有効とみようとする）スタンスで審査することになる。違憲無効判決は、国会の憲法具体化の第一次的責任を考慮してもなお、これを無効にする必要性がある場合に限ってなされるべきである。

もっとも、このようなスタンスに立ったとしても、「必要性」の判断は容易ではなく、権利の性質、制約の目的・程度等の観点からその判断は様々に分かれてくる。つまり、人権制約立法を前に、国会の判断（合憲の確信の下に制定された法律）をどのような場合に、どれだけ尊重して、審査権を行使するか問題になる。そのそれぞれの場合を類型化して審査の指針を示すもの、それが審査基準と呼ばれるものである。

(1) 個人の領域と社会・環境

近代市民革命の成果である人権保障の核心は、国家権力による、個人の領域（プライバシー）への不干渉である。個人の領域には精神・肉体・財産・所持品・空間そして情報等が考えられるが、これらへの干渉を許さないことが個人の尊厳につながるとされたのである。しかしながら「個人の領域」も社会・他人という受皿・環境があって初めて全うされるから、これと接する領域には絶対的な自由は認められず、個人の領域も調和・制約を免れない。この「調和・制約」を憲法も当然に予定し（12条・13条）、その具体的内容は国会が法律により決定するのである。

もっとも、主権者国民の意思を反映する国会が、この点に責任を持つことはふさわしいが、問題もある。それは、国会の決定・法律は所詮多数の意思にすぎず、少数者のそれは切り捨てられている可能性があることである。他方、個人の領域の内容は、各個人によって決定されおよそ多数決になじま

い。多数決による個人の領域の決定＝法律を、少数者の決定を擁護する憲法に照らして、裁判所（多数派におもねる必要がない、かつ、憲法上の身分保障が認められる）が、審査し違憲無効とできるのは、憲法自体が少数者の個人の領域を、多数者の横暴から守ろうとしているからである。

そこで、裁判所は、個人の領域の核心に近く社会との接点が少ない問題については、多数派の決定にすぎない法律に対して自らの判断を強く示すことになり、逆に、共同で利用すべき社会・環境のあり方が重視される問題については、多数決・国会の判断を尊重する審査方法になる。

(2) **内面と外部的行為**

思想、良心、宗教等はいずれも精神の問題として個人の領域の核心にあり、これを制約する法律に対しては厳格な態度で審査する必要がある。しかし、精神は行動と結びつき、行動は社会に影響し、したがって行動の規制は精神への規制をもたらすとの連鎖がある。行動面に着目した法律の規制を、精神への影響を考慮しながら裁判所はどのような姿勢で審査するのか難しい問題である。最高裁は、信仰に支えられていても、加持祈禱（行動）が他人の生命身体を傷つける場合には、これを規制・処罰しても憲法20条に違反せず（最大判昭和38年5月15日刑集17巻4号302頁）、名誉毀損を理由とする謝罪広告を、謝罪の気持ちがない当事者に強制しても憲法19条に違反しない、とした（最大判昭和31年7月4日民集10巻7号785頁）。これらの判断は、審査基準はあまり意識されずに実体判断がなされ、法律が合憲とされたが、その前提として、行動・他人・社会への影響に着目し、これを規制する国会の判断を重視する姿勢があったのではないかと思われる。

これに対して、高専退学事件においては、剣道実技拒否という行動（不作為）が問題になっていたが、この行動（不作為）自体は他者の教育を受ける権利等をほとんど傷つけることはなく、また、代替措置により本人の不利益は容易に回避し得たはずであり、この措置を取らずにいたずらに個人の領域（信仰）を侵害した事件であったと考えることができる。最高裁も、「他事考慮」の存在を確かめるなど積極的な審査を展開した（最〔2小〕判平成8年3月8日民集50巻3号469頁）。

(3) 平　　　等

　平等の意味については歴史的に変遷しているが、結果の平等を考慮し、取扱いに区別を設けることも許される、実質的平等の考え方がとられている。しかし、実質的平等の具体化は困難な問題にぶつかる。どのような差異が存在し、なぜ、その差異を放置することが許されないのか、どの程度の取扱いの区別が認められるのか等々を総合的に考察しなければならず、この点についての判断は第一次的には国会にゆだねられると考えられる。

　したがって、司法審査も先行する国会の判断を尊重せざるを得ないと考えられる。しかしながら、多数派が実質的平等の名の下に法律を制定して、少数者を圧迫する可能性があること（女性を身分・職業等において不利益に扱う）、逆差別の問題を提起することがあること（アメリカにおける、高等教育における黒人の優遇制度）等から、区別の「目的」が正当であるか、その目的を達成するための「手段」が相当なものであるか、について慎重かつ積極的な審査がなされなければならない。

(4) 経 済 活 動

　どのような職業を選択し実践していくかは個人の自由に委ねられ、その成果でもある財産は保障されなければならない。他方、職業の実践は他者・社会に直接影響し、また逆に社会の有様が個人の職業内容に影響するという関係にある。さらに、財産は、最初に持てる者と持たざる者との差異がその後も大きく影響し、いわば不平等が内在しているから、これを個人の完全な自由に委ねることはできず、法律による規制の必要性が強い領域といえる。そして規制の内容も、様々な職業の性質・影響を的確に把握し、社会全体の政策の中で決定していかねばならず、司法審査も、先行する国会の専門的な判断を尊重することが強く求められる。

　なお、最高裁は経済活動への規制を消極的規制と積極的規制に分けて、異なる審査基準を用いて判断しているとの分析がある。前者について「よりゆるやかな規制手段によっては消極目的を達成できないか」まで審査する厳格な基準が、後者については、規制措置が「著しく不合理であることが明白」であるかに審査をとどめる、緩やかな審査基準がとられるとされる。しかし

ながら、両者に関して審査基準を区別するほどの違いがあるとは思えず、最高裁においても相対化する傾向にある。

(5) 社 会 権

自由権については、人が生まれながらにして備わり、国家成立以前から存在していたものを、憲法において明文で保障したものである。したがって国家の政策によってその内容を制限されることなく、ただ、個人の前提となる、他人・社会との衝突を避けるための最低限の規制を、代表者・国会に決定させているのである。しかし、経済活動の自由は、富の偏在をもたらし、大多数の者の生存を、その者の責任ではない理由によって脅かすようになった。そこで、国家の積極的な政策の展開によって、個人の生存保障を国家に求める権利が憲法に取り入れられた。それが社会権であり、生存権、学習権、労働基本権の3つがある。

では、これらの具体化である法律に対する審査は、どのような基準によってなされるか問題になる。生存権について最高裁は、立法者に認められた広い裁量の行使が「著しく合理性を欠き明らかに裁量の逸脱・濫用と見ざるをえない」かどうかのみを審査するとしている (最大判昭和57年7月7日民集36巻7号1235頁)。このような、緩やかな審査基準による理由は、憲法25条1項は、国民に具体的な権利を与えたものではなく、これを実現する法律によって初めて与えられ (最大判昭和42年5月24日民集21巻5号1043頁)、立法化にあたっては、国の財政状況を無視できず、多方面にわたる複雑多様な、しかも高度の専門技術的な考察とそれに基づいた政策的判断を必要とするからであるとしている (前掲最大判昭和57年7月7日)。

学習権・労働基本権が問題になった事件もかなりあるが、最高裁は、審査基準を丁寧に確立し、その上で憲法判断を下しているとはいえないように思われる。このことが特に公務員の労働基本権に関する判例を混乱させた1つの原因と考えられる。

(6) 表現の自由

表現の自由には2つの側面がある。自己実現と自己統治である。前者は、大衆の中に自己が埋没し、その存在を自らが認識できないところに個人の尊

厳はない。そこで、精神その他自己と他者とを区別できるものを、個性的かつ効率よくアピールし、自らの存在を確たるものにする必要がある。そのために、表現内容・方法を含めて、一切の表現の自由が保障されるのである。

後者は、国民主権・代表民主制等の統治機構とかかわる。国政に関する究極の決定権は個々の国民にあるが、すべての問題について、全国民が一堂に会して討論をすることは不可能なので、国民は代表者を選出し、これに国政判断を委ねている。そこで、誰が代表者としてふさわしいか、代表者の判断は国民の意思から乖離していないか、これらを判断するために必要な情報が、国民に十分に提供されなければならない。このためにはマスコミの報道の自由及び国民の知る自由の保障が必要である。そこで、表現の自由は、情報の発信・受信を共に含む情報の自由な流れを保障している。

しかし、権力者・多数派は、自分に不都合な情報をできるだけ国民から隠そうとし、そのために法律を定めて報道等を規制しようとする。そこで、このような法律に対しては、多数派の支持をその地位の根拠とせず、なおかつ身分保障を認められた裁判官が審査するにふさわしいとされ、厳格な審査基準が妥当するとされている。

8 立法事実

法律は、ほとんどの場合「○○の場合には（要件）、××となる（効果）」からなっている。このような規範が定められるのは、一定の社会的・自然科学的事実の存在を国会が認識し、それに対応するためである。したがって、規範の意味を正確に理解するためには、土台となっている上述の事実を確認する必要があり、他方、あやまった事実を前提とする規範は砂上楼閣であり無効とされなければならない。憲法訴訟においても、立法の際に参照された事実、すなわち立法事実が争われるようになってきた。この立法事実を争うことによって、薬局の適正配置を定める薬事法に無効判決が下されたのが、最大判昭和50年4月30日民集29巻4号572頁である（不良医薬品の供給防止という「目的」を達成するため、薬局の距離制限という「手段」が用いられているが、立法者が前提とした「距離制限なし→過当競争→経営の不安定→不良薬品の提供」という「事

実」は観念上の可能性にとどまるとされた）。

　「立法事実」には社会科学的事実と自然科学的事実が含まれ、薬事法事件では前者が主として問題とされたが、後者が争われたのが、奈良県ため池条例事件である（前掲最大判昭和 38 年 6 月 26 日）。奈良県条例は、ため池の決かい防止のため、その堤とう上での耕作等を、何らの補償なく禁止した。多数意見は、堤とう上での耕作は堤とうの決かいをもたらし、人の生命身体等を危殆化させるという立法事実を肯定したが、山田作之助裁判官は「少数意見」の中で、この事件で対象となった唐古池は平坦な土地の一部を掘削して作られており、堤とうとそれに続く田畑とではその高さが同じである。堤とうの耕作はその決かいをもたらすことはないと指摘している。

9　違憲判決の効力

　最高裁が、違憲無効とした法律について、その後の扱いをいかなるものとするか、違憲判決の効力として議論がある。これについて、一般的・確定的に法律を無効とする「一般的効力説」と、違憲判決が下された事件に限定してその適用が排除される「個別的効力説」が対立している。その論拠は、一般的効力説は、最高法規に反する法律は無効であり、最高裁はこれを最終的に判断・決定でき（98 条・81 条）、また、一個の法律は、その性質上も、また、これを適用される国民の立場からも、有効・無効いずれかでなければならないとする（法的安定性・予見可能性・平等原則）。他方、個別的効力説は、81 条の違憲立法審査権は、具体的審査制で、その事件の解決に必要な限りにおいて行使される。したがって、違憲判決もその事件に無効とされた法律の適用を排除するにとどまるとしている。

10　違憲判決の拘束力と判例変更

　裁判所法 10 条 3 号は「憲法その他の法令の解釈適用について、意見が前に最高裁判所のした裁判に反するとき」には小法廷では裁判できないとし、刑事訴訟法 405 条は上告理由として原審が「最高裁判所の判例と相反する判断をしたこと」を挙げている。これらの規定は、判例を前提に、これに反す

ることの重大性にかんがみ、特別な法廷で審理すべしとしている。

　判例の変更がなされた例として例えば、名誉毀損罪を定める刑法230条の2は、公然事実を摘示し人の名誉を毀損した場合にも「真実であることの証明」等により処罰しないと規定している。最高裁は、この規定の意味を「真実であることの証明がない場合でも、行為者がその事実を真実であると誤信し、その誤信したことについて、確実な資料、根拠に照らし相当の理由があるとき」には、名誉毀損罪は成立しないとした。これは従来の判例が「およそ事実が真実であることの証明がない以上」犯罪は成立するとしていた判例を変更したものである（夕刊和歌山時事事件・最大判昭和44年6月25日刑集23巻7号975頁）。

第2部

各　論

第1章
立法法務

第1節 概　　説

　自治体政策法務の中心的な領域の1つとして、条例や規則を制定改廃する立法法務がある。

　自治体行政は様々な課題に直面する。その課題の解決にとって最も重要なツールの1つが法令である。自治体行政の事務の大半は国の法令により根拠付けられているものであるから、課題の解決にあたっては、まず、その適切な運用が検討される。また、既存の条例等の適切な運用も同様に検討されよう。ここでいう「適切」な運用とは、国など「他者」が解釈した内容に唯々諾々と従うことではない。直面する課題の本質を自らが正確に把握することが何よりも優先される。課題は、その地域に特有なものであることも少なくない。そこで全体を見ながらも地域適合的に、かつ合理的に具体的な事案を解決するために、自主的かつ積極的な解釈に裏付けられた運用こそが真に求められているのである（詳しくは第2章で論じられる）。しかし、そのような現行の法令の運用だけでは対応できない課題——現行の法令では規律していないものや規律していても不十分なもの、国の法令で条例等の制定を前提としているものなど——が存在する。そういった場合には、自治体における立法が要請される。

61

立法法務の実際の活動は、
① 直面する課題が立法でしか解決できない、あるいは立法によることが効果的・効率的かつ合理的であるかどうかの把握、すなわち立法の必要性及び合理性という「立法事実の把握」
② 立法事実を満足させ、かつ実現可能で合理的な「制度設計」
③ 設計した制度を規定に置き換え、最終的に決定する「条例等の制定過程」

に分けることができよう。それぞれの段階には、実体的論点と組織・手続的論点がある。本章の以下の節で詳述するが、その概要は次のとおりである。

まず、「立法事実の把握」である。立法──自治体においては、条例又は規則の制定改廃──は、法体系に変化を与え、その影響は少なくない。したがって、立法事実を検討するにあたり、現行の法制度を十分に活用したかどうかが問われよう（第2節1）。立法事実をどのように把握するかによって、立法するか否かが決する。また立法事実は、制定・施行後の解釈や運用の指針にもなるので、その把握は重要であり、抽象的なものであってはならず、現実性や客観性を具備する必要がある（同節2）。

次に、「制度設計」である。立法事実の把握の一部でもあるが、課題解決において設計しようとする制度等が、法治主義的、政策的なアプローチ等に照らして、立法に馴染む対象か否かを判断しなければならない（第2節3）。立法を選択した場合、その内容の適法性が問題となる。すなわち、立法する内容が現行の法令に抵触しないか、明確性の原則、比例原則、平等原則等の（行政）法の一般原則に合致しているか、の確認が必要である（同節4）。また、関係法令と連動することで、想定外の法的効果を生ずる場合がある。例えば、原告適格が拡大する場合等があるので、関係法令との関係を確認する必要がある（同節5）。

最後に、「条例の制定過程」である。条例の制定過程は、大きくは、「議会前過程」、「議会内過程」、「公布」等に区分できる。条例の大半である首長提案条例において、制定過程の各段階で検討の中心となるのは課題を直接所管する原課であるが、様々な理由から条例制定に消極的になりがちである。し

たがって、いくつかの自治体に見られるように、部局横断的な視点に立った自治立法を戦略的にマネジメントしていくための条例政策が重要となっている。自治体も未知なる課題に対し立法的解決をはかる場面も増加するであろうことから、かねてより、参考となる法令等の「ひな型」がない中でゼロから法案を組み上げる作業を行ってきた国の立法システムが参考になる。国の仕組みであるということでいたずらに拒否するのではなく、自治体の立法システムを改善することは有用と思われる（第3節1）。条例には、首長提案条例のほかに、議員提案条例（「議員立法」とも呼ばれている）がある。これに加えて、市民が議会に提案するわけではないが、市民の発案により立法しようとするプロセスである「市民立法」が最近では、活発に議論されている（同節2）。首長提案条例、議員立法、市民立法いずれにせよ、求められている住民の意見の反映は欠くことのできない視点である（同節3）。

　これらの論点について、関連する裁判例等から導かれる方向性等を探りながら検討する。

第2節　実体的な論点

1　立法を検討する前に——現行制度の十分な活用

　自治体の条例や規則は、住民等の権利、義務に大きな影響を与える。また、それらは当該自治体の地域内でのみ適用となる「法」であるが、国の法令と一体となって——すなわち法体系として——適用される。すなわち、条例等の制定改廃は、大なり小なり法体系に影響を及ぼす。したがって、条例等の制定改廃、とりわけ立法はその必要性が十分に吟味されなければならない。それにはまず、当面する課題解決において現行法令では「本当に間に合わないか」の検討が必要となろう。自治体は現行法令を本当に「使いこなしている」あるいは「使い切っている」であろうか。

(1) **注目される判例——青森・岩手県境産業廃棄物不法投棄原状回復費用等仮差押申請事件**（盛岡地決平成13年2月23日判例集未登載）

　当時国内最大級であった青森・岩手県境産業廃棄物不法投棄事件において、

岩手県は原因者に原状回復等の措置命令（廃棄物処理法19条の5）を発した。しかし、原因者が命令を履行せず放置すると、同県は地域の環境保全行政を行う立場から事務管理（民法697条）として原状回復をせざるを得ないとして、その費用を早急に保全する必要があると考えた。そこで、同県は命令を前提とした将来的な事務管理費用償還請求権を根拠に原因者の銀行預金と不動産の仮差押えを申請したところ、裁判所が認容したものである。

(2) **判例等から学ぶべきこと**
① 現行法令の規定はかなりの解釈や運用の余地があり得ること

不法投棄の原状回復を原因者に命じても十分な措置が行われず、生活環境の保全上の支障が生じるおそれがある場合の対応としては、廃棄物処理法19条の8（行政代執行法5条・6条を準用）に基づいて行政が代わって原状回復を行い、要した費用を原因者から徴収する「行政代執行」が考えられる。しかし、それでは手続自体に時間を要し、原状回復が終了して徴収する費用が確定するまでに原因者の財産が散逸するおそれがあることから、岩手県は当該措置命令の履行強制措置とは別に事務管理による原状回復とし、民事保全手続を行ったものである。

行政代執行による原状回復を行う場合、公共の利益のために行う活動であり私法上の行為と捉えにくい。すなわち、行政は原因者のためではなく地域のために代執行を行う。こうしたことから、このような行政活動を「義務なく他人のために事務の管理を始め」る事務管理として構成することは通常想起されにくい。しかし、廃棄物処理法に基づく措置ではないこと、原因者の代わりに行ったことから、裁判所は事務管理の成立を認めている。

おそらく、民法697条は、このような事態を想定していないものと思われる。立法は、立法事実を満足させることが直接的な目的であることから、運用においても立法者意思（立法趣旨）を尊重する必要があることはいうまでもない。しかし、同時に、条文化（法令化）されてしまえば、立法者意思とは別に、その条文から読み取れる範囲内での運用は可能である。本事案における裁判所の判断は、現行法令の解釈や運用には、常識的には想定されないものも含め、かなりの余地があることを示しているといえるのではなかろう

か。

②　立法前に現行制度を十分に活用する必要があること

(1)の事案は立法の適法性（合憲性）に関するものではないが、その翌年（2002年）に、岩手県は、当該事件を教訓に、不法投棄の未然防止を目指し「循環型地域社会の形成に関する条例」等を制定している。このように、立法に影響する部分を検討する。

立法は住民等の権利義務とともに既存の社会制度に変化を与え、行政が常に重視すべき「法的安定性」や「行政の連続性」に影響を及ぼす。しかも、制定改廃した法令は、内容によっては、定着し現実の法体系及び社会生活に「馴染む」までにかなりの期間を要するものもあろう。それまではギクシャクしかねない。したがって、かかる不具合と時間的ロスを生じさせないよう現行制度の運用で解決できる場合があれば、まずそちらを選択すべきである。(1)で挙げた裁判例自体から、現行制度でも思いがけない活用方法があることが学べよう。すなわち、立法措置を行う方向で検討が進んでいる段階でも、まだ他に採り得る手法が残っている場合が多いものと思われる。そのためには、課題の本質的な原因を把握するとともに、立法者意思とは別に、条文を客観的に読み取るスキルが必要となろう。

③　現行制度の十分な活用が立法事実の把握につながること

これまで述べたように、立法の必要性は十分に吟味される必要があり、まずは現行制度での課題解決が求められる。すなわち、とおり一遍のことだけではなく、「最大限努力したが、現行法の解釈ではここまでが限界」となって立法の合理性が増すものと思われる。現行法や制度を使いこなしてこそ、はじめて「法の欠缺」を真に実感し、「立法しないと解決できない」との立法事実を探ることができるのであろう。

岩手県は、循環型地域社会の形成に関する条例の中に、産廃業者が事故等の場合、緊急措置のために一定の金額を預託する保証金制度等を盛り込んでいる。これは、いろいろ工夫しても、現行制度では不法投棄事件の原状回復に要する費用の満足な回収は困難であり、そもそも不法投棄事件は未然防止すべきであるが、現行制度ではその対応が不十分であると考えたためであろ

う。

> **【コラム3】現行制度の意外な活用**
> 　現行制度の「常識」を超える活用の例として、運用ではなく立法を伴うものであるが、「産業廃棄物税」を挙げることができよう。産業廃棄物税とは、産業廃棄物（以下、「産廃」という。）が発生した段階または最終処分場に搬入した段階で課税するものである。2002年に三重県が導入して以来、瞬く間に全国の自治体の間に広がり、2007年4月1日現在で27道府県（57.4％）で導入されている（愛知県総務部税務課 HP 参照）。
> 　本来「税」とは国家活動の財源調達の手段である。産廃税も「税」、しかも「特定の費用に充てるための法定外目的税」（地方税法 731 条 1 項）であり、産廃の発生抑制等に資する施策の財源に充てられる（岩手県産業廃棄物税条例 2 条など）が、実際の目的は、課税することにより税負担を軽減しようとする事業者が産廃の発生抑制等に取り組むことである。すなわち、産廃税は、課税自体を政策実現の手段として用いられている。自治体が導入を始めた当初は、経済学や税法の研究者等から、財源調達を主目的としないものを税とすることに鋭い疑問が寄せられていた。

2　立法事実の把握

　条例等の制定には立法事実が必要とされているが、それは何故だろうか。その立法事実は、どのように、どの程度把握すればよいのであろうか。

(1)　注目される判例――薬局開設許可処分取消請求事件（最大判昭和50年4月30日判時777号8頁、最高裁 HP 最高裁判所判例集）

　スーパーマーケットを経営する者が、その店舗内での医薬品の一般販売業の許可を広島県知事に申請したところ、薬局等の配置基準に適合しないとして不許可処分とされたため、その取消しを求めたものである。一審は処分時の許可基準を適用したとして不許可処分を取り消したが、二審は処分は適法であると判断した。最高裁は、許可基準は処分時のものが適用されるとした上で、薬局開設許可基準の1つとして地域的制限を定めた薬事法6条2項・4項は憲法22条1項に違反し無効であり、当該不許可処分は取り消されるべきとした。すなわち、同知事は薬局等の設置場所の地域的制限の必要性と

合理性を裏付ける理由として、薬局等の偏在により競争が激化し、一部薬局等の経営の不安定を招き不良医薬品の供給の危険又は医薬品乱用を助長するとの弊害を指摘しているが、経営の不安定による良質な医薬品の供給を妨げる危険が実際上どの程度にあるかは、必ずしも明らかにはされていないなど、単なる観念上の想定にすぎず、確実な根拠に基づく合理的な判断とは認めがたく、いまだ必要性と合理性を肯定するに足りないと最高裁は判断したのである（国法の立法事実が問題となったものであるが、条例等についても参考となると思われることから、注目するものである）。

(2) **判例から学ぶべきこと**

本判例は、立法事実は観念上の想定では足りず、確実な根拠に基づく合理的判断によるものでなければならないことを示している。

① **立法事実の把握が必要**

では、なぜ立法事実の把握が必要なのであろうか。

まず、立法するか否かの決定要因であるからではないか。1で述べたように、課題の解決には、社会に与える影響の大きい立法に先立ち、現行制度の運用による解決が検討されるべきである。それでも立法をするのであれば、「現行制度では間に合わないこと」と「立法してまで解決する必要性があること」が確認されなければならない。したがって、立法事実の把握には的確性が求められる。

次に、制定、遵守に必要な合理性を付与するからであろう。条例等については、制定の各段階——立案、パブリック・コメント、議会など——で、訴訟において、適法性ひいては合憲性が問われる。その際、議論や訴訟に耐え得るかどうかは、立法の必要性及びその内容の合理性を備えているかどうかである。すなわち、立法事実そのものが問われる。また、条例等は遵守されなければならないが、それには名宛人の理解と協力が不可欠である。そのためには、名宛人から、規制の内容や程度等について、「この内容（程度）ならやむを得ない」との納得が得られることが必要である。やはり、立法の必要性及びその内容の合理性を備えているかどうか、すなわち立法事実そのものが問題になるのである。

第1章 立法法務

さらに、立法事実は制定等の後の解釈や運用の指針となるものと思われる。立法事実を満足するために立法するのであるから、その条例等を解釈や運用する際の指針となるのは当然であろう。
　②　立法事実には現実性が必要
　立法事実は観念上の想定では足りないとすれば、現実に即したものでなければならない。それは、条例等は実際の社会での政策実現のツールであることに加え、「現実性」は切実な「必要性」を示し、説得力を一層補強するものだからであろう。立法の必要性は保護すべき利益等の大きさに加え、解決すべき課題に現実に直面しているかどうか、立法による解決の蓋然性が高いかどうか等により判断されるものと思われる。
　③　立法の必要性を証明する数値等の客観データが必要
　立法事実の把握の程度等であるが、根拠として確実性を求めるとすれば、現実性に加え客観性が必要となろう。それには、数値データが最も望ましいと思われる。公的機関による統計等に基づくものであれば、より説得的であろう。
　具体的には、問題となっている事案の件数や規模、それによる損失などの現状と現行制度で解決できる範囲やレベルを数値化することになろう。ただし、規制等を行う対象の内容や規模等で類型化したり、導入する制度により行政等がコミットできる範囲やレベルなどを数値化することはできようが、最終的にどの程度効果が見込まれるかについての数値化は困難と思われる。実際には、いくつかの案を比較検討することになろう。
　④　合理的判断が必要
　それでは、立法の合理性とは何か。①から③で合理的な立法事実の把握がなされたのであれば、まず、立法事実に見合った制度設計かどうかが問われよう。すなわち、いわゆる比例原則に適合するかどうかである（比例原則等、法の一般原則については本章第2節4で後述する）。また、実現可能性、規制の効率性等も勘案されよう。

3 立法に馴染む対象かどうか

　自治体の立法として馴染む対象かどうかについて検討する際には、条例の持ついくつかの側面をどのように捉えるかによって、次のような視点からのアプローチが考えられる。

(1) 法治主義的アプローチ

　法治主義の考え方から条例制定を考えようとするアプローチである。

　行政の活動には、直接的に住民の権利義務関係に変動を及ぼし、住民生活に影響を与える場合があることから、国民の権利保護のため、基本的な行政活動については、議会による法律に基づいて行われ、行政機関の適法性は裁判所による司法統制が行われるというのが「法治主義」の考え方である。

　法治主義の考え方は、自治体の活動にも基本的には該当する。すなわち、自治体の基本的事項は国会又は自治体の議会が制定する法律又は条例に基づく必要がある。通常の自治体の立法実務の中で、法治主義から導き出されるものとして「法律（条例）の留保の原則」がある。これは、行政活動に法律や条例の根拠が必要であるという意味であるが、どこまで法律又は条例の具体的な根拠が必要かという点については、大きく「侵害留保説」、「全部留保説」、「重要事項留保説」の3つの考え方がある。なお、ここでは、自治体の立法を主として考えることから、「条例の根拠」を中心に検討することとする。

　侵害留保説——住民の権利義務関係に直接的に変動を及ぼす行政活動には条例の規定が必要であるという考え方である。自治法14条2項は、「義務を課し、又は権利を制限するには、法令に定めがあるほか、条例によらなければならない」旨を規定しており、侵害留保原則を定めているとされる。少なくとも住民の権利義務にかかわる事項は、自治体の場合、条例の根拠が必要であるということを自治法は規定している。侵害留保説は立法実務では、最も支配的な考え方であり、この考え方によれば、条例を検討する際には、住民の権利を制限し、義務を課す場合のみ条例制定が必要であり、そのほかの場合は首長等が独自に決めることができ、条例制定は必要最小限でのみ行われることとなる。しかし、現実的には、福祉関係のサービスを定める条例や

自治体の基本的な仕組みを定める自治基本条例など、直接的に住民の権利制限や義務賦課がなくても、住民にとって影響が大きい条例はあり、侵害留保説の考え方だけでは自治立法の現状を十分に説明できない。

全部留保説——侵害留保説への批判を受けて、その範囲を広げて自治体のすべての活動に条例の根拠を有することが必要であるという考え方である。しかし、この考え方では、すべての行政活動に条例の根拠が必要であり、あまりに範囲が広すぎ、すべての事項をあらかじめ議会の審議に付することとなり、迅速な対応が不可能となるなど、非効率である。

重要事項留保説——侵害留保説と全部留保説の中間的な考え方として、住民の権利義務に直接関係する事項のみならず、住民の関心が高く、ある程度の影響が生じる可能性がある、自治体の基本的な事項については議会審議を経た条例で規定すべきであるという考え方である。重要事項の範囲については曖昧な部分もあるが、住民と自治体との関係性を考える上で、あらかじめルールとして公示しておくべきものは、重要事項に該当すると考えられる。例えば、横須賀市では重要事項留保説の考え方に基づき、パブリック・コメント条例を制定したとされる。条例を立案する際は、基本的には重要事項留保説的な立場に立ちながら、社会経済状況や地域住民の意向を踏まえて、自治体としてそれぞれが条例化すべき内容を考えることが適当であろう。

(2) **政策的なアプローチ**

これは、自治体の自主的政策を実現するためのツールとして条例制定を考えようとするものである。

2000年の地方分権一括法の施行により、自治体の条例制定権の範囲は3つの点で拡大したといわれる。すなわち、①国は国家存立や全国的視点からの事務を、自治体は地域における自主的・総合的事務を、それぞれ担うというように役割分担が明確化された（自治法1条の2）ことにより国の役割が限定され、結果として条例制定の範囲が拡大したこと、②機関委任事務が廃止され、法定受託事務も法定自治事務もいずれも自治体の責任において行う事務とされたことにより、双方とも条例制定権の対象に含まれたこと、③法定自治事務について「国は地方公共団体が地域の特性に応じて当該事務を処理

できるよう特に配慮しなければならない」(自治法2条13項)という立法・解釈・運用についての原則を明示したことにより、国の法令により些細な事項まで踏み込むことができなくなり、結果として地域の実情に応じた条例制定の可能性が拡大したことの3つの点である。

　自治体の条例制定権の拡大を受けて、自治体では様々な条例制定がなされている。その中には、政策的な理念の提示や政策誘導又は社会的なメッセージともいうべきものがある。例えば、「教育の日条例」、「農村振興条例」、「食育振興条例」などである。これらは、従来の伝統的な法治主義的なアプローチ、特に立法実務で支配的とされる侵害留保説的な考え方からは、条例制定に馴染まないと考えられるものも多い。

　これらは、政策の主体としての自治体が政策的意図に基づき制定するものであり、国レベルでも、同様な例として、健康増進法などは、国や自治体等が国民の健康の増進に取り組むという社会的メッセージを法律の中に込めることにより、受動喫煙の防止に対する取組みを進めようとしたものとされる。

　これらの立法例は、通常、政治的な背景がある場合もあり、事務的なボトムアップよりは、首長のトップダウン又は議員立法によることも多い。立案に際しては、既存の法律に基づく施策との整合性、住民・事業者に対する間接的・反射的影響も含めて地域の理解が十分に得られる内容とすることが重要である。また、政策的なアプローチに基づく条例の場合、社会経済情勢の変化により、条例の内容が実態に合わなくなる場合も考えられることから、条例は一度制定化されると見直しが行われにくいという「条例の硬直性」にも配慮しながら、「見直し規定」を条例規定に含めるなどの配慮も大切である。

(3)　**政策評価的なアプローチ**

　これは、条例を立案する際には、上記のアプローチとは別に、条例を立案するにあたっての住民への説明責任が必要であることや、条例も自治体の政策としての側面があることなどから、いわゆる「政策評価」の考え方を応用して、行政コストも含めた事前評価として検討するアプローチである。政策評価の考え方からは、条例の事前評価として、次の6つの観点から評価する

ことが合理的であるとされる。

　すなわち、①必要性（条例を制定しなければ対応できないかどうか）、②有効性（条例に定める制度が制定目的に対して実効性があるかどうか）、③効率性（条例の執行のためのコストがより少ない方法はないかどうか）、④公平性（条例により著しい不平等が生じないかどうか）、⑤協働性・参加性（条例の執行にあたり住民やNPO等の意見を取り入れたり、参画を求める仕組みがあるかどうか）、⑥適法性（条例が憲法や他の法律に抵触したり、司法により効力を否定される可能性がないかどうか）の6つの基準である。

　条例の立案実務にあたっては、制定目的に対応する制度設計の試案を複数考え、これらの視点から、それぞれの試案を比較検討することが重要である。

(4) **立法実務的なアプローチ**

　これまでのいろいろなアプローチ方法を踏まえた形で、立法実務では、①政策目的の明確性（明確な立法事実があるかどうか等）、②法的妥当性（憲法が定める公共の福祉、最小限の規制、平等原則、罪刑法定主義などの基本原則のほか、他の法令や自治体の既存条例などから見た条例に定める内容、手続が法的に適正なものであるかどうか）、③法的実効性（条例の内容が実質的に実行可能性であり、十分な効果が期待できるものであるかどうか）などの観点から、チェックシートなどを作成して、立法に馴染むかどうかを検討していることが多い。

(5) **望ましい方向**

　条例立案にあたり、立法に馴染むか否かは、このように多面的なアプローチが存在する。それぞれの相互の関係については次のように考えられる。

　まず、法治主義的なアプローチと政策的アプローチからは、大局的に、自治体としての立法政策の考え方をまとめていくことが重要である。すなわち、法治主義的なアプローチにおける侵害留保説的な考え方を最低限のベースとして、重要事項留保説からは、どこまでを自治体行政における基本的事項とすべきかを、政策的アプローチを加味しながら、個々の自治体の置かれた状況に即して考えることが必要である。この点では、最近、いくつかの自治体で「自治立法指針」をまとめ、あらかじめ条例制定に関する基本的な考え方やルールを明示している例がある。自治立法指針の取り組み事例として、

「横須賀市地方分権に伴う条例等の整備方針」(1999年)、「高知県条例等の立法指針」(2004年)、「千葉県条例等の整備方針」(2005年)、「大和市条例等の整備方針」(2006年)などがある。

　分権社会では、具体的にどの範囲まで条例化すべきかについては、自治体と住民の自己決定・自己責任に任されている。これは、同時に自治体の立法政策に恣意的要素が入り込む危険性や広い裁量があることも示している。このような観点から、自治立法の範囲について、自治体としてどのように捉え、運用していくかをあらかじめガイドラインとして組織の内外で共有化し、それを不変のものとせず、議論を続けながら進化させていくことが健全な自治立法を進める上で重要である。その点で、「自治立法指針」の策定は、自治立法の考え方を自治体として明確化するという点で望ましい取組みである。

　また、政策評価的なアプローチや立法実務的なアプローチからは、個別条例の制度設計や条項の検討を進める際に、これらのアプローチに基づく検討表を作成することにより、実務的には、立法ミスの発生や事実上運用が困難な制度創設を未然に防止することに有効に機能する。前述の「自治立法指針」の観点も検討表に加えれば、より大所高所からの判断も可能になる。

　分権社会に入り自治体では自主条例の制定ブームが続いているが、その後に待ちうけているのは、自治体が訴訟当事者となる訴訟時代である。裁判規範としての条例の機能も考えれば、条例の目的、内容の合理性とともに、条例制定の根拠となる立法事実も含めて住民のみならず司法からも十分に理解が得られるものとなるよう、自治立法にあたっては、いろいろな観点からの周到な検討と議論が必要である。

　(6)　関連する判例

　判例は、最低限のルールとしての侵害留保説に立ちながらも、政策的アプローチに基づく自治体の政策的判断も合理的な範囲で認めてきている。

　①　条例による財産権の制限が争われた事例——奈良県ため池条例事件
　　(最大判昭和38年6月26日刑集17巻5号521頁)

　ため池の決壊を防止するための奈良県は条例により堤とうに農作物を植える行為を禁止したが、これを無視し栽培を続けたので同条例違反で起訴され

た被告人が、憲法上、財産権の制限は国の法律によることが必要であり、本件条例は無効である旨を主張した事例について、条例による財産権の制限が認められた。この判例は、ため池の決壊を防止するという政策的理由による条例に私権の制限を認めたものであり、侵害留保説的な考え方に立ちながらも、地域の実情に応じた政策実現としてのツールとしての条例の存在を認めたものといえる。

② 法的根拠がない緊急の行政措置が認められた事例——浦安ヨット係留用鉄杭強制撤去事件（最〔2小〕判平成3年3月8日民集45巻3号164頁、判時1393号83頁）

漁港法及び河川法の占有許可を得ないで違法に設置されたヨット係留用の鉄杭について、船舶の航行の安全の確保のため、条例等の根拠なくして漁港管理者の町長が緊急措置として鉄杭を撤去した行為の違法性が争われた事例に関し、町長の行為は適法とは認められないが、緊急事態に対処するためやむを得ない措置であるとして、行政側に対する損害賠償請求が認められなかった。この判例は、最低限のルールとしての侵害留保説的立場に立脚し、地方の政策的判断による緊急措置を限定的に認めたものといえる。

4 立法の適法性

(1) 法令との抵触関係

自治体は「法律の範囲内で」（憲法94条）、「法令に違反しない限りにおいて」（自治法14条1項）、条例を制定することができる。規則についても同様である（自治法15条1項）。したがって、法令に違反（抵触）する条例等は無効である。

社会の進展に伴い、地域的な事情も多様化し、全国同一の基準等では対応できない課題は少なくない。そこで、多くの地域で多様な条例等が制定・運用されている。その条例等には、法令と同一の目的で同一対象に対し、より厳しい規制を行う「上乗せ」、法令の規制の対象や事項を追加する「横出し」、一定規模や基準未満として法令の規制対象から外されているものを規制する「スソ出し」、逆に法令の規制対象から一定規模以下のものを規制から外す

「スソ切り」、法令が規定する福祉給付の内容を充実させる「上積み」がある。また、この「上乗せ」「横出し」「スソ出し」「スソ切り」「上積み」条例等の内容が法律を通して実現されるかどうかで、「法律にリンクする条例」「法律にリンクしない条例（独自条例が中心）」に整理できる。

　それでは、これらの条例等が法令に抵触しているか否かはどのようにして判断すべきであろうか。

　① 注目される判例
　　ア 徳島市公安条例事件（最大判昭和 50 年 9 月 10 日判時 787 号 22 頁、最高裁 HP 最高裁判所判例集）

本件集団示威行進に参加した者が、自らもだ行進した点で道路交通法に、集団行進者が交通秩序の維持に反するように煽動した点で徳島市「集団行進及び集団示威運動に関する条例」（1952 年制定）に違反するとして起訴されたところ、一審、二審とも、道路交通法には違反するが、「交通秩序を維持すること」という本件条例の罰則適用の構成要件が不明確であるとして、条例違反については無罪とした。最高裁は、法令との抵触関係について基準を示し（詳しくは後述）、道路交通法は、同法と別個に規制を設けることまで排斥する趣旨ではなく、本件条例は同法に抵触しないので条例上の構成要件である「交通秩序を維持すること」から道路交通法 77 条 3 項の許可条件に該当する行為を除く必要はないこと、通常の判断能力を有する一般人の理解において、当該構成要件が具体的場合に適用されるかどうかの判断基準が読みとれるので明確性を欠くとはいえないことから、原判決及び第一審判決を破棄し、有罪とした。

　　イ 高知市普通河川等管理条例事件（最〔1 小〕判昭和 53 年 12 月 21 日判時 918 号 56 頁、最高裁 HP 最高裁判所判例集）

本件普通河川と自宅の塀の間に存在する土地（以下「本件土地」という）に一般人が通行できないよう工作物（以下「本件工作物」という）を設けた者が、その設置について「高知市普通河川等管理条例」（1967 年制定）に定める高知市長の許可を得ていないとして同市長から本件工作物の除去を命じられたが、本件土地は本件河川と関係はなく、同市長が権限がないまま命令したとして、

その無効確認を求めた。一審、二審とも、河川管理の対象となるとして、請求を棄却した。最高裁は、自治体は河川法の適用のない普通河川について管理に関する条例を制定することはできるが、一般法である同法以上に強力な河川管理の定めをすることは許されないところ、本件条例も河川法と同様に、河川管理者以外の者が設置した施設を河川管理の対象とするのは当該施設の管理者の同意を得た場合に限ると解するのが相当であるが、その同意の有無を確定していないとして、原判決を破棄し、原審に差し戻した。

② 判例から学ぶべきこと

ア 「上乗せ」条例等の適法性の判断には総合的な検討が必要

①アの判例は、条例が法令に違反する場合には無効であるが、条例が法令に違反するかどうかは、両者の対象事項と規定文言の対比のみならず、それぞれの趣旨、目的、内容及び効果を比較し、矛盾抵触があるかどうかによって決するとし、その判断基準として次の3つを示している。

a 法令中に明文の規定がないことが、当該法令全体から見て、規制をしてはならない趣旨であれば、条例による規制は法令に違反する

b 特定事項について法令と条例が併存する場合でも、条例が法令と目的を別にし、条例により法令の目的と効果を阻害しない場合には法令に違反しない

c 法令と条例が同一目的であっても、法令が全国一律の規制を意味せず、自治体ごとの実情に応じた別段の規制を容認する趣旨と解されるときは、法令に違反しない

すなわち、規定の文言だけではなく、その目的や効果まで含めた総合的な検討が必要であることになる。また、aからcの各基準は、法律上に規定のない場合、原則として条例の抵触は疑われないが、法律上に規定のある場合は条例の抵触が疑われるという基本的な考え方を前提に、これらの基準を充たすと逆の結論となるという「ただし書き」的な意義を有していると思われる。

この判例法理は現在でも広く支持されており、実際の違憲立法審査のベースにされているが、次の疑問も寄せられている。

まず、これらが条例の適法性テストの基準といえるかである。検討する視点は示しているが、結局のところ、「条例による規制を許さないのか」「条例が法令の目的と効果を阻害しないか」「法令が地域ごとの規制を容認しているか」は法令の解釈で大きく結論が変わり得るのであり、客観的（場合によっては機械的）に適用できるという意味での具体的な基準とはいえないのではないか。

　次に、これらの判決は機関委任事務には条例を制定できなかった時代のものであり、分権時代の現在、その射程範囲がどこまでかという疑問である。かつての機関委任事務について、「法律にリンクする条例」さえ制定できる分権時代の現在においては、当該判例法理を発展させるべきとの指摘がなされている。

　イ　「横出し」かつ「上乗せ」は違法？
　①イの判例において、河川法の適用等のない普通河川において、河川管理者以外の者が設置した施設を「河川管理施設」として管理するには、河川法では当該施設の管理者の同意を求めているのに、当該条例では、かかる同意を不要とするのは違法としている。この結論自体は、施設を設置した者の財産権の保障との関係で、比例原則を適用したともいえ、理解はできる。しかし、「横出し」部分について法令より強力な規制は許さないということになり、①アの判例との関係で疑問が残る。すなわち、①アの判例では、「上乗せ」「横出し」「スソ出し」条例等は適法の余地があるとしていながら、イの判例では「横出し」部分あるいは「スソ出し」部分については「上乗せ」を許さないとしていることになるからである。「上乗せ」も「横出し」「スソ出し」もそれぞれ認められるのであれば、「上乗せ」かつ「横出し」、あるいは「上乗せ」かつ「スソ出し」も一義的に否定されるべきではない。また、そもそも、「横出し」部分について法令レベルでの規制で必要十分かはケースにより異なるものと思われる。学説においても、①イの判例は、判断が硬直的であり、過度に一般化すべきではないとの批判がなされている。

(2) 実体的な適法性
① 明確性の原則
　条例の制定にはその内容においても、その形式においても多方面にわたる高度の技術が必要である（従来からの国依存体質もあり、条例についてはとかく、「粗雑な規定」「立法技術が稚拙」「一般に条例については、法律と比較し、文言上の不明確さが見られることは稀ではない」等の批判がなされている）。そのうち、条例の文言に着目すると、一般に法令は、その文言が明確であり、その内容を正確に理解することが可能でなければならない。この「明確性」は特に刑事法において強調されてきたところである（条例においても、刑事罰を定めることは可能である。自治法14条3項）。すなわち、いかなる行為が、どのような犯罪を構成し、いかなる刑罰を科せられるか、あらかじめ国民に警告を与えるに足る明確さを法令の文言は備えていなければならない。
　このような明確さが備わっていなければ、国民は、不意打ちにより刑罰を科せられる不安に日夜さらされ、他方、権力者の恣意的法執行を抑制することはできない。そこで、「明確性」は、最高規範である憲法によって、立法者をも拘束する、国民の自由として保障されているのである（この点において、明文の規定は存在しないが、憲法31条のデュー・プロセス条項を根拠とするのが一般である・前掲最大判昭和50年9月10日）。したがって、「明確性」を欠く法は、その実体的な内容いかんにかかわらず、文言の不明確であることのみを理由として、憲法に違反し無効とされるのである。このことは、行政法規についても、とりわけ国民に対する許認可等の根拠法についても、基本的にあてはまるといえよう（輸入禁制品該当通知処分の根拠規定である関税定率法21条1項3号「風俗を害すべき」の文言が明確性に欠けるところがないとされた事件がある。最大判昭和59年12月12日民集38巻12号1308頁）。
　このような「明確性」の一般論については、それほど議論の余地はない。しかしながら、明確性の「程度」について困難な問題がある。いかなる不明確さが憲法違反になるのか、どの程度の明確性が憲法によって求められているのか、その判断は難しい。さらには、そもそも法は、限定・特定・明確でありさえすればよいのではない。起こり得る多様な事態に、いちいち法改正

をすることなく対応できる、一般性・包括性が求められ、これこそが法・規範の命ともいえる。立法者は、必要な一般性を備えつつ、なおかつ、明確性を求められるという矛盾した方向に目配りしながら制定作業を行わなければならないのである。

このような立法作業の困難に加え、現実の裁判において当事者が、条例に関する憲法上の争点の1つとして「明確性」を主張することは少なくない。これに対して、どのような防御方法を講ずるか、自治体争訟法務の課題として重要であるばかりではなく、将来に向けての自治体立法法務のありようにもかかわってくるのである。

この「明確性」の主張に対しては、最高裁は「限定解釈」によって臨む傾向にあるといえる。「明確性」は本来「文言そのもの」を問題とするはずであるが、文言を解釈し、その解釈したところが「明確性」を備え、また、表現の自由等の憲法上の権利を侵害するものではないか、を問題とするのである。しかしながら「限定解釈」に対しては、解釈の限界を超え立法行為に近いのではないか、そもそも「明確性」は規定そのものから一般国民の理解において規制の対象をよみとれるものであるかを議論すべきではないか、等の批判がある。

注目される判例——広島市暴走族追放条例違反事件（最〔3小〕判平成19年9月18日刑集61巻6号601頁）

被告人（暴力団の準構成員）は、暴走族構成員約40名と共謀の上、「広島市西新天地公共広場」において、広島市長の許可を得ないで、「特攻服」（所属暴走族のグループ名を刺繍）を着用し、顔面の全部又は一部を覆い隠し、円陣を組み、旗を立てる等威勢を示して、公衆に不安又は恐怖を覚えさせるような集会を行った。そこで、これを中止し上記広場からの退去を命令されたが従わなかったため、以下に掲げる広島市暴走族追放条例に基づき、懲役4月、執行猶予3年の判決を第一審により言い渡され、控訴も棄却されている。

★広島市暴走族追放条例16条1項1号

「何人も、次に掲げる行為をしてはならない。

(1) 公共の場所において、当該場所の所有者又は管理者の承諾又は許可

を得ないで、公衆に不安又は恐怖を覚えさせるようない集又は集会を行うこと。」

★同条例17条

「前条第1項第1号の行為が、本市の管理する公共の場所において、特異な服装をし、顔面の全部若しくは一部を覆い隠し、円陣を組み、又は旗を立てる等威勢を示すことにより行われたときは、市長は、当該行為者に対し、当該行為の中止又は当該場所からの退去を命ずることができる。」

★同条例19条

「第17条の規定による市長の命令に違反した者は、6月以下の懲役又は10万円以下の罰金に処する。」

　被告人は、処罰根拠となったこれら条例そのものが「明確性」を欠き、「過度に広範」であり憲法に違反し無効であると主張した。最高裁は上告棄却、2つの補足意見と2つの反対意見がある。

　多数意見は、本条例1条の目的及び本条例施行規則3条の中止命令の判断基準からすれば、規制の対象が「暴走行為を目的として結成された集団である本来的な意味における暴走族」及び「服装、旗、言動などにおいてこのような暴走族に類似し社会通念上これと同視することができる集団」に限定されるとした上で「広島市内の公共の場所における暴走族による集会等が公衆の平穏を害してきたこと、規制にかかる集会であっても、これを行うことを直ちに犯罪として処罰するのではなく、市長による中止命令等の対象とするにとどめ、この命令に違反した場合に初めて処罰すべきものとするという事後的かつ段階的規制によっている」ことを理由に憲法21条・31条に違反しないとした（堀籠幸男裁判官の補足意見は、「明確性」の判断は、条例施行規則を含めた「条例全体の規定ぶり等を見た上で」判断すべきとされる）。

　他方、多数意見の「限定解釈」に対して3名の裁判官が批判している。那須弘平裁判官は、「規定の文言自体から導き出せないような限定解釈は、客観性・論理性を欠き、恣意的な解釈に流れるもので、そもそも『解釈』と呼ぶに相応しくない」とされ、藤田宙靖裁判官は、「定義規定」がおかれてい

る場合、その意味は「その定義の字義通りに理解される」のが当然である、とされ、田原睦夫裁判官は、規制対象が「何人も」と規定されている場合「限定解釈」は「通常の判断能力を有する一般人において、著しく困難である」とそれぞれ批判されている。

② 比例原則

規制目的に対して行政の用いる規制手段は均衡がとれたものであることが要請される。これは、比例原則と呼ばれ、憲法13条に基づくものと解されており、これを満たさない立法は違法となる。立法において、比例原則は、実際にはどのように機能するのであろうか。

ア 注目される判例

a 長崎県飯盛町旅館建築不同意処分取消請求事件（福岡高判昭和58年3月7日判時1083号58頁、最高裁HP行政事件裁判集）

モーテル類似施設を建設しようとした者が「飯盛町旅館建築の規制に関する条例」(1978年制定)に基づき飯盛町長に建築の同意処分を求めたところ、不同意処分とされたため、その取消しを求めたものである。一審では、旅館業法は条例で同法が定めているより高次の営業規制を行うことは許さない趣旨であるが、本件条例は規制対象施設の範囲や規制距離において、より厳しく規制しており違法無効で、それに基づく不同意処分も違法であるとして請求を認めた。二審では、本件条例の規制は同法よりきわめて強度であり、その必要性及び規制手段の相当性を裏付けることはできず、比例原則に違反することから、当該処分も違法とした（上告審では、本件条例が廃止されたため、法律上の利益を失っており訴えの利益がないとして上告却下）。

b 愛知県東郷町工事中止命令無効確認等請求事件（名古屋高判平成18年5月18日最高裁HP下級裁判所判例集・行政事件裁判例集）

愛知県「東郷町ホテル等建築の適正化に関する条例」(1994年制定)は、ラブホテルの出現を抑制するため、旅館業法に規定するホテル等の構造等について所定の基準を設け、それに適合しない場合、町長は当該ホテル等の建築に同意せず、その同意なくして建築しようとする者に対し、その中止等を命ずることができるとしている。同町内でホテルの建築に着手した者が、町長

から、本件条例に基づく建築中止命令を受けたため、その無効確認等を請求した。

一審とほぼ同様に、二審でも規制の程度が目的達成の合理的な範囲内である限り許容されるとした上で、ラブホテル経営については、規制の必要性が高く、同町では都会と比較してラブホテルの存在による悪影響は相当なものであり、本件条例の制定には相応の合理性があること、当該構造基準を満たすホテル等や既存の建物をラブホテル等として利用することも禁じていないことを考慮すると、規制の手法、内容及び効果が比例原則に反しないので、本件条例は憲法22条等に違反するとはいえず、本件中止命令も違法とはいえないとして、控訴を棄却した。上告審では、事実誤認等を主張しているとして上告を棄却している。

本判決は、興味深い論点を含んでいる。1つには、風営法と本件条例の目的、規制対象は同様であるが、同法は新たな形態の性風俗営業が出現した場合には、その都度、規制の対象に取り込んでいることから、同法の規制が最大限であるわけではなく、条例による上乗せ規制、横出し規制を一切許さない趣旨ではないとしている点である。また、旅館業法が法改正により善良な風俗の確保を目的から削除し、その観点が後退しており、同条例は、同法とは別の目的に基づく規制を意図しており、その適用によって法の意図する目的と効果を何ら阻害することがない限り、同法と矛盾抵触はないとしている。

イ　判例から学ぶべきこと
　a　比例原則は立法内容の合理性の実体的な判断基準

比例原則は、「目的達成のための手段の適合性及び最小限度性」「成果と被侵害利益との均衡」をその内容とするとされている。(1)で述べた法令への抵触可能性は、内容の合理性という以上に形式的・手続的な判断という色彩が強いのに対し、比例原則の適合性は、規制の目的と手段のバランスという点から立法した内容とりわけ規制の手段や程度が合理的かどうか、正義に適うかどうかを検討するものであり、実体的な判断基準といえよう（ただし、比例原則違反をもって、趣旨の面から、法令に抵触すると判断される場合もあり得る）。

　b　比例原則の具体的な適用は簡単ではない

比例原則は目的と手段の相当性や成果と被侵害利益との均衡を内容としており、社会的な常識に訴えるものであるので、理論的・抽象的にはイメージしやすい。しかし、目的や手段等は必ずしも定量的に把握できるとは限らないし、何を基準に比較するべきかは一様ではない。すなわち、比例しているかどうかを客観的に把握したり証明することは実際には難しく、この原則を実際かつ具体的に適用しようとするのはなかなか困難であると思われる。アの2つの裁判例でも、積極的に相当性や均衡性をもって比例原則に「合致するか」どうかを判断しているのではなく、証拠からは必要性や相当性の判断ができないことや、より制限的でない手法の検討がないこと、過度な規制はしていないことをもって比例原則に「反しない」と判断している。

③ 平等原則

憲法14条は、合理的な理由のない差別的取扱いを禁じている。これは、平等原則と呼ばれる行政法の一般原則であり、これに反する立法は違法となる。それでは、平等原則は、立法においてどのように機能するのであろうか。

ア 注目される判例――山梨県高根町簡易水道事業給水条例無効確認等請求事件（最〔2小〕判平成18年7月14日判時1947号45頁、最高裁HP最高裁判所判例集）

高根町は、「高根町簡易水道事業給水条例」（1988年制定）の別表に定める水道料金について、住民基本台帳に登録していない者で別荘を所有し、同町と給水契約を締結したもの（以下、「別荘給水契約者」という）の基本料金を高額に設定する改定を重ねたため、別荘給水契約者とそれ以外の給水契約者との間で基本料金額に大きな格差が生じた。そこで、別荘給水契約者らが、本件条例の別表は同人らを不当に差別するものであるとしてその無効確認等を請求した。一審は、別荘給水契約者に年間を通じて平均して相応な水道料金を負担させるため基本料金を高額にして調整することも許されないものではなく、本件別表の基本料金は、町の簡易水道事業や別荘の水道使用の特殊性に照らしても、なお合理的な範囲内にあるとして、前記請求を棄却した。しかし、二審では、同別表は無効であるとして、前記請求を認容した。すなわち、相応の料金負担に加え、他に生活の本拠地を持っている別荘給水契約者は、

生活用水の低額化を図るという水道事業の公共性を重視した政策的要素を採り入れる必要性の程度が低く、その均衡を損なわない程度において政策的に別荘の水道料金を高額に設定しても、合理的な範囲内にとどまる限りは不当な差別にはあたらないが、本件別表では、別荘給水契約者の基本料金は別荘以外の給水契約者と比較して3.57〜9.33倍であり、値上げ幅も20〜40倍になっており、合理的な範囲内にあるとは認められず、不当な差別に該当すると判断した。最高裁も、上記の条例のうち別荘に係る給水契約者の基本料金を改定した部分は、住民ではなくとも、その区域内に家屋敷等を有し、当該自治体に対し納税義務を負う者など住民に準ずる地位にある者による公の施設の利用について、当該公の施設の性質やこれらの者と当該自治体との結び付きの程度等に照らし、合理的な理由なく差別的取扱いをすることは、地方自治法244条3項に違反するものとして無効と判断した。本件条例改正により、別荘給水契約者の基本料金を他の給水契約者の3.57倍を超える金額としているが、当該料金は、当該給水に要する個別原価に基づいて定められたものではなく、給水契約者の水道使用量に大きな格差があるにもかかわらず、他の給水契約者（ホテル等の大規模施設に係る給水契約者を含む）の1件あたりの年間水道料金の平均額と別荘に係る給水契約者の1件あたりの年間水道料金の負担額がほぼ同一水準になるようにするとの考え方に基づいて定められたものであり、不当な差別を正当化する根拠に欠けるとしたのである。

　なお、本件は、このような請求は民事訴訟または行政事件訴訟のいずれで行うべきかなど訴訟形式も争点になっており、興味深い判例である。

　　イ　判例から学ぶべきこと——実質的平等が確保された立法であるかの確認が必要

　平等原則は、「法の下での平等」という観点から、立法の目的、内容が合理的かどうか、正義に適うかどうかを検討するものであり、比例原則と同様に実体的な判断基準といえよう。

　平等原則の適合性は、その差別の程度や理由が合理的か否かにより判断される。そこでは、当該二審判決のように、水道料金の多寡という客観面、形式面という、ある意味「形式的平等」に着目する考え方がある。これは、

「差別の程度が合理的か」を検討することになろう。一方、当該一審判決および上告審判決のように、水道料金に差を設けた「根本的な考え方」に着目する考え方がある。これは、「差別をするか否かの合理性」を検討することになろう。いずれの視点からのアプローチであっても、最終的には実質的平等が実現されているかの判断に帰着する。

　なお、程度に着目するにせよ、理由に着目するにせよ、差別が合理的かどうかは、目的と規制の程度や手段の相関関係によって判断することになるので、結局は比例原則により平等原則の適合性を判断する場合も多いものと思われる。したがって、平等原則の実際の適用も、比例原則同様、必ずしも簡単ではないといえよう。

5　設計した制度の法的効果等（処分性、保護すべき利益の範囲）の確認

　立法の際は立法事実を満足させる制度設計を行わなければならないが、先に触れたように、一旦、条文化すると解釈等により立法時には想定していない活用の余地が生じ得る。したがって、立法時に可能な限り解釈の余地等を想定していないと、運用において不都合が生じる場合がある。しかし、そもそも結果として立法意思どおりの法的効果が生じているかの確認が必要ではなかろうか。

(1)　注目される判例

①　岡山市都市計画法証明書不交付処分取消等請求事件（岡山地判平成18年4月19日判タ1230号108頁、最高裁HP下級裁判所判例集）

　市街化調整区域において、都市計画区域が決定、拡張されても、すでに宅地であった土地について、知事の確認があれば、許可なくして住宅や公共施設以外の建築を可能とする「既存宅地制度」は、2000年の法改正で廃止されたものの5年間の経過措置が講じられていた。そのような既存宅地でラブホテル等が建設されるため、岡山市では「岡山市開発行為の許可基準等に関する条例」が2001年に制定され、一部の例外を除き、経過期間中も既存宅地制度を廃止するのと同様の法環境になっていた。既存宅地にホテルの建設を計画した者が、建築確認を申請するため、岡山市長に対して、都市計画法

施行規則 60 条に基づき、上記建築計画が都市計画法の規定に適合することを証する書面（以下「60 条書面」という）の交付を申請したところ、不交付決定を受けたため、その取消しと、60 条書面の交付を求めた。裁判所は、本件条例は、都市計画法の定める経過措置の期間を 2 年近くも短縮し、その趣旨を没却するものであるから、同法に違反し無効であり、違法無効な条例に基づいてなされた不交付決定は違法であるとし、請求を認容した。そこでは、通常は事実証明である 60 条書面が、岡山市においては処分性を有するなど、条例を含む自治体の法環境によっては自治体間で法律の規定の効果が異なる場合があるとしている。

② 富山県病院開設中止勧告取消等請求事件（最〔2 小〕判平成 17 年 7 月 15 日判時 1905 号 49 頁、最高裁 HP 最高裁判所判例集）

病院開設の許可申請をした者が、富山県知事から医療法 30 条の 7 に基づく病院開設の中止勧告を受けた。その後、許可処分を受けたものの、同時に当該勧告に従わない場合は保険医療機関の指定申請を拒否する旨の通告部分を含む文書を受けたため、当該勧告及び当該通告部分の取消しを求めた事案である（国の法令に関するものである）。一審、二審とも、裁判所は、本件勧告に不服従でも保険医療機関の指定は拒否されないとして、処分性を認めなかった。最高裁は、通告部分については、病院開設中止勧告ではなく、行政庁の処分等に該当しないとして取消請求を却下した原審の判断を支持したが、中止勧告については、勧告の保健医療機関の指定に及ぼす効果及び当該指定の持つ意義を併せ考えると行政庁の処分等に該当するとして、勧告の取消請求を却下した部分を破棄し、一審に差し戻した。

③ 小田急線連続立体交差事業認可処分取消請求事件（最大判平成 17 年 12 月 7 日判時 1920 号 13 頁、最高裁 HP 最高裁判所判例集）

私鉄の連続立体交差化の事業地の周辺に居住する住民らが、建設大臣（当時）のした都市計画法に基づく本件鉄道事業認可処分及び本件各付属街路事業認可処分は、いずれも違法であるとして、各認可処分の取消しを求めた事案である。一審は本件鉄道事業と本件付属街路事業は一体であり、後者の事業地内の不動産権利者には前者についても原告適格を認めたが、二審では、

後者の事業地内の不動産権利者は後者の限度での原告適格は認められるが、前者については認められないと判断した。最高裁は、本件事業地内の不動産につき権利を有していなくとも、都市計画事業の事業地の周辺に居住する住民のうち当該事業が実施されることにより騒音、振動等による健康又は生活環境に係る著しい被害を直接的に受けるおそれのある者は、当該事業の認可の取消しを求めるにつき法律上の利益を有し、原告適格を有するとした。その中で、東京都環境影響評価条例を関係法令として参酌し、同条例に定める関係地域が当該事業により環境に著しい影響が及ぶおそれのある地域として、当該地域に居住する者に原告適格を認めた。

(2) 判例から学ぶべきこと——関係法令との関係による法的効果や原告適格の範囲等の確認

2000年に施行された地方分権一括法により、機関委任事務は廃止され、自治体は自ら行う事務すべてについて条例を制定できることとなり、自治体が法令の自主解釈権を有することが確認された（自治法2条12項）。このような動きが背景と思われるが、(1)①は、通常は事実証明である60条書面が、岡山市では処分性を有するなど、条例を含む自治体の法環境によっては法律の規定の効果さえも異なる場合があることを、(1)②は、根拠となる条例上は行政指導である勧告であっても、関係法令との関係から当該勧告は処分性を有することがあることを示している。また、2005年の行政事件訴訟法の改正により、原告適格が拡大され、その有無の判断では関係法令の趣旨及び目的を参酌すること（9条2項）とされ、(1)③は、法令に基づく行政処分に対する抗告訴訟において、関係法令として東京都環境影響評価条例を参酌し、原告適格の有無及びその範囲を判断している。すなわち、一定の目的のために条例等を立法しても、関係法令との関係により、意図していない法的効果が生じたり、当該条例等または関係法令に基づく処分の抗告訴訟の原告適格が生じたり、その範囲が拡大する場合等があり得る。

したがって、立法の際は、立法事実を満足させる法的効果を生じさせているか、保護しようとしている対象の範囲と合致しているか等に加え、関係法令により、当該条例等はどのように解釈されるか、逆に、当該条例等により、

関係法令にどのように影響を与えるかを確認する必要がある。なお、いずれの場合も、規定する条文から客観的に確認する必要があることは言うまでもない。

第3節　条例制定過程・手続等に関する論点

1　条例等の制定過程

憲法94条でいう「条例」の意義については、自治体が議会の議決によって制定する「条例」のほか、自治体の長が制定する規則及び長以外の執行機関が制定する規則その他の規程を広く含むものと解されている。

以下の(1)では、これらのうち議会制定法としての「条例」（狭義の条例＝自治法14条にいう条例。以下本項において単に「条例」という）の中で、その大宗を占める首長提案条例について、企画立案から制定までの一般的な流れを、議会前過程（条例案の企画立案）、議会内過程（条例案の審議・議決）、その他に大別して示す。

次の(2)では、自治立法の戦略的マネジメントについて言及する。

続く(3)においては、国の法令の制定過程との比較という観点から自治体の立法システムのあり方を考える。

(1)　条例の制定過程の一般的な流れ

①　議会前過程（条例案の企画立案）

条例案の企画立案に係る一般的な流れを図示すると図2－1－1のとおりである。

ア　立法の契機

条例の制定権は議会にある（自治法96条1項1号）が、首長提案条例の場合、まず執行部における条例案の立案作業がなされなければならない。この検討作業は、通常、原課（当該行政分野を所管する課）において行われるが、原課がこの作業を開始するには何らかの端緒が存在する。これを、ここでは「立法の契機」という。

現実の行政における立法の契機は、自治体としての政策判断との関係が薄

図2-1-1　条例案の企画立案に係る一般的な流れ

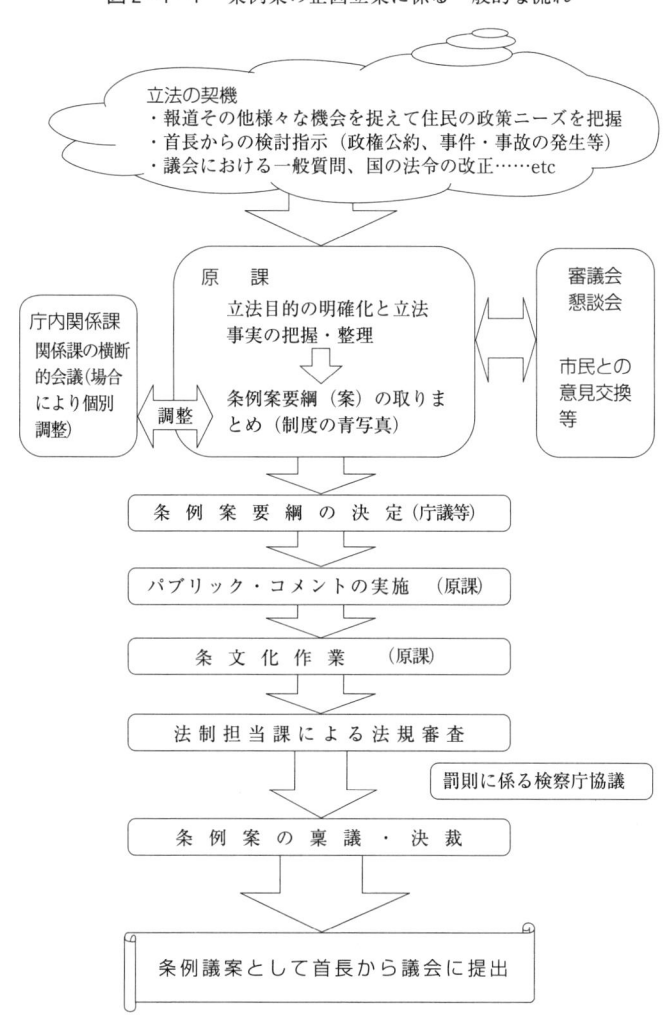

```
立法の契機
・報道その他様々な機会を捉えて住民の政策ニーズを把握
・首長からの検討指示（政権公約、事件・事故の発生等）
・議会における一般質問、国の法令の改正……etc
        ↓
庁内関係課          原　課                      審議会
関係課の横断    立法目的の明確化と立法          懇談会
的会議(場合    事実の把握・整理         ←→
により個別          ↓                         市民との
調整)         条例案要綱(案)の取りま              意見交換
         ⇔   とめ(制度の青写真)                 等
              調整
                    ↓
         条 例 案 要 綱 の 決 定 (庁議等)
                    ↓
         パブリック・コメントの実施　(原課)
                    ↓
         条 文 化 作 業 　(原課)
                    ↓
         法 制 担 当 課 に よ る 法 規 審 査
                    ↓           罰則に係る検察庁協議
         条 例 案 の 稟 議 ・ 決 裁
                    ↓
         条例議案として首長から議会に提出
```

いものから比較的濃厚なものまで、実に様々である。例えば、国の法令の改正に伴いその委任条例や施行条例を改正するといったケースは、自治体独自の政策判断とあまり深くはかかわらないことが多いであろう。

　これに対して、自治体の政策判断と比較的深くかかわる立法の契機は、ト

ップダウン型からボトムアップ型まで幅広い。前者の典型例としては、選挙時の政権公約や事件・事故の発生等に由来する首長からの検討指示が挙げられる。しかし、このようなトップダウン型のケースは現実にはそう頻繁にあるものではない。むしろ、政策法務的視点から重要なのは後者（ボトムアップ型）の場合である。この場合、担当部局・課レベルの組織が、住民の政策ニーズや潜在的な政策条例の必要性を、報道その他様々な機会を捉えて把握した上で部局長や担当課長のイニシアチブで（首長の了解をとりつけて）検討作業に着手することになる。議会における一般質問などは、トップダウン型、ボトムアップ型のどちらにも転化しうる立法の契機である。

　イ　原課における検討（立法目的の明確化と立法事実の把握・整理）

　立法に向けた検討作業に着手した原課は、まず、立法目的（条例制定の目的）を明確化しておかねばならない。特に立法の契機が自治体の政策判断と比較的深くかかわるケースの場合、条例自体の必要性の有無、条例によって実現しようとする行政施策の適否についても十分に検討した上でそれを行うことが必要とされる。なお、将来、条例の合憲性又は合法性を争点とする訴訟が提起された場合に、この立法目的は裁判所の判断に影響を与える重要な要素の一つとなる。

　立法目的の明確化の際に特に重要となるのが、立法事実の的確な把握と整理である。この立法事実には、立法目的の合理性及びそれと密接に関連する立法の必要性を裏付ける事実のみでなく、立法目的を達成するための手段が合理的であることを基礎付ける事実も含まれる。

　以上に述べた検討作業は、有識者、市民、関係事業者団体等が参加する審議会や懇談会などの場での意見交換を行いつつ、そのような会議体と原課（事務局）とのキャッチボールの中で進められることも多い。

　ウ　原課による庁内調整と条例案要綱の取りまとめ

　上記イに述べた事項のリサーチを行い、明確な立法目的や目的達成手段の青写真がほぼ描けた場合、原課は庁内関係課との調整に入る。これは、関係する課の横断的な会議など庁内調整の枠組みがあればその場を活用して、それがなければ条例制定のためにそのような枠組みを新設して、なされる場合

が多い。しかし、そのような調整の場が存在せず、かつ、新設されない場合には、個々に書面等で関係課とやりとりをすることになる。

　庁内調整が収束に向かうと、条例案の骨子となる条例案要綱（法政策要綱）の取りまとめに向けた作業が原課によって進められる。重要な政策に係る条例案要綱は「庁議」など執行部の最高幹部の会議の決定を経ることが多い。

　なお、市民参加条例や「自治体の憲法」とも呼ばれる自治基本条例などその性質上、より濃密な市民参加が制定過程に要求される条例の場合には、条例案要綱の検討・策定そのものを市民参加の会議体自身で行う場合が多い。あるいは条例試案などより詳細な条文形式で表現する場合もある。

　エ　パブリック・コメントの実施

　上記ウで策定された条例案要綱は、パブリック・コメントに付され、期間を定めて住民等からの意見が公募され、提出された意見に対してはインターネットのホームページなど公開の場で説明責任が果たされる。

　パブリック・コメント制度については、条例で定める自治体と要綱等の内規で定める自治体とがあるが、いずれにしても、当該自治体の行政に関する基本方針及び基本姿勢を定める条例の場合や住民に義務を課し又は住民の権利を制限する条例の場合は、原則としてパブリック・コメントを実施しなければならないとしているところが一般的である。

　オ　条文化作業と法規審査等

　パブリック・コメント終了後、原課による条文化作業が進められる。その際パブリック・コメントでの提出意見を十分に考慮するものとされる（もちろん必ずしも提出意見のとおりに修正しなければならないわけではないが、説明責任を果たすことが要求される）。

　条文化作業が終了すると法制担当課による法規審査に付される。法規審査の場では、法令用語としての整理・修正だけでなく、立法事実の有無、立法目的や目的達成手段の合理性、憲法や法律との関係など法政策的観点からも審査がなされる。また、重要な条例案については、法制担当課による審査に加えて、法規に明るい職員から構成される庁内法務委員会（具体的な名称は自治体によって異なる）による審査に付されることも多い。

さらに、罰則（刑罰）付きの条例案の場合、公訴権を有する検察庁との協議が必要となる。検察庁との間においては、構成要件の明確性、法定刑の均衡（他の罪に対する罰則との均衡）といった観点から協議がなされる。

　カ　条例案の稟議と議会への上程

法規審査や検察庁協議で必要な修正等が施された条例案は、原課の担当者により起案され、稟議により首長の決裁がなされる。そして、議案として首長から議会に提案される。その時点から制定手続は議会内過程へと移行する。

②　議会内過程（条例案の審議・議決）

首長により議会に提案された条例議案は、おおむね以下のような流れで審議・議決される。

　ア　開会

議長が宣告する。本会議を開くには議員定数の半数以上の出席が必要である（自治法113条）。また、議員が当該自治体の行政一般に関する事項を首長等に質問する一般質問が行われる（この中で注目される条例案に関する質問がなされることもある）。

　イ　議題の宣告

初めに、議案を審議する旨議長が宣告し、議案の審議が始まる。

　ウ　議案の説明

議案を提出した者（ここでは首長）から、提出した議案の趣旨や内容について説明が行われる。

　エ　質疑

議題とされている議案について、疑問があれば議員が提案者に質す。

　オ　委員会付託

詳しく議案を審査するため、最も関連のある常任委員会等に議案が付託される。複数の常任委員会の分担にまたがるような議案については、それらの委員会が一緒になって審査する連合審査会が開催され審査されることもある。

　カ　委員会審査

委員会において、議案を詳しく審査し、賛成すべきかどうか決定する。議案を付託された委員会では、その事務を担当する部局長・課長等の出席を求

め、詳しい説明を聴く。その後、対話形式で疑問点の質疑が行われる。委員会が必要と認めたときには、希望する住民から意見を聴く公聴会を開催したり、学識経験者の意見を求める参考人招致が行われることもある。最後に、委員会としての議案の可否が採決され、委員会としての意思が決定される。

　キ　委員長報告

　本会議で委員長が委員会審査の結果を報告する。疑問な点がある議員は、委員長に対し質疑をすることができる。

　ク　修正案の説明

　委員会や議員で議案を修正する場合には、修正案が提出され、本会議において、修正案の説明が行われる。説明終了後、議員は修正案の提出者に質疑を行うことができる。

　ケ　討論

　本会議で、議員が議案への賛成・反対の意見発表（討論）をする。討論は、公平を期するため議案に反対の議員から行い、次に賛成の議員と交互に行う。

　コ　表決

　最後に議案に対する可否を決定するため、本会議で表決（採決）が行われる。通常の条例議案は出席議員の過半数で決し、可否同数のときは議長が決する。ただし、例外的に、自治体の事務所の設置又は変更に関する条例案と長が異議ありとして再議に付した条例案の場合には出席議員の3分の2以上の議決が必要となる（自治法4条3項・176条3項）。

③　条例の公布等

　議長は、条例案の議決があったときは、その日から3日以内にこれを長に送付しなければならない（自治法16条1項）。

　議決された条例の送付を受けた長は、これを再議（自治法176条1項・4項・177条1項）に付さないときは、送付を受けた日から20日以内にこれを公布しなければならない（自治法16条2項）。公布の方法等は条例で定められている（いわゆる公告式条例。自治法16条4項参照）。都道府県は公報で、市町村は掲示板への掲示で行う方法が一般的である。

(2) 自治立法の戦略的マネジメント

　条例の制定過程の一般的な流れは(1)で述べたとおりであるが、様々な立法の契機を受けて実際に検討作業を開始するのは原課である。ところがその原課は、条例の制定・改正に対しては腰が重くなりがちである。それは、立法法務に精通した職員の不在や条例の制定・改正に対して不慣れであることからくる一種の防衛本能のようなものであろうが、それでは、自治体が住民による自己決定・自己責任の理念に立脚した真の「地方政府」へと変貌していくことはできない。

　ここで、部局横断的な視点に立って、常時、自治立法を戦略的にマネジメントしていくための条例政策が重要となってくる。このような条例政策の先進例ないし好例としては、横須賀市、千葉県、静岡市などのケースがある。

① 横須賀市の条例政策

　横須賀市は、いわゆる地方分権一括法の成立後間もない1999年9月、「地方分権に伴う条例等の整備方針」を策定した。この条例等整備方針においては、市の基本姿勢として、（一）地方分権一括法が要請する事項への対応（全自治体で取り組むべき事項）、（二）わかりやすい条例、規則体系の整備（市独自に取り組む事項）という2大方針に基づき、条例等の整備を行うものとし、次の4点から条例等の整備に関する考え方を整理し、具体的な整備作業を行うこととされた。

> ①条例で整備すべき事項（必須条例事項）——義務を課したり権利を制限したりする事項・手数料事項など
> ②条例で整備することとする事項（任意条例事項）——市民に手続きなど一定の作為を求める事項など
> ③規則で整備すべき事項（必須規則事項）——地方分権一括法の中で、規則に委任されている事項
> ④規則で整備することとする事項（任意規則事項）——許認可申請の詳細手続き（様式指定、添付資料、提出部数など）を定める事項など

さらに、この条例等整備方針で表明された条例づくりの目標を具現化するための道標として、同市は、2001年2月、「地方分権型条例7本の柱」を発表した。それを構成する条例ないし項目は、(一) まちづくりに関する条例の体系的整備、(二) 市民協働推進条例、(三) 市民パブリック・コメント手続条例、(四) 男女共同参画推進条例、(五) 情報公開条例（公文書公開条例の見直し）、(六) 行政手続条例の改正、(七) 電子行政手続に関する条例、の7本である。同市は、この7本の柱に沿って順次条例を整備してきている。

② 千葉県の条例政策

　千葉県は、各部の次長等で構成される「政策法務委員会」において「条例等の整備方針」を審議して策定し、2005年1月から施行している。この整備方針は、地方分権改革後の庁内各課の条例及び規則に関する整備状況を確認するとともに、条例等が未整備の事務については、中期的目標を立てて整備しようという目的で定められたものである。条例化事項を、必須条例化事項と任意条例化事項に分けて規定する点などは、横須賀市のスタイルと同様である。千葉県は、政策法務課が発行するニュースレターで、折に触れてこの「条例等の整備方針」を徹底するとともに、行政組織の内外に明示している。

③ 静岡市の条例政策

　静岡市では、政策法務管理を組織及び職員個人に浸透させ、組織的かつ計画的な政策法務の推進をはかるため、2008年3月に「静岡市政策法務推進計画」を策定した。この計画の中には、条例又は規則において規定すべき事項及び市が任意に条例又は規則において規定する事項等について、その方針を確立し、条例、規則及び要綱の整理を行うため、例規の整備方針を策定することが盛り込まれており、今後、これに基づいて自治立法の戦略的マネジメントのツールが計画的に整備されていくこととなろう。

　以上、自治立法の戦略的マネジメントという観点から、三つの自治体の条例政策の事例を紹介したが、自治立法を真に戦略的にマネジメントしていくための条例政策を考える場合、条例制定後の立法評価（事後評価）も重要で

ある。

　これについては、神奈川県が、300以上あるといわれるすべての現行条例を対象に、社会の状況にふさわしいものとなっているかを検証するため、新たに制定する際と同様の視点（必要性、有効性、効率性、基本方針適合性及び適法性）から見直すこととし、2008年4月からおおむね2年間の予定で見直し作業を行っており、その結果もホームページ上で逐次公表している。

　条例は一旦制定されると原則として半永久的に効力を有することから、予算や行政計画と異なり、定期的な評価の機会が限られている。このため、自治立法の戦略的マネジメントのための条例政策という観点からは、意識的に立法評価の機会を設ける必要がある。ただし、その実施時期については、法的安定性が要求される自治立法を対象とするものであること、社会経済等の状況変化に対応するために立法評価を行うものであることを前提とすれば、おおむね施行から10年程度のスパンで繰り返し実施していくことが考えられる（それよりも短期のスパンで見直しが必要な事情のある条例には、個々の条例にあらかじめ見直し条項やサンセット条項を置いて対応することが妥当ではないかと考える）。

(3) 国の法令制定過程との比較

　ここでは、国における内閣提出法案（閣法）・政省令等の制定過程を参考に取り上げる。霞が関の行政システムには縦割りの弊害など様々な欠点が存在することが周知の事実となって久しい。しかしながら、第1次地方分権改革前まで、自治体の多くが伝統的に条例準則（国の各省庁の示す条例のひな型）に依存し、かつ、しばられた立案を行っていたのに対し、国は、はるか昔から、上位法としては憲法しか存在せず、また、もちろん「ひな型」などない中で、ゼロから法案を組み上げる作業を連綿と行ってきたという歴史的事実が厳然としてある。このことを直視したとき、地方分権という大きな流れの中にある自治体としても、こと法規の立案・審査の「システム」に関しては、国のシステムを的確に分析した上で、その有益な部分に限ってこれを取り入れていく姿勢が必要となろう。

　このようなことから、ここでは、国法の企画立案・制定過程との比較という観点から条例の企画立案・制定過程のあり方を考えてみたい（ただし、自治

体の立法システムには、後述するように優れた点も存在するので、このような点も十分意識して考えていく必要がある）。

① 国会前過程

国法の立法過程のうちの企画立案過程（すなわち国会前過程）には、「省庁内過程」とその外の「政府内過程」がある。担当省庁の立案担当官から見て、そこには複数の「関所」が存在し、それらを次々と乗り越えていかなければならない。このことから官僚の行う立法作業は、よく「障害物競走」にたとえられる。

省庁内過程はおおむね立案、部局内審査、官房審査（文書課審査）からなる。

政府内過程は内閣法制局参事官による予備審査、各省協議、閣議請議（事前に与党審査あり）、内閣法制局審査、事務次官等会議及び閣議決定までを指す（法律案の場合図2-1-2参照）。法律案は異議なく閣議決定されると、内閣総理大臣から国会の先議院へ提出され（憲法72条）、立法過程はその先のステージである「国会内過程」へと続いていくことになる。

ア　国と自治体の立法システムの比較論における内閣法制局の位置付け

ここで、国と自治体の立法システムの質的比較を行う上で、あらかじめ整理しておきたい点がある。それは、国の政府内過程で登場する「内閣法制局」についてである。よく自治体の法制部課がこの内閣法制局になぞらえて論じられることがあるが、国と自治体双方の立法過程を経験・間近に見聞してきた筆者としては、そのような論法自体があまり意味をなさないものと考える。そもそも内閣法制局は、組織上の位置付けとして企画立案を行う各省の上位にあり、各省から独立した機関であるのに対して、自治体の法制部課は立案原課と同じ首長の下にある。また、内閣法制局には、閣議メンバーである長官、事務次官等会議のメンバーである内閣法制次長の下に四つの部があり、各省の法律案、政令案の審査等を担当する第二部〜第四部だけをみても、総勢20人弱の参事官（各省から出向の課長クラス）とそれを補助する多数の事務官が在籍している。このように、組織上の位置付けにおいても、規模や体制の面においても、両者は同じ土俵で比較する対象としてはそぐわない。むしろ、国と自治体の立法システムの比較論において、自治体の法制部課の

図2-1-2 内閣提出法律案の企画立案作業（省庁内・政府内過程）のおおよその流れ

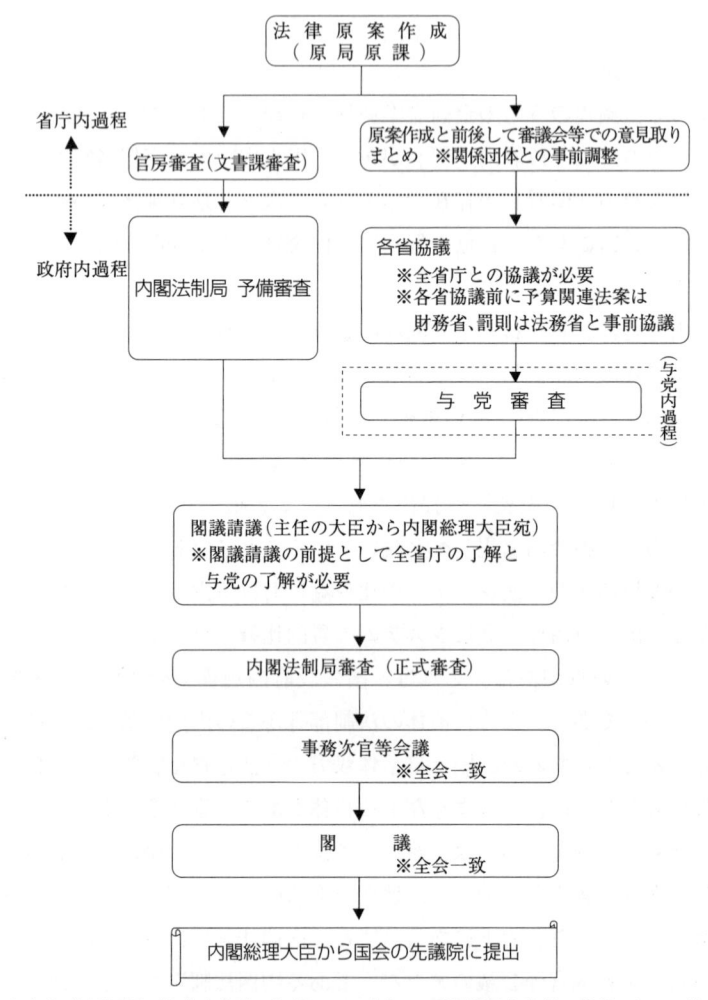

```
                    ┌─────────────────────┐
                    │  法律原案作成        │
                    │  （原局原課）        │
                    └──────────┬──────────┘
                               │
         ┌─────────────────────┼─────────────────────┐
省庁内過程│                     │                     │
  ↕      │          ┌──────────▼──────────┐          │
         │          │ 官房審査（文書課審査）│          │
         │          └──────────┬──────────┘          │
─────────┼─────────────────────┼─────────────────────┤
政府内過程│                     │   ┌─────────────────▼─────────────────┐
  ↕      │                     │   │ 原案作成と前後して審議会等での意見取り│
         │                     │   │ まとめ ※関係団体との事前調整       │
         │                     │   └─────────────────┬─────────────────┘
         │          ┌──────────▼──────────┐          │
         │          │ 内閣法制局 予備審査  │   ┌──────▼──────────────────┐
         │          │                      │   │ 各省協議                 │
         │          │                      │   │ ※全省庁との協議が必要   │
         │          │                      │   │ ※各省協議前に予算関連法案は│
         │          │                      │   │ 財務省、罰則は法務省と事前協議│
         │          └──────────┬───────────┘   └──────┬──────────────────┘
         │                     │                     │
         │                     │          ┌──────────▼──────────┐ ┐与
         │                     │          │   与 党 審 査       │ │党
         │                     │          └──────────┬──────────┘ │内
         │                     │                     │            ┘過程
         │                     └──────────┬──────────┘
                    ┌─────────────────────▼─────────────────────┐
                    │ 閣議請議（主任の大臣から内閣総理大臣宛）      │
                    │ ※閣議請議の前提として全省庁の了解と         │
                    │   与党の了解が必要                           │
                    └─────────────────────┬─────────────────────┘
                    ┌─────────────────────▼─────────────────────┐
                    │ 内閣法制局審査（正式審査）                   │
                    └─────────────────────┬─────────────────────┘
                    ┌─────────────────────▼─────────────────────┐
                    │ 事務次官等会議                               │
                    │         ※全会一致                           │
                    └─────────────────────┬─────────────────────┘
                    ┌─────────────────────▼─────────────────────┐
                    │ 閣      議                                   │
                    │         ※全会一致                           │
                    └─────────────────────┬─────────────────────┘
                    ┌─────────────────────▼─────────────────────┐
                    │ 内閣総理大臣から国会の先議院に提出           │
                    └──────────────────────────────────────────┘
```

出典：中島誠『立法学』（法律文化社、初版、2004年）68頁掲載図を参考に筆者において作成。

比較対象として適切なのは各省の大臣官房文書課ではないかと筆者は考えている。

　この考え方に沿って、以下においては、国法の立法過程全体を俯瞰しつつ

も、省庁内過程の具体例として農林水産省の場合を取り上げ、国の法令立案・審査システムの特徴を明らかにしてみたい（なお、これは、あくまで十数年前に実際に勤務していた筆者自身の記憶によるものであること、よって細かな点については現状と若干異なる可能性もあることを、あらかじめおことわりしておく）。

　イ　複層的な審査体制

　農林水産省においては、大臣官房文書課の法令審査官のほか、各原局の総務課（筆頭課）の総括班に「法令係」、「総括係」あるいは「企画法令係」などといった名称の法令ラインがあり、そこに法務職員が配置されている。また、そのほかに主な原課にも法令係長（又は係員）として法務職員が配置されている。

　具体的な手続の流れとしては、例えば、省令の場合には、原課内で作成・審査したものを当該原局総務課の法令ラインが審査し（部局内審査）、その上で官房文書課の法令審査官が審査する。この法令審査官の審査が済んだ段階で、実質的な審査は終了である。その後、正式には省令案の稟議書が原課の担当官により起案され、おおむね原課の課長、当該局の総務課長、局長、官房文書課長、官房総括審議官、官房長、事務次官といった順で回議、大臣決裁されることによって制定され、官報で公布される。

　また、閣議決定を要する案件すなわち法律案と政令については、以上のような省庁内過程のみでは完結せず、その外の政府内過程の手続が必要となる。すなわち、閣議決定に係るフォーマルな手続として、主任の大臣から内閣総理大臣あてにそれらの案を添付した「閣議請議」がなされる。具体的には、所管省庁の立案担当課から内閣官房に閣議請議案が提出されると内閣官房から内閣法制局に当該請議案が送付され、内閣法制局は正式に審査（参事官、部長、総務主幹、内閣法制次長、長官の順に稟議）を行うこととなる。この正式審査の結果、請議のように閣議決定してよいと認める旨の法制局長官の意見を付けて、内閣官房に請議案が回付される。回付された請議案は、事務次官等会議を経て閣議決定され、法律案であれば国会の先議院に提出され、政令であれば公布手続へと進むこととなる。

　所管省庁から内閣官房への閣議請議案の提出に先立って必要となる、実質

上最も重要な手続に、内閣法制局参事官による「予備審査」と各省協議（他省庁との調整）及び与党審査がある。内閣法制局予備審査は、参事官と各省庁担当部局側との間の徹底した議論の場であり、実質的な法令審査の総仕上げの場となっている。また各省協議は、予備審査における内閣法制局の一読（参事官がひととおり全体を審査した上で担当部長への説明を了すること）が終わった段階で、所管省庁から他省庁に法令協議の書面を送付して行うのが通例である。各省協議は、閣議、事務次官等会議が全会一致制をとっていることを背景として、各省の法案・政令案に関する政府としての実質的な合意形成の場となっているが、他方で省益争いの舞台と化してしまうという弊害も生ずる。なお、この一般的な各省協議に先立ち、内閣法制局の条文審査の前（少なくとも一読終了前）までに、予算関連法案については財務省との、罰則については法務省との事前協議がなされる。さらに、閣議請議の前には、与党審査（自由民主党の場合、各部会→政務調査会審議会→総務会という順）が慣行として必要とされている。これは、政府内過程とは別に「与党内過程」として捉えることもできよう。

　国の立法システムは、以上のようにフォーマルな手続とインフォーマルな手続とが絡み合い、それらを順次に又はいくつか同時並行的にクリアしていくことが要求される、複雑なシステムとなっている（2009年7月現在）。

　しかしながら、これらのうち、法令審査のシステムに着目すると、原課法令係長（係員の場合もあり。ここが立案担当官となることもある）→原局総務課法令ライン→官房文書課法令審査官→内閣法制局参事官（法律・政令）という具合に、省庁内過程と政府内過程にまたがって、かつ、省庁内過程単独で見ても、「複層的な審査体制」が存在することが大きな特徴であり、これが法形式の上下等に応じて運用されている（なお、重要な法律案の場合には、別途法律事務官数名を含むスタッフがプロジェクトの下に原課の別室〔いわゆる「タコ部屋」〕に集められて原案作成を行う場合が多い。しかし、このような専任のプロジェクトチームが企画立案する法律案であっても、官房審査や内閣法制局予備審査という関門をクリアしなければならないことに変わりはない）。

　ウ　国法の立案・審査システムの質的特徴――「回れ右！」「昨日の敵は

今日の友」

　このように、国における審査体制は幾重にも重なる複層的な構造をなしていることから法令審査という行為も各プロセスでなされるわけであるが、アで自治体の法制部課の比較対象として適切と述べた大臣官房文書課の行う官房審査（文書課審査）の特徴について述べてみたい。

　官房審査の場における法令審査官と各原局側の議論は、激しい意見の応酬による真剣勝負となる。原局側は一定の政策上の必要性があって法令等の案を立案し、しかも局内の審査でパスした案をもって法令審査官に説明をしているわけであるから、原局側の担当官の目的は、基本的に自分たちの原案を通すことである。他方、法令審査官は、原則として政策目的を捨象した立場で、原案に対し純粋に法制的観点から疑問を投げかける。そしてお互いに相手を法律論で論破するための真剣勝負の議論を繰り広げるわけである。

　官房審査がこのように徹底した議論の場として機能していることは、国法の立案・審査システムの質的特徴であり、自治体の法規審査にはあまり見られない特徴である。一般に自治体の法規審査において、原課は法制担当課に対して比較的従順であり、法制担当課との間で議論まで闘わせることは少ない。

　そもそも法制担当セクションが行う法規の審査とは、制定後に当該法規の運用を担うべき原部局原課（所管課）側の立案行為に対して法制的観点から問題点を指摘し、それを乗り越えようとする立案担当者と討論を行うことによって、当該法規案が法制的に適正かつ妥当なものになるよう導いていく一連の作用である。この概念を前提に考えれば、そこには文字どおり「討論」というプロセスが不可欠である。

　官房審査の場においてこのように討論が活発になされる原因としては、審査する側と審査を受ける側の法律的知識のレベルが拮抗していることもあろうが、イで指摘した複層的な審査体制の存在と無縁ではない。ここで、(a)原局内の原課側（立案担当官）→(b)原局総務課法令ライン→(c)官房文書課法令審査官という3段階を取り出して見てみると（図2-1-3参照）、まず、部局内審査では(a)と(b)の間で討論となる。ここではまだ議論が熟していないから、

図2-1-3 「複層的な審査体制」の作動するメカニズム

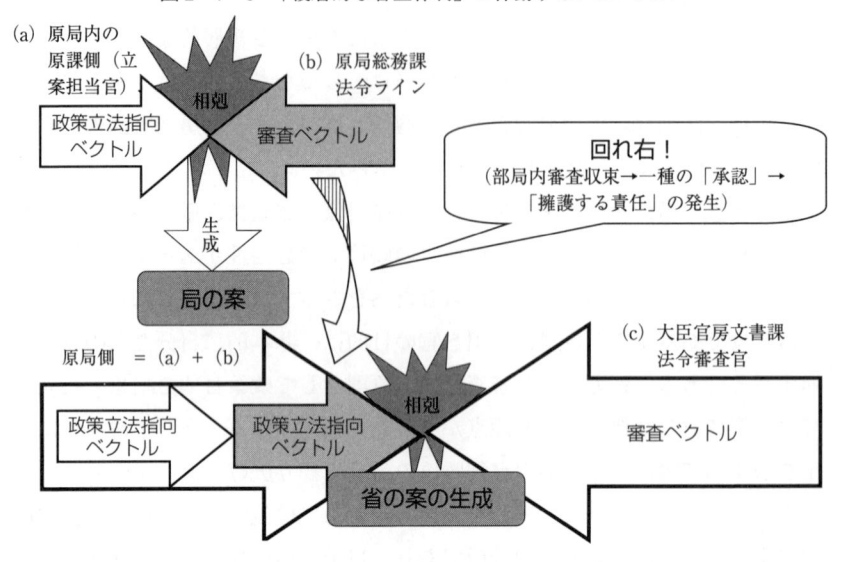

(a) 原局内の原課側（立案担当官）
政策立法指向ベクトル

(b) 原局総務課法令ライン
審査ベクトル

相剋

生成 → 局の案

回れ右！
（部局内審査収束→一種の「承認」→「擁護する責任」の発生）

原局側 ＝ (a) ＋ (b)
政策立法指向ベクトル
政策立法指向ベクトル
相剋
省の案の生成

(c) 大臣官房文書課法令審査官
審査ベクトル

(b)は問題点の指摘だけでなく(a)へのアドバイス的な発言も多少はするかもしれないが、基本は討論である。こうして原課側（政策立法を指向するベクトル）と原局総務課法令ライン（問題点を指摘する審査のベクトル）との相剋を経て、やがて部局内審査は収束する。すると(b)は(a)に対して一種の「承認」をしたことになり、ここには一種の「責任」が生ずる。承認した以上、それ以後は原課と同じ立場に立って成案を擁護する責任である。つまり(b)の審査ベクトルは「回れ右」をして原課側の政策立法指向ベクトルと同一方向を向き、それ自体が原課のベクトルとともに「原局としての政策立法指向ベクトル」を形成し、(c)の官房文書課に向かうことになる。原課の体制が脆弱な場合などには、原局総務課の法令ラインの職員が官房審査に同席し、官房文書課の法令審査官と丁々発止のやりとりを演ずることもある。ここでまた官房との間で「ベクトルの相剋」が起こることになる。まさに、「昨日の敵は今日の友」である。官房審査が討論の場として機能する背景には、このようなメカニズムが存在している（もっともこの頃の若い官僚諸君の気質からか、最近ではこの「回れ右機能」は少し弱まったというような噂もあるようである）。ちなみに、千葉県

102　第2部　各論

では2008年4月から各部に「政策法務主任」が配置されている。この政策法務主任が、今後どのように機能していくのか注目されるところである。

　法律案・政令案といった法規案あるいは省令などの法規は、最終的には稟議制によって策定・制定される。しかし、その内容は実質的に先に述べた多段階での討論の積み重ねの中から自然と「生成」してくるものなのである。

　ただ、そうはいっても、最初の素案は「誰か」が作らねばならない。前例のない新たな法案もその素案は原課（タコ部屋を含む）が作っている。それは芸術家のように「無から有を創造する」ものではなく、もっと地味で地道な作業である。そこでは「他の行政分野で比較的近い行政分野の国内法の中に参考となる制度はないか？」、「諸外国の立法例はどうなっているか？」などあらゆる視点から検討が加えられる。

　エ　自治体の立法システムが優っている点

　国の立法システムには、複層的な審査体制や審査の場が「討論」の場となっていることなど伝統的に自治体にはない長所があることは以上に述べたとおりであり、自治体としてはこれを参考にすることも検討に値しよう。しかしながら他方で、以下に述べるとおり自治体の立法システムが国のそれに優っている点も存在するので、自治体側としては、このような点を十分意識しておくことも大事である。

　まず、国の立法システムは、機動力に欠けるきらいがある。前述のとおり、それは、フォーマルな手続とインフォーマルな調整手続とが絡み合い、それらを順次に又はいくつか同時並行的にクリアしていくことが要求される、複雑なシステムとなっている。この複雑さ、ひいてはそこからくる相当な体力的、精神的な負担が、担当省庁の原課あるいは担当官が法律などの制定・改廃に踏み切る場合の決心を鈍らせることがないとも言い切れない側面がある。その点、自治体の条例の立法システムは、首長のリーダーシップと相まって、国に比べれば相当な機動力を発揮することが可能である。社会問題が起こり、それが国民的関心事となった際に、自治体がまずいち早く条例で対応し、その後、国が法律で後を追う、といった展開はよく見られる現象である。

　次に、国の立法システムは市民参加的手法が弱い。例えば、パブリック・

コメント制度を見ても、国のそれは内閣提出法案を対象としておらず、法規では政令以下の行政立法のみが対象となっている。これに対して、自治体のパブリック・コメント制度は首長提出の条例案まで対象とするのが一般的である。

　最後に、厳密には国の立法システム自体の問題ではないかもしれないが、立法の契機が業界団体に寄っていて、その面でも市民的視点が弱い。そこで、「スポンサー」のない法案は成立しにくいといわれる。市民的視点、生活者の視点に立って立法権を行使しやすいのは、国ではなく自治体の方である。

　自治体は、以上のようなアドバンテージを十分活かした上で、国の立法システムの長所を参考にして、よりよい立法システムを整備していく必要がある。

　② 国会内過程その他

　国の立法システムにおける国会内過程（法律案の審議と法律の制定）については、自治体の立法システムにおける議会内過程と基本的な流れは同じである。したがってここでは、自治体の議会内過程と異なる点についてのみ簡潔に述べることとしたい。

　一院制をとる自治体議会と違い、国会は衆議院と参議院からなる二院制をとっている。衆議院先議とされている予算案（憲法60条）と異なり、法律案は衆参どちらの議院に先に提出してもよいが、予算関連法案については衆議院先議との先例がある。通常は内閣が与党の国会対策委員会と相談して先議院を決めている。

　先議院に議案として提出された法律案は、議院運営委員会で割り振られた委員会に付託され審査が行われるのが通常である。ただし、重要議案の場合には、主として野党の要求に応じる形で、本会議において趣旨説明及び質疑が行われる場合がある（国会法56条の2）。

　委員会付託後の委員会審査や委員長報告に始まる本会議審議の流れは自治体の議会内過程とほぼパラレルに考えてよい。

　先議院で可決された法律案は、後議院に送付され、先議院と同様の手続で審査・審議される。

【コラム４】法規審査担当セクションのデスク配置

　個室中心の配置をとっている欧米の会社のオフィスに対して、日本の会社は伝統的に大部屋主義をとっているため組織文化に違いが出てくるように、オフィスにおけるデスクの配置は仕事のスタイルや心構えにも少なからず影響を与える。この点は、役所の場合でも例外ではないだろう。

　一般に、日本の行政機関のオフィスでは、部屋の奥の窓に対して横向きに各担当者が相対して座り、その上席の監督者が窓に背を向けて座る向きで机を寄せ合い、１つのセクションが形成されているというスタイルが多い【イメージ図１】。この机の固まりを俗に「シマ」などと呼ぶ場合があるが、これはラインで仕事をしていく上でのオーソドックスな配置である。

　ところが、国の法規審査の専門セクションでは、このような一般的な配置をとっていないことが多々ある。例えば農林水産省の場合、大臣官房文書課の法令審査官は、個室ではないが独立したデスクの配置である【イメージ図２】。

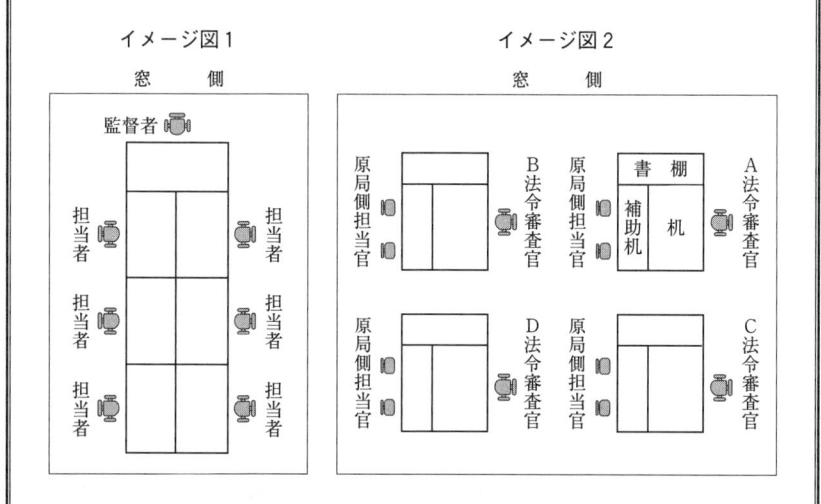

イメージ図１

イメージ図２

　法令審査官はその自分の席で審査を行う。また、筆者の記憶によれば、内閣法制局のとある部の場合、パーティションで半ば個室的に区切られた各参事官のデスクスペースが窓際に並び、担当参事官のデスクに対応する位置で窓際から離れた位置に机を正方形にしつらえた審査用スペースがあり【イメージ図３】、審査（予備審査）の際はそこで読会を行っていた（ただし、これも個室ではない）。

第１章　立法法務

イメージ図3

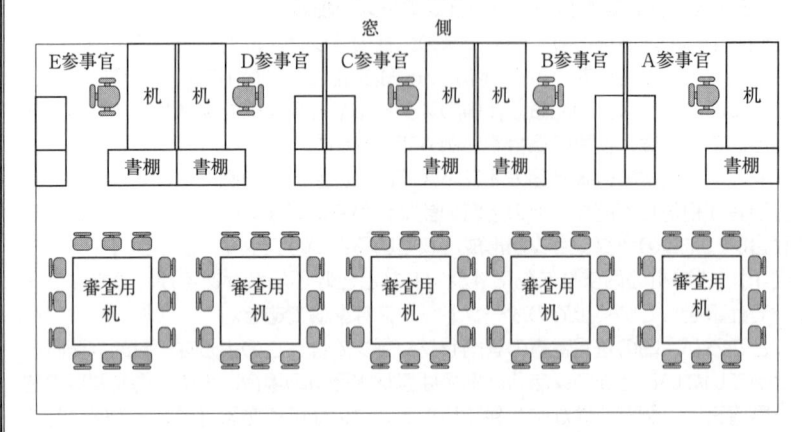

窓　側

E参事官	机	机	D参事官	C参事官	机	机	B参事官	A参事官	机
	書棚	書棚			書棚	書棚			書棚

審査用机　審査用机　審査用机　審査用机　審査用机

　国の法規審査の専門セクションのこうしたデスクの配置について、「自分が担当する部局や省庁の法規案はあくまで自分自身が責任を持って審査する」という一種の覚悟とその覚悟を審査官や参事官に求める組織の姿勢を、筆者は当時から感じていたものである。そして、原案を持参して相手方と対峙する際には、その覚悟に応えることのできる「真剣勝負」となるよう、自分なりに心がけてきた。
　「たかがデスク配置、されどデスク配置」である。
　読者の皆さんが勤務する自治体、あるいは居住する自治体の法規審査担当セクションのデスク配置はどんなスタイルになっているだろうか？　興味を持って観察してみたらおもしろいのではないかと思う。

　両議院において法律案が可決成立すると、後議院の議長から、内閣を経由して奏上され、官報で公布される。
　政府提出法案は、閣議請議前にすでに与党審査を終了しているので、法案作成省庁にとっては、国会での質疑は主に野党を念頭に置いたものになる。国会での質疑に備え、担当省庁の原課は分厚い想定問答集を準備しておかねばならない。しかし、この想定問答は、それまで省庁内過程・政府内過程を通じ、徹底して繰り返されてきた討論の成果を集めれば作成できるものである。そして、この想定問答は、法律の可決成立後にコンメンタール（逐条解説）の執筆を担当課が行う際にも役立つことになる。

自治体の条例制定過程においても議会用の想定問答集は作成されないわけではないが、それほど体系立ったものはあまり見かけたことはない。したがって、原課は、コンメンタールを作らないことも多い。公表されたコンメンタールが立案担当者の手から条例を巣立たせ、客観的な行為規範に昇華させるものであるとともに、後世に制定時の解釈を伝え、改正の際の有力な検討資料となることに思いをいたせば、体系立った想定問答集を担当課が作るような自治体としての組織風土を形成していくことも重要なことであろう。

2　議員・市民立法
(1)　議員立法
①　議員立法の類型

　議員立法は、自治体の場合、地方議会の議員による議員提案条例として行われる。議員提案条例とは、議員の議案提出権に基づき、議員定数の12分の1以上の賛成により議員が議会に提案し（自治法112条1項・2項）、制定された条例をいう。議員提案条例には、議会の委員会条例や議員の費用弁償に関する条例などのように、自治体の機関として議会の組織や運営に関して制定するものと、議員が独自に自治体政策の一環として提案し制定された条例がある。このうち、特に、後者について「政策的議員提案条例」、「議会の政策条例」、「議員提案の政策条例」と呼ぶことがある（ここでは、以下「政策的議員提案条例」と呼ぶことにする）。政策的議員提案条例は、地方分権を推進する上での大きな課題である、地方議会の活性化や議員の意識改革を促進するなどの副次的効果も期待され、多くの地方議会で取り組みが進みつつある。

　これまで制定された議員提案条例について内容の面から分類すると、次のようなものがみられる。

　ア　議会内部のルールを定めた条例

　議会内部のルールを定めた条例は、議会の組織や手続、議員の活動に関するものなど、議会が、自治体の独立機関として自律的に定めるべき内容のもので、委員会条例、議員定数条例、議員報酬条例、議会の情報公開条例などがある。

イ 首長と議会との関係のルールを定める条例

首長と議会との関係のルールを定める条例は、従来は首長の裁量で実施されていた政策に関して、議会が一定の関与をすることにより、議会のチェック機能を高め、政策決定の透明性を高めようとするもので、自治体の総合計画等を議決事項とする条例、出資法人の運営の適正化をはかるため議会に運営状況を報告する出資法人の範囲を拡大する条例などが該当する。議会が自らの機能を高めるために立案されるもので、地方議会に特徴的である。

ウ 住民と自治体との関係のルールを定める条例

住民と自治体との関係のルールを定めた条例は、団体自治、住民自治の拡充の観点から、住民、首長、議会との相互の適切な参画・協働のルールを定めたものであり、自治基本条例や議会基本条例などが該当する。議会改革の議論から検討が始まり、分権改革後の目指すべき、団体自治、住民自治のあり方についての議論の成果として制定されている事例がみられる。

エ 特定の行政分野に関する条例

特定の行政分野に関する条例は、条例の内容が住民生活に直接関係のある種々の行政分野に関する条例であり、条例の施行に際しての強制力の強さにより、さらに政策理念的内容を中心とするものと、規制的内容を含むものに分類される。

a 特定の行政分野に関する条例のうち政策理念的な内容を中心とするもの

政策理念的な内容を中心とする条例は、例えば、農業振興条例、安全安心のまちづくり条例など、産業振興、生活安全などの分野でみられる。条例の中に、その行政分野に関する基本理念を規定し、それを達成するための行政計画の策定や基本的な施策の方針などが規定されている事例が多い。

b 特定の行政分野に関する条例のうち規制的な内容を含むもの

規制的内容を含む条例としては、議員提案条例では、例えば、暴走族規制条例、空き缶ポイ捨て規制条例、ピンクちらし規制条例など、生活環境保全、防犯などの分野で、住民に対して、一定の行為規制や権利義務の規制を伴う規定を含む条例の事例が多くみられる。これらは、罰則規定を伴うこともあ

り、人権保護の観点から適正な手続規定の整備や制度の実効性が担保される運用の仕組みづくりなど、制定の際、最も詳細な検討を要する。

② 議員提案条例の制定状況

議員提案条例の制定件数は、近年、顕著に増加してはいるものの、首長提案の条例に比較して少ない状況である。これからの地方分権時代においては、議会の政策立案機能の重要性が強く指摘されていることからすれば、議員提案条例の制定件数を増やしていくことが求められる。（全国都道府県議長会、全国市長会の「議会活動実態調査」〔平成19年〕によると、2006年の議員提案条例の制定件数と全条例制定件数に対する割合は、都道府県で196件〔5.6％〕、市で1493件〔3.8％〕であり、議員提案条例の割合は高くない状態である）。

また、最近の議員提案条例の内容的傾向としては、全国都道府県議長会及び全国市長会が毎年それぞれ行っている「議会活動実態調査」に掲げられている議員提案条例についてみると、①総合計画等を議決事項とする条例など議会機能の強化を目的とする条例が多いこと、②「食育」や「安全・安心のまちづくり」等、通常の自治体では複数部署にまたがる課題で行政組織の縦割りで対応が難しいテーマを条例化している例が多いこと、③都道府県議会の場合、政策理念的で規制色の薄い条例が多いのに対して、市町村議会の場合、環境、生活安全など住民に身近な直接的テーマについて、規制的手法も含めて制定している例がいくつかあること、などの特色がみられる。

③ 議員提案条例の制定プロセスの特徴

議員提案条例案の立案プロセスについて、首長提案条例の場合と異なる特徴としては、①条例案を議会に提案するのに議員定数の12分の1以上の議員の賛成が必要（自治法112条2項）であるため、議員間、会派間の調整、検討が必要であること、②議員提案条例では直接予算に関するものは提案できないこと（自治法112条1項）、③条例案文の検討とともに、審議手続についての調整を併せて行う必要があること、④具体の案文や資料作成等の作業は議会事務局が行うこと、等である。

④ 議会事務局の役割

議員提案条例を制定する場合、議会事務局は、立法事実の整理、関係法令

などの資料提供や法制的な意見の提示、制度設計のオプションの検討、条例案要綱等の資料作成、条例案文の起草、審議手続の事務調整などの業務を提案議員の求めに応じて行う。首長提案の条例案の場合は、通常、これらの業務は執行機関の担当部署の職員が行うが、議員提案条例の場合は、議会事務局の職員が行うこととなる。今後の地方分権を踏まえた政策的議員提案条例の推進のためには、議会事務局の役割は重要であり、その人員体制の強化と資質向上が望まれている。(議会事務局の職員数については、平成18年地方公務員定員実態調査〔総務省〕における議会部門〔庶務経理等の担当を含む〕の平均人数は、都道府県40.8人、市区8.5人、町村2.3人であり、特に市町村ではきわめて少ない状況である)。

(2) 市民立法

① 市民立法の概念

市民立法とは、厳密には、市民が条例等を発議し、市民自身の議決により立法化する直接民主制的な手続を指すが、このような制度は、スイス連邦の基礎自治体（ゲマインデ、コミューン）の一部において行われている住民総会でみられるが、わが国では、自治法上、このような厳密な意味での市民立法は制度として存在せず、直接民主制的な制度としては、条例の制定改廃の直接

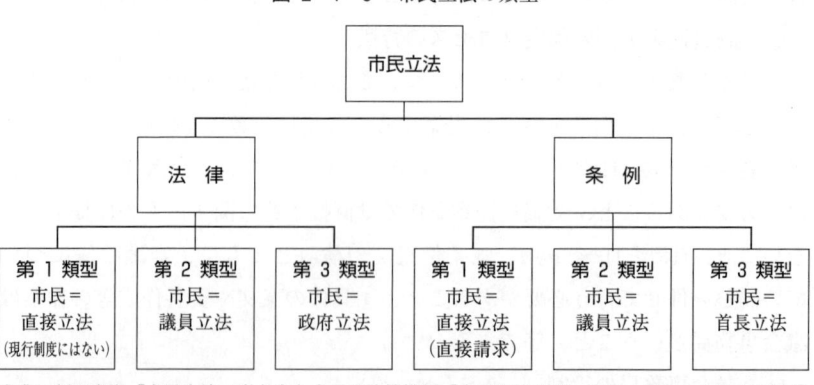

図2-1-3 市民立法の類型

```
                    市民立法
            ┌─────────┴─────────┐
           法 律                条 例
      ┌─────┼─────┐      ┌─────┼─────┐
   第1類型 第2類型 第3類型  第1類型 第2類型 第3類型
   市民=   市民=   市民=    市民=   市民=   市民=
   直接立法 議員立法 政府立法  直接立法 議員立法 首長立法
  (現行制度               (直接請求)
   にはない)
```

出典：須田春海「市民立法の考え方」市民立法機構編『市民立法入門—市民・議員のための立法講座』（ぎょうせい、2001年）23頁より。

請求（自治法12条1項・74条〜74条の4）があるのみである。

　わが国においては、通常、市民立法という用語を「市民の発案により法を制定しようとするプロセス」という広い意味に使用しており、これは、市民が制度設計をした案について、実際に立法化する場合には、地方自治体にあっては、条例の制定改廃の直接請求（市民＝直接立法）、議員や首長に市民が働きかけてそれぞれが議会に提案する議員提案（市民＝議員立法）又は首長提案（市民＝首長立法）により条例化することを含むものである。いずれの場合も最終的には議会において決定される仕組みとなっている。なお、国の法律制定に関しては、自治法上の条例制定の直接請求のような直接立法制度はわが国では存在しない。

　条例の制定改廃の直接請求は、住民が自ら条例案を起案し、請求代表者は、都道府県の場合2ヶ月、市町村の場合は1ヶ月以内に、有権者の50分の1以上の署名を集め（自治法施行令92条4項）、首長に請求し、首長がその内容を議会に諮り、可否を決定するものである。条例の制定改廃の直接請求の実態については、制度が創設された1947年から1999年までの52年間に請求件数が全国で1352件（年平均25.5件）で、このうち、議会で可決又は修正可決されたものは127件（9.4%、年平均2.4件）にとどまるとされる。

　近年は、市民活動の活発化と市民層への政策法務に関する知識の普及に伴い、各種の市民団体やNPOなどが、条例の制定改廃の直接請求を行う例もみられるが、制度の活用事例はきわめて少ない状況である。㈶地方自治総合研究所「日本における住民投票制度」（第15回地方自治総研セミナー資料、2000年）45頁によれば、1995年4月から1999年3月までの条例の制定改廃の請求件数は、都道府県分6件、市町村分122件であり、そのうち議会において可決されたものは、都道府県はなし、市町村で修正可決も含めて14件という状況であった。

　また、議員や首長に市民が働きかけてそれぞれが議会に提案する議員提案又は首長提案により条例化する方法の場合も、議員提案については、市民側から議会に対して請願（自治法124条）または何らかの要請があり、議員側の理解が得られた場合は議員提案のプロセスに入る。首長提案の場合も、市民

側からの要請活動が行われ、首長部局内部の調整を経て、首長側で提案のプロセスに入る。いずれの場合も、条例を議会に直接提案するのは、議員や首長であり、市民側からの意見は参考意見ということとなる。

② 協働型市民立法

最近、自治基本条例の制定などにおいて、市民と行政・議会が協働して条例案を作成していく「協働型市民立法」と呼ばれる手法がみられる。協働型市民立法とは「市民が発案して主導権を握りながら、作成段階では行政や議会と緊密に協働して練り上げていく」手法とされ、市民と行政・議会が、それぞれのノウハウやネットワークを活用し合いながら対等なパートナーとして条例等の制定を進めていくものである。現実問題として、市民に立法に関するスキルやノウハウの蓄積が十分ではなく、特に行政と市民との間での法規を読み書きする基礎的なスキル（立法リテラシー）に大きな格差がある現状においては、協働型市民立法は、住民自治の促進の観点からも望ましい方法といえる。

ただし、協働型市民立法が有効に機能するためには、主に立法ノウハウを提供する行政側のトップとしての首長の姿勢に左右されるところがあり、市民が議会などと連携していかに立法プロセスの主導権を確保するかが課題であろう。

(3) 議員立法と市民立法の今後の展望

議員立法は、これまで主に公務員だけが有していた条例等の立法実務のノウハウを、結果として議員の側にも伝播させる契機となった。今後、議員側に立法ノウハウが蓄積されていくことにより、地域や住民に身近な存在である議員から、そのノウハウがさらに地域の住民やNPOなどの市民団体に伝播され、最終的には市民立法の基盤強化につながる可能性を有している。

住民が市民立法のノウハウを蓄積することにより、これまで、多くの場合、選挙を通じて間接的に政策を選択することしかなかった住民にとって、条例制定の直接請求や、議員や首長への具体的な政策提案による協働型市民立法の道が広がることが見込まれる。

一方、議員提案条例の活発化や、市民、NPOなどへの政策法務ノウハウ

の伝播や住民参画が加速化すると、議員や市民による政策を評価する目が厳しくなり、首長や自治体職員も意識改革をいっそう迫られることが予想される。

このように、市民、議会、首長・自治体職員によるそれぞれの特性を生かした自治立法が積極的に行われることにより、結果として住民自治の質を高めていくことが期待される。

3 住民の意見の反映

条例制定過程における、住民意見の反映については、近年、その目的、範囲、手法、効果等において色々な自治体で多様なものがみられ、従来の「住民の御意見を聴く」という枠組みだけでは収まりきれず、神奈川県大和市や東京都三鷹市の自治基本条例の例などにみられるように、住民が主体的に条例を立案し行政や議会に政策提案する事例もみられることから、自治体政策における「住民参加、住民参画」のプロセスとして、幅広く捉えるのが適当であろう。

住民参加・参画といわれているものにもいくつかの段階があるとされ、アメリカの社会学者シェリー・アーンスタインは「住民参加のはしご」（表2-1-1参照）として、住民参加に8つの段階があると提唱している。

表2-1-1 「住民参加のはしご」の8段階

住民の力が生かされる住民参加	8	住民によるコントロール	住民主体の活動に行政を巻き込む
	7	委任されたパワー	住民主体の活動
	6	パートナーシップ	住民と行政との協働、決定権の共有
印としての住民参加	5	懐柔	行政主導で住民の意思決定のある参加
	4	意見聴衆	与えられた役割の内容を認識した上での参加
	3	お知らせ	形式的住民参加（限定された参加）
住民参加とはいえない	2	セラピー	お飾り住民参加（利用された参加）
	1	操り	操り参加（趣旨や役割の不明確な操られた参加）

参考：住民参加のはしご（シェリー・アーンスタイン、1969）、協働のデザイン（世古一穂、2001）

これによると、第3段階の例としては情報公開、第4段階が審議会、住民説明会、第5段階がパブリック・コメント、第6段階以降が住民協働や市民立法などが該当するとされる。すなわち、わが国の自治体における住民参加の制度も、やっと「印としての住民参加」の段階から「住民の力が生かされる住民参加」の段階に入りつつあるといえる。

(1) **住民参加制度**

1997年に箕面市で住民参加条例が制定されて以来、自治基本条例に住民参加に関する規定が定められているものも多くみられるが、既存の住民参加に関する自治体条例の分析例によると、次のような点が規定されている。

① 住民参加の主体

住民参加制度の主体をその自治体の区域に居住する住民に限定するかどうかである。自治体の居住民以外では通勤・通学者、自治体の区域内に住所を有する法人、団体などを規定している場合がある。また、特に主体となる住民、市民等に対して、「行政への参加権」を明示している場合もある。

② 住民参加を求める政策決定の対象

参加を求める政策決定の種類をどの範囲とするかである。通常は、条例、規則等、計画、公の施設の設置計画、法人等への出資などを列挙し、「その他首長が必要と認める場合」と包括規定を設けている場合が多い。また、税や使用料・手数料の徴収などの住民に金銭的な負担を求める事項については対象外としているものが多い。金銭的負担を対象外としている理由としては、(1)金銭的負担については条例の直接請求の対象から除外されていること（自治法74条1項）、(2)金銭的負担については当事者である住民の意見を聴くことが性質上馴染まないこと、(3)金銭的負担の増加について反対する意見が多数寄せられると予想されること等とされる。

③ 住民参加の時期、回数等

住民参加の時期、回数等については、行政側の裁量に委ねられている場合が多い。中には実施の判断基準を設けているものもみられる。

④ 住民参加の手法

住民参加の手法については、審議会への附議、パブリック・コメント、公

聴会、説明会、ワークショップ、住民からの政策提案などがみられ、各自治体の住民参加の素地の度合いや行政側の姿勢などに応じて、条例制定時期が後のものほど「住民参加のはしご」の段階が高度化している傾向がみられる。

⑤ 住民参加を求める政策決定の対象に対する手法の選択基準

住民参加を求める対象ごとに、どのような手法を採用するかについてのマッチングの基準を定めているかどうかである。例えば、「事案に対する多様な意見を幅広く収集する必要があると認める場合はパブリック・コメントを行う」という規定を設けるなどである。初期の住民参加条例は住民参加の対象を例示的に列挙していたが、最近、制定されているものは、どの手法を選択するかの考慮基準を条例又は規則で規定している例が多い。住民参加を求める政策決定の対象と手法の選択基準を設けることにより運用における裁量の幅を限定し、住民参加が形式的になるのを防ぐ働きが期待できる。また、住民参加において、すべての政策決定において高度な参加形態を実施するか否かについて、行政コストや参加する住民の負担などとの関係で一定の基準があってもよいのではないかという側面からも、マッチングの基準の検討が必要である。

⑥ 住民からの意見の取扱い

住民参加の手続のプロセスの中で行政側に提示された意見に対する対応をどのようにするかである。例えば、行政側の回答を公開し、行政への反映状況を住民に知らせるなどの規定を設けている例がある。

⑦ 住民参加の促進

住民参加を促進するための施策が定められているかであり、中長期の住民参加促進計画、住民参加に関する情報提供などが該当する。

⑧ 住民参加の進行管理

住民参加の実施状況の進行管理について定められているかであり、第三者機関の設置、住民参加の実施状況の公表などが該当する。

(2) **住民参加制度の形式**

自治体条例における住民参加制度としては形式からみて、概ね次のような類型がある（類型の分類は北海道町村会条例研究会HPによる〔http://houmu.hchosonkai.gr.jp/jyoureikennkyuukai/jyoureikennkyuukaitop.htm〕)。

① 総合型住民参加条例

多様な住民参加メニューを規定し、それぞれに関する実施方法や手続について詳細に規定しているもの（石狩市、西東京市など）で、比較的最近の住民参加条例はこのパターンが多い。

② 列記型住民参加条例

住民参加の理念や住民参加の簡単なメニューを提示しているもので、比較的初期に制定された住民参加条例（箕面市、旧小長井町、宝塚市など）などに多い（この類型は、このほか、「シンプルな市民参加条例」、「理念原則型条例」とも呼ばれている）。

③ 個別型住民参加条例

パブリック・コメントや住民投票などの住民参加の制度を個別に条例化しているものである。行政の政策決定プロセスへの住民参加のほか、自主的な住民活動への支援（住民活動支援条例）や行政と住民の対等なパートナーシップによる協働（住民協働条例）について規定している例もある。

パブリック・コメントについては、2005年の行政手続法の改正に伴い、行政庁が命令等を制定改廃する場合にパブリック・コメントの実施を義務付けたことにより、自治体の行政手続条例等の中でパブリック・コメントを規定しているものもある。これらは、本来の自治体独自の住民参加推進の自主的意図によるものとは若干異なり、法律改正に伴う受動的な動機によるものではあるが、住民参加の対象拡大にはつながっている。なお、パブリック・コメントの運用を、条例ではなく要綱で行っている自治体が多い。自治体の場合、行政手続法の改正に先立ってパブリック・コメントを要綱として制度化し、その対象が法律では命令等のみであるのに対して、自治体の場合は主要な行政計画や条例の制定、主要な公共施設の建設など、多岐にわたっており、行政手続条例のみの改正で対応すべきかどうかを立法政策的に検討すべき点があることから、結果として条例化が進まなかったのではないかと推測される。しかし、住民からみたわかりやすさの観点からは、何らかの形での条例化が望ましいと考えられる。

④　自治基本条例型住民参加条例

　自治基本条例で住民参加を規定しているものである。なお、自治基本条例で住民の参加、協働、支援に関する基本的な理念を規定し、その実施細目として、住民参加条例、住民協働条例、住民活動支援条例をセットで制定している例も最近ではみられ、広義での住民参加について条例による体系的な整理もなされ始めている（宮古市）。

(3)　**住民参加と住民投票制度**

　近年、一部自治体では、住民の意思を直接問う制度として住民投票制度を設けている場合がある。

　住民投票制度には、個別型と常設型があり、個別型は、住民投票を行う対象事案を特定して手続等を条例で規定するものであり、1982年に制定された「窪川町（現・四万十町）原子力発電所設置についての町民投票に関する条例」を始まりとして、「巻町における原子力発電所建設についての住民投票に関する条例」(1995年制定)、「(沖縄県)日米地位協定の見直し及び基地の整理縮小に関する県民投票条例」(1996年制定)、「御嵩町における産業廃棄物処理施設の設置についての住民投票に関する条例」(1997年)など、原子力発電所、産業廃棄物施設などの設置の可否を問うものなどが多く制定されている。常設型は、自治基本条例や住民参画条例の中に、事案を特定せずに、住民の意思を問うべき地域の重要課題として一定の要件の下に住民投票を行う制度を設けたものであり、1997年の箕面市市民参加条例、2000年の「小長井町まちづくり町民参加条例」など、近年、制定例が多くなっている。

　いずれの場合も、現行では、住民投票の結果は、首長や議会を法的に拘束するものではなく、参考意見にすぎないが、住民の意思としての意味は重いものがあり、住民が自治体の意思決定に参画するプロセスとして、住民自治の推進という観点から、市民立法とともに、今後、活用を期待できる制度である。

　住民投票制度については、特に常設型の場合、発動要件、投票する住民の範囲、あまりに低い投票率での決定を回避する最低投票率の設定の可否、投票についての運動に対する規制の可否、住民投票できる事項の範囲など、制

度の内容や運用について議論がある。

　また、住民投票の法的拘束力について、わが国では、憲法に認める議会と首長の二元代表制を採用しており、法令が認めるもの（日本国憲法における、憲法改正の国民投票〔憲法96条〕や地方自治特別法の制定についての住民投票〔憲法95条〕など）以外にレファレンダム（住民表決）の制度を一般的に認めていないとする消極説がかつては支配的であったが、最近は、直接民主主義の導入を可能な限り進める立場から肯定説も有力になりつつある。

(4)　**住民投票に関する判例**

　住民投票の結果について法的拘束力が否定された事例（那覇地判平成12年5月9日判時1746号122頁、地方自治判例百選〔第3版〕24事件）がある。

　1996年の沖縄県の米軍普天間基地に関する日米政府の返還合意と引き換えに名護市へのヘリポート移設問題が起こった。地元住民は反対の意思を表明するために「名護市における米軍のヘリポート基地建設の是非を問う市民投票に関する条例」の制定を求め、一部修正の上で条例は成立した。住民投票の結果、建設反対が賛成を上回ったが、投票3日後に行われた内閣総理大臣と名護市長との会談において、市長は突然建設受け入れを表明し、同時に辞職の意向を示した。これに対して、市民が住民投票条例には法的拘束力があり、市長の受け入れ表明は条例に違反した違法な「公権力の行使」にあたるとして、市と市長に対して損害賠償を求める訴えを提起した。この訴えに関し、那覇地裁は、条例の規定は市長に住民投票の結果を参考にするように要請しているにすぎないというべきである、として条例の法的な拘束力を否定した。

【参考資料】住民参加条例の制定状況（北海道町村会法務支援室HPより）
1．住民参加条例総合型（12条例）——参加手続の詳細等も規定
　●石狩市「石狩市行政活動への市民参加の推進に関する条例」2002年4月1日施行
　●東京都西東京市「西東京市市民参加条例」2002年10月1日施行
　●北海道旭川市「旭川市市民参加推進条例」2003年4月1日施行
　●埼玉県和光市「和光市市民参加条例」2004年1月1日施行

- ●埼玉県宮代町「宮代町市民参加条例」2004年4月1日施行
- ●長野県岡谷市「岡谷市市民総参加のまちづくり基本条例」2004年10月6日施行
- ●北海道富良野市「富良野市情報共有と市民参加のルール条例」2005年7月1日施行
- ●北海道美瑛町「住み良いまち美瑛をみんなでつくる条例」2003年4月1日
- ●北海道清里町「清里町まちづくり参加条例」2005年3月25日
- ●北海道芽室町「めむろまちづくり参加条例」2004年5月1日
- ●東京都小金井市「小金井市市民参加条例」2004年4月1日施行
- ●東京都狛江市「狛江市の市民参加と市民協働の推進に関する基本条例」2003年4月1日施行

2．住民参加条例列記型（8条例）――住民参加の基本理念、参加の制度等を列記
- ●大阪府箕面市「箕面市市民参加条例」1997年4月1日施行
- ●長崎県小長井町「小長井町まちづくり町民参加条例」2000年7月1日施行
- ●兵庫県宝塚市「宝塚市市民参加条例」2002年4月1日施行
- ●兵庫県相生市「相生市市民参加条例」2004年7月1日施行
- ●北海道幕別町「幕別町まちづくり町民参加条例」2001年1月1日施行
- ●北海道猿払村「猿払村村民参加条例」2001年4月1日施行
- ●長野県高森町「高森町町民参加条例」2003年4月1日施行
- ●愛知県東海市「東海市市民参画条例」2003年12月22日施行

3．住民参加条例個別型（パブリック・コメント条例：4条例、住民投票条例：8条例）
- ●神奈川県横須賀市「横須賀市パブリック・コメント手続条例」2002年4月1日施行
- ●神奈川県城山町「城山町パブリック・コメント手続条例」2004年4月1日施行
- ●兵庫県宝塚市「宝塚市パブリック・コメント条例」2005年4月1日施行
- ●三重県四日市市「四日市市パブリック・コメント条例」2005年10月12日施行
- ●愛知県高浜市「高浜市住民投票条例全部改正」2002年9月1日施行
- ●群馬県境町「境町住民投票条例」2002年9月20日施行
- ●埼玉県富士見市「富士見市民投票条例」2002年12月20日施行
- ●群馬県桐生市「桐生市住民投票条例」2003年7月1日施行

- ●岡山県哲西町「哲西町住民投票条例」2003年7月1日施行
- ●広島県広島市「広島市住民投票条例」2003年9月1日施行
- ●香川県三野町「三野町まちづくり住民投票条例」2003年9月制定
- ●茨城県総和町「総和町住民投票条例」2003年10月1日施行

4．自治基本条例型（42条例）——住民自治に関する基本原則的な事項を規定・他の条例に対し最高規範性を持つ

- ●北海道ニセコ町「ニセコ町まちづくり基本条例」2001年4月1日施行
- ●兵庫県宝塚市「宝塚市まちづくり基本条例」2002年4月1日施行
- ●兵庫県生野町「生野町まちづくり基本条例」2002年6月1日施行
- ●東京都杉並区「杉並区自治基本条例」2003年5月1日施行
- ●東京都清瀬市「清瀬市まちづくり基本条例」2003年4月1日施行
- ●石川県羽咋市「羽咋市まちづくり基本条例」2003年4月1日施行
- ●福島県会津坂下町「会津坂下町まちづくり基本条例」2003年4月1日施行
- ●埼玉県鳩山町「鳩山町まちづくり基本条例」2003年4月1日施行
- ●新潟県吉川町「吉川町まちづくり基本条例」2003年10月1日施行
- ●兵庫県伊丹市「伊丹市まちづくり基本条例」2003年10月1日施行
- ●新潟県柏崎市「柏崎市市民参加のまちづくり基本条例」2003年10月1日施行
- ●愛知県東海市「東海市まちづくり基本条例」2003年12月22日施行
- ●岡山県大佐町「大佐町まちづくり基本条例」2004年2月11日施行
- ●埼玉県富士見市「富士見市自治基本条例」2004年4月1日施行
- ●栃木県南河内町「南河内町まちづくり基本条例」2004年4月1日施行
- ●栃木県大平町「大平町自治基本条例」2004年7月1日施行
- ●神奈川県愛川町「愛川町自治基本条例」2004年9月1日施行
- ●東京都多摩市「多摩市自治基本条例」2004年8月1日施行
- ●新潟県関川村「関川村むらづくり基本条例」2004年8月1日施行
- ●福井県越前市「越前市自治基本条例」2005年10月1日施行
- ●三重県伊賀市「伊賀市自治基本条例」2004年12月24日施行
- ●神奈川県大和市「大和市自治基本条例」2005年4月1日施行
- ●静岡県静岡市「静岡市自治基本条例」2005年4月1日施行
- ●香川県善通寺市「善通寺市自治基本条例」2005年10月1日施行
- ●埼玉県久喜市「久喜市自治基本条例」2005年10月26日施行
- ●大阪府岸和田市「岸和田市自治基本条例」2005年8月1日施行
- ●東京都文京区「文の京自治基本条例」2005年4月1日施行
- ●神奈川県川崎市「川崎市自治基本条例」2005年4月1日施行
- ●東京都三鷹市「三鷹市自治基本条例」2006年4月1日施行

- ●香川県さぬき市「さぬき市まちづくり条例」2005年4月1日施行
- ●富山県小杉町「小杉町まちづくり基本条例」2004年4月1日施行
- ●島根県西郷町「西郷町まちづくり基本条例」2004年7月1日施行
- ●北海道登別市「登別市まちづくり基本条例」2005年12月21日施行
- ●北海道清水町「清水町まちづくり基本条例」2006年4月1日施行
- ●愛知県知立市「知立市まちづくり条例」2005年4月1日施行
- ●東京都中野区「中野区自治基本条例」2005年4月1日施行
- ●東京都豊島区「豊島区自治の推進に関する基本条例」2006年4月1日施行
- ●兵庫県篠山市「篠山市自治基本条例」2006年10月1日施行
- ●埼玉県草加市「草加市みんなでまちづくり自治基本条例」2004年10月1日施行
- ●北海道遠軽町「遠軽町まちづくり自治基本条例」2005年3月25日施行
- ●大阪府大東市「大東市自治基本条例」2006年4月1日施行
- ●北海道奈井江町「奈井江町まちづくり自治基本条例」2005年4月1日施行

注：1．神奈川県大和市作成2004年10月7日版に北海道町村会法務支援室加筆修正（2006年8月25日現在）。
　　2．行政活動への市民参加に焦点を絞り、住民参加の制度などを定めたもの。

<参考文献>
　出石　稔編著『条例によるまちづくり・土地利用政策―横須賀市が実現したまちづくり条例の体系化』（第一法規、2006年）
　出石　稔「自治立法の指針」兼子　仁＝北村喜宣＝出石　稔共編『政策法務事典』（ぎょうせい、2008年）
　礒崎初仁「立法評価の理論」鈴木庸夫編『自治体法務改革の理論』（勁草書房、2007年）
　礒崎初仁「自治体立法法務の課題」ジュリスト1380号（2009年）
　磯部　力＝小幡純子＝斉藤　誠編『地方自治判例百選（第3版)』（有斐閣、2003年）
　宇賀克也『行政法概説Ⅰ（第3版)』（有斐閣、2009年）
　宇賀克也『地方自治法概説（第3版)』（有斐閣、2009年）
　内田　貴『民法Ⅱ（第2版）債権各論』（東京大学出版会、2007年）
　大島稔彦監修『法制執務の基礎知識―法令理解、条例の制定・改正の基礎能力の向上』（第一法規、2005年）
　大橋洋一『行政法Ⅰ　現代行政過程論』（有斐閣、2009年）
　大森政輔・鎌田　薫編『立法学講義』（商事法務、2006年）

大森　彌『新版・分権改革と地方議会』（ぎょうせい、2003年）
岡本三彦「直接請求制度の実態とイニシアティブのありかた」市民立法機構編『市民立法入門―市民・議員のための立法講座』（ぎょうせい、2001年）
神奈川県ホームページ内「条例の見直し」（http：//www.pref.kanagawa.jp/osirase/11/1108/minaoshi/index.html）
兼子　仁『自治体行政法入門〈法務研修・学習テキスト〉（改訂版）』（北樹出版、2008年）
兼子　仁＝北村喜宣＝出石　稔共編『政策法務事典』（ぎょうせい、2008年）
木佐茂男編著『自治立法の理論と手法』（ぎょうせい、1998年）
北村喜宣「先手必勝！―措置命令対象者の財産仮差押」『自治力の冒険』（信山社出版、2003年）、76頁以下
北村喜宣『分権改革と条例』（弘文堂、2004年）
北村喜宣『自治体環境行政法（第4版）』（第一法規、2006年）
北村喜宣＝礒崎初仁＝山口道昭編『政策法務研修テキスト（第2版）』（第一法規、2005年）
小林明夫「立法検討過程の研究（一）～（四・完）―自治立法学への試論」自治研究83巻8号・12号（2007年）、84巻2号・3号（2008年）
札幌地方自治法研究会著「議会による政策条例制定論―議員による政策条例提案の活性化に向けて」自治体法務ナビVol. 4（第一法規、2005年）
札幌地方自治法研究会（名塚昭・林雅洋）「住民参加の条例化論」自治体法務ナビVol. 7（第一法規、2005年）
塩野　宏『行政法Ⅰ（第4版補訂）行政法総論』（有斐閣、2005年）
静岡市ホームページ内「政策法務課」（http：//www.city.shizuoka.jp/deps/seisaku/index.html）
自治立法研究会編『市民立法―直接請求編』（公人社、2003年）
鈴木庸夫編『自治体法務改革の理論』（勁草書房、2007年）
須田春海「市民立法の考え方」市民立法機構編『市民立法入門―市民・議員のための立法講座』（ぎょうせい、2001年）
政策法務研究会編『自治体法務サポート―政策法務の理論と実践』（加除式）（第一法規、2008年追録）
世古一穂『市民参加のデザイン』（ぎょうせい、1999年）
高橋秀行『協働型市民立法―環境事例にみる市民参加のゆくえ』（公人社、2002年）
高橋秀行『市民参加条例をつくろう』（公人社、2004年）
田中孝男・木佐茂男『テキストブック自治体法務』（ぎょうせい、2004年）
千葉県ホームページ内「千葉県総務部政策法務課」（http：//www.pref.chiba.lg.jp/syozoku/a_bunsyo/index.html）

千葉　実「訴訟に耐え得る条例の制定等について」行政訴訟実務研究会『自治体法務サポート—行政訴訟の実務』(加除式)(第一法規、2008年追録)

津軽石昭彦＝千葉　実『自治体法務サポートブックレット・シリーズ—政策法務ナレッジ　青森・岩手県境産業廃棄物不法投棄事件』(第一法規、2003年)

中島　誠『立法学—序論・立法過程論』(法律文化社、2004年)

萩野　聡「行政法における比例原則」芝池義一＝小早川光郎＝宇賀克也編『行政法の争点(第3版)』(有斐閣、2004年)

松下啓一『協働社会をつくる条例』(ぎょうせい、2004年)

山口道昭「自治体法務のマネジメント」鈴木庸夫編『自治体法務改革の理論』(勁草書房、2007年)

山口道昭「自治立法を支える立法事実」兼子　仁＝北村喜宣＝出石　稔共編『政策法務事典』(ぎょうせい、2008年)

第2章
解釈・適用法務

第1節　概説——法令解釈と自治体職員

　「役所で法務というと小さな部署で注釈書や通達を眺めて人の施策の足を引っ張る仕事と理解され、静態的・防御的なつまらない仕事というのが通念」※と揶揄されるように、自治体職員・組織での「自治体法務」に対する認識はそれほど高いものとは言いがたい状況にある。自治体職員の人事異動の対象で一般に人気の高い業務としては政策・企画部門が主流であり、法務部署はやや敬遠される傾向にもあり、あげくの果てには法務を経験した職員には「頭が固い」とか「杓子定規だ」とか批判にさらされることになったりもする。

※阿部泰隆著『政策法務からの提言』（日本評論社、1993年）はしがき。ただし、この指摘は、阿部教授が政策法務の必要性を説く中でアイロニー的に述べたもの。

　しかし、その一方で、最近、多くの自治体で、政策課題の解決と法運用・制度化とを結びつけようとする「政策法務」への組織的・実務的な取組みがなされたり、自治体職員による自主的な法務の研究活動が行われたりする状況も出てきている。

　自治体行政では、何らかの問題に直面した場合、同じ状況下（制度下）でも、その解決に向けた対応が大きく異なることが見られる。その原因は様々

だろうが、著者は基本的には個々の職員・関係者が何かを感じ取ってそれを行動に移す「感性」のようなものが作用しているものと思っている。感性というと、個人的な素養や資質の寄与が大きいと思われがちだが、実は、自治体職員としてそれを磨いたり機能させたりするには、意外や「法務」の考え方・知識が大きな役割を担うのではないかとの「仮説」を立てているところである。

1　自治体窓口での法務

(1)　「いい人」になるためにクリアすべきこと

例えば、担当者も「法務」とは縁遠いと思っている「窓口事務」について、実は自治体法務が実践される重要な業務であって、その意味では、自治体行政の至るところに法務の考え方が存在し、入り込んでいるということを例を挙げて説明したい。

市町村行政の窓口として代表的なものに「公民館」があり、「公の施設」として自治体の提供するサービスの重要な役割を担っている。社会教育法により、公民館の設置の目的は「住民のために教育・文化事業を行い、住民の教養の向上等を図りもって生活文化の振興、社会福祉の増進に寄与する」(20条)とされ、設置者は主には「市町村」(21条1項)、「その設置及び管理に関する事項は条例で定めなければならない」(24条)ことなどが規定されている。

ある市の公民館の使用の承認に関する条例の規定とそれを受けた規則の規定で次のような条文があった。この規則によれば、使用の承認の申請は遅くとも使用日の5日前に申請しなければならないことになっている。

［公民館の管理条例・規則（抜粋）］

【条例】（施設の使用の承認）
　第○条　公民館の施設を使用しようとする者は、公民館長の承認を受けなければならない。

【規則】（施設の使用の申請）
　第△条　条例第○条の規定による施設の利用の承認の申請は、別記使用申請

書を提出して行わなければならない。
　2　使用申請書の提出は、使用しようとする日の5日前までに行わなければならない。

　ある音楽団体Aは、公民館で来週に控えたチャリティーコンサートで演奏曲を追加することになってその練習のため2日後に公民館の集会室を使いたいと思い立った。この「5日前」のことが気にはなっていたが、何とかならないかなと思って公民館にお願いに行った。窓口では次のような会話が交わされていた。

―――――[公民館の窓口で交わされた会話の一コマ]―――――
団体A「すみません。来週、公民館でコンサートをやるんですが、その演奏曲の練習をするため、公民館の集会室をあさって利用したいんですが……」
公民館「規則で5日前までに申請しなければならないことになっていますから、ダメです」
団体A「でもその日に集会室を利用する団体があるんですか」
公民館「利用団体があるとかないとかが問題じゃなくて、規則であらかじめ5日前までに申請しなければならないとされているんです。これは利用者も守ってもらわなければならないし、公民館でもそのように管理しなくちゃならないんです」
団体A「でも、空いてるとすれば、あさって私たちが利用すると何か公民館の方で支障があるんですか」
公民館「あなたの団体以外でも直前になって利用したいと考えた団体もいるかもしれません。そのような団体の中には申請期限が5日前ということで、申請をあきらめた団体がいるかもしれません。あなたの団体に対して特例的に貸してしまったら、そのような団体との関係で、不平等になってしまいます。私たちも規則を守って5日前までの受付をしなければならないので、規則違反になってしまいます」
団体A「えー、そうなんですか。がっかりです」

　さて、このような場合、公民館の窓口の担当者としては「空いているからいいですよ（でも他の人には内緒ですよ）」というのが「いい人」と見られたり

表2-2-1 もしも、あなたが公民館の担当者だったら？

公民館窓口での対応	研修会参加者	法学部生
貸出しの拒否はやむを得ない	33人（49%）	25人（45%）
他の人には内緒と口止めして貸し出す	26人（39%）	29人（51%）
その他・わからない	8人（12%）	3人（5%）
計	67人	57人

するかもしれない。

　しかしながら、そのようにできる根拠は何かというのがはっきりしていないと、今回のような「規則どおり」の対応でやむを得ないと考える人が多くなるのではと思う。この真面目な公民館の担当者が「いい人」になれないネックとしては「公民館側が規則違反をしてしまうこと」、「特例で貸し出した場合、他の団体との関係で不平等になってしまうこと」の2つにある。余談だが、ある市町村での研修会と大学の法学部の講義の際に、それぞれ担当者の立場だったらどう対応するか聞いたところ、表2-2-1のような結果が得られた。「他の人には内緒と口止めして貸し出す」のタイプには「申請書の日付を5日前に遡って書き直してもらう」という人もかなりいた。相対的にいうと、市町村の研修参加者の方がやや慎重で拒否はやむを得ないと考えている人が多かったようだ。

(2)「感性」と少しの「技術」があれば

　さて、それでは、どんなふうに考えればよいか。

　そもそも、公民館は、社会教育法にあるように「市民の生活文化の振興・社会福祉の増進」をはかるという大きな目的に沿って、運営され、そこで事業が展開されている。そしてそれを円滑に実現するための必要な基準として条例や規則が組み立てられていると考えられる。その基準としてはサービスの提供側、つまり公民館側の都合も考えなければならない、だからきちんとその手続を市民にわかりやすいようにしておく、これが規則の趣旨である。利用申請は5日前までにしてもらうことにしている理由についてはいろいろ考えられるが、例えば「申請者多数の場合にどの団体に貸し出すかという判断をする時間」、「その貸出に際しての機材や職員の体制の準備の期間」など

図2-2-1　公民館の「目的」や「準備の都合」の優先関係

> 生活文化の振興等＝施設を運営して事業を展開＞準備の都合で期間を確保

適切に使ってもらうための準備期間として確保しているのではないかと考えることができる。ということは「5日間の確保」というのは、目的を達成するための手段と位置付けられて、これらについての優先順位は図2-2-1のような公式で表現できることになる。

そうなると、「準備の都合」がクリアできれば、もっと大きな目標に向かって公民館を機能させるという方向にハンドルを切れるのではないか、そんなふうに考えるのはどうだろうか。

そんな気持ちになって、規則の規定をどう動かしていくか考えてみると、少し違ったふうにも読めることに気がつく。すなわち「5日前まで行わなければならない」のは「申請」であるが、「5日前までに提出された申請書でなければ受け付けてはならない」、「5日前までの申請に基づき公民館長は承認しなければならない」というように「承認」をいつまでにしなければならないということについては何も規定されていない。つまり、申請者側の義務はあるけれど、その義務が履行されないと公民館側がサービスを提供できないということでもないということである。つまり、必ずしも公民館の職員がこの「5日前」に縛られて「生活文化の振興等」を目指すことができないということはないわけなので、先ほどの公民館の人の1つめの心配「公民館側が規則違反」になってしまう点は解消されることになる。

次に2つめの心配の「他の団体との不平等」の問題であるが、「そっとお貸ししますよ。他の人には内緒にね」というやり方はやはり問題である。正々堂々とするには「基本的に適切な準備の期間を設けるため5日前までの申請をお願いしています。今回の場合は、当日空いていましたし、貸し出すための準備も問題ないことが確認できましたので、期限後の申請書の提出でしたが、団体Aさんの利用を承認しました。これからも規則どおりの申請は原則としてお願いしますが、住民の皆さんの適切な利用を図るといった公民館の機能を発揮させる上で特段の問題がないと確認できて、それが結果的

にサービスの向上につながるような場合には、個々具体的なケースに応じて臨機・弾力的な対応をさせて頂くことになると思いますが、ご理解頂きたいと思います」というような説明をすることでどうだろうか。

それでも「そんなふうに対応するんだったら、自分のところも団体Aのようにしたのに」といわれるかもしれない。それはそれで「申し訳ありません」というしかないが、でも、そんなに悪いことをしたわけじゃない、というより公民館側の意気込みを説明できたのでちょっとした充実感があったりするかもしれない。

ちなみに、団体Aに対して承認した場合に、他団体に損害が生じてその賠償を求められるとか、他団体から団体Aへの承認の取消しを求める不服申立てや行政訴訟などを提起されることもあり得ないわけではないが、他の団体において守られるべき法律上の利益が侵害されるといったことまでにはならないのではないか。逆に、団体Aに対し「5日前までに申請がなかったからダメ」と使用を断った場合についても規則で相手方に義務を課しているわけなので、その5日間の設定の理由をちゃんと説明することができれば、公民館側が不当なことをしたということにもならないだろう。つまり、「ダメダメ」といって貸し出さないこともできるが、「他の人には黙っててね」という必要もなく正々堂々「いいですよ」といって貸し出すこともできるということである。

いずれにしても、「公民館の機能を発揮させたい」という「感性」と少しの「技術」（今回は法令というよりも日本語を読む力と論理的な説明の仕方）さえあれば、親しまれる公民館として住民と気持ちよい関係を築けるのではないだろうか。

自治体法務の運用はかなり幅があって、それを動かして住民の満足度を高めたり、いい仕事をしたりするためには、その幅を十分認識して「技術」を磨くことが必要で、それが結果として何かを判断する「感性」を磨くことにつながるのではないか、そして「前向き」とか「やる気」といった私たちがものに取り組む姿勢や気持ちとは無関係と思われがちな「法務」は、実は密接に関係していてこれらに基づく行動を助けてくれる重要な道具なのではな

図2-2-2　法務の「技術」が「感性」を補強するイメージ

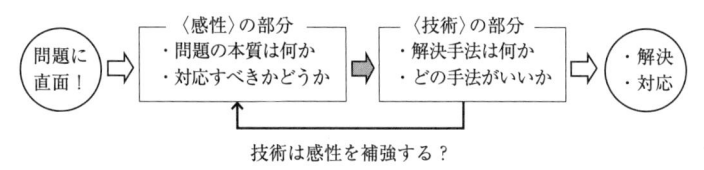

　問題に直面！ → 〈感性〉の部分
・問題の本質は何か
・対応すべきかどうか
→ 〈技術〉の部分
・解決手法は何か
・どの手法がいいか
→ ・解決
・対応

技術は感性を補強する？

いか、といったことが冒頭述べた「仮説」で、図2-2-2のようなイメージである。

　さて、もちろん、このようなことで団体の人も公民館の人も悩まないようにするには、規則の「使用しようとする日の5日前までに行わなければならない」の次に「ただし、館長が公民館の支障がないと認めたときは、この限りでない」、「ただし、当該期間に申請書の提出がなかった場合は、その期間終了後も館長が必要と認める期間まで申請書を提出することができる」などの規定を置いておくことがよかったのはいうまでもないことであるが、制度を運用している中で問題に気づき、その改善を現実のものにするということも「感性」と「技術」の問題の範疇になるものであろう。

【コラム5】「やらないか、やるか」それが問題！

　自治体で長年仕事をしていると（自治体に限らずいろいろな職場で共通かもしれないが）、職員は大きく2とおりに分かれることがわかる。何をするにでもまず、「えー、私がやるんですか。それは難しい。やっても意味がないですよ」という職員群（Aグループ）と、「はい、わかりました。やってみましょう。こう考えればできるかもしれないな」という職員群（Bグループ）である。

　Aグループを細分化すると、ただ単に自分の仕事として面倒なことには巻き込まれたくないという負のオーラを発しまくっている職員（A①）と、「これこれだから、それはできない、やるとこんな問題が生じてしまうからやらない方がいい」といったように、自分の意見ないし見解をちゃんと持っている職員（A②）とに分かれる。

　もちろん、上司や同僚としては、Bグループの職員がたくさんいた方がいいに決まっているのであるが、現実には、絶滅危惧種まではいかないが少数派であり、7割方がAグループ又はその予備軍である。A①は別の育成（あるいは

転職）プログラムが必要であり、これは別にするとして、もったいないのはA②の職員である。

　自分の言葉で語れるのであるから、少し考え方の方向性や取り組みの姿勢を上司や周りの人間が何らかの形で示唆することで、その後の展開が大きく変わってくるのではないだろうか。私見であるが、その示唆する材料・ツールが本論で述べている技術としての自治体法務ではないかと考えている。

　個人的な印象であり、確率を検証はしていない（できないかもしれない）が、5割を超える職員が「まずはやってみよう」と考えることさえできれば、自治体を取り巻く課題の多くは解決してしまうのではないか、そして、職場自体も生き生きとした明るいものに生まれ変わり、それぞれの職員がその持てる能力を最大限発揮し、幸せを感じながら（ここまでは無理？）公共サービスを推進することのできるような環境に変わるのではないかと考えている。これについての検証（自治体法務知識との因果関係を含む）の仕方を開発？することに取り組んでいる今日この頃である。

2　積極果敢に困難に立ち向かう技術としての法務

　次に、自治体職員として、何とかしようとする気概をもって法律をある意味、都合よく解釈することで、結果的に問題がうまくクリアされることもあり得る。具体的な実例を示して説明しよう。

(1)　1億円を要するアスファルト岩盤問題

　関西某県のA市では、山間部に全体約100ヘクタールの工業団地の造成・分譲を三十年来行ってきた。そのうちの10ヘクタールを所有していたB社は在京の上場企業で、地元企業をその下請けとして化学工業品の精製・出荷を手がけていたが、景気低迷や地元企業との取引上のトラブルもあって21年ほど前（現在は2007年とする）に撤退し、その際に市がその土地を買い戻した。その後、A市ではその土地を公募分譲しようとしたが、まったく買い手がつかず、財政難のため管理費用もままならず、雑草も生い繁り、荒れ放題の土地になっていた。

　最近、景気も回復して製鉄会社・C社がその土地に立地することになり、10ヘクタールのうち、第1期として5ヘクタールの分譲を受け（2007年1月、15億円で契約）、2年後に第2期としてさらに5ヘクタールの契約をすること

になった。

　ところが、C社が、工場建設のための掘削をしたところ、何か堅いものにぶつかり、ボーリング調査をしてみると、地中1メートルから2メートルの深さで、最大で幅100メートル、奥行40メートルにわたってアスファルトの塊のような岩盤があることがわかった。C社としては、このままでは工場建設ができないとして、A市に対して岩盤の撤去をするか、損害の賠償をするよう求めてきた。

　A市の企業誘致担当のX課長は、「この岩盤はB社の仕業に違いない、B社には土地売買の瑕疵担保責任があるはずだ」と考えた。今は、県内から撤退し、A市とのつきあいはまったくなくなっていたB社であるが、X課長は、B社の関西支社に連絡を入れて、その総務部長や担当者に現場確認をしてもらって、その場で会議の席を持ち「B社が事業活動をしていたこの土地で見つかった岩盤であり、何らかの対応をお願いしたい」と申し入れた。ところが、B社の回答は次のようにつれないものだった。

【B社関西支社総務部長の回答】

　すでに当社の撤退後21年も経過しており、担当者も退職しています。当時の事業記録によるとその土地で確かに地元の企業と一緒に工業品の精製をしておりましたが、ちゃんとしたプラントを設置して製造・出荷しており、少なくとも当社ではそのような岩盤の発生するような活動はしていません。万が一、当社の事業活動によるものとしても、21年前の市への譲渡契約書によれば「現状のまま引き渡す」とされていること、また、瑕疵担保責任は「瑕疵を見つけた時から1年」、判例によると「引渡時から10年」とされており、ましてや不法行為責任など法律上の責任もありません。A市さんには大変お世話になっており、恐縮ですが、ご理解をいただきたいと思います。

　X課長は、「そんなはずはない。民法566条には『損害賠償の請求は買主が事実を知った時から1年以内』と書いてあり、引渡時から10年なんてどこにも書いてないはず」と考え、法規を担当する総務課に問い合わせた。ところが、法規係が判例の検索システムを使って確認すると次のような最高裁判例（最〔3小〕判平成13年11月27日民集55巻6号1311頁）があり愕然と……。

----【瑕疵担保責任による損害賠償請求権の時効】----

　瑕疵担保による損害賠償請求権には除斥期間（事実を知った時から1年）の定めがあることをもって、民法167条1項（債権の消滅時効〔10年〕）の適用が排除されると解することはできない。買主が売買の目的物の引渡しを受けた後であれば、遅くとも通常の消滅時効期間の満了までの間に瑕疵を発見して損害賠償請求権を行使することを買主に期待しても不合理でないと解されるのに対し、消滅時効の規定の適用がないとすると、買主が瑕疵に気付かない限り、買主の権利が永久に存続することになるが、これは売主に過大な負担を課するものであって適当といえない。したがって、瑕疵担保による損害賠償請求権には消滅時効の規定の適用があり、この消滅時効は、買主が売買の目的物の引渡しを受けた時から進行すると解するのが相当である。売主による消滅時効の援用が権利の濫用に当たるとの買主の再抗弁等についてさらに審理を尽くさせるため、本件を原審に差し戻すこととする。

　X課長が、この岩盤の撤去・処理を業者に見積もってもらったところ、なんと、約1億円を要することが判明した。また、B社と共同で事業を行っていた地元企業はすでに倒産し、関係者の存在、消息はまったくつかめていない状況であり、それに追い打ちをかけるようにC社からは「工場建設の工期・スケジュールが迫っており、市としてどう対応するか示してほしい。それによっては第2期の立地の再検討はもちろん、今回の契約の解除・撤退も検討せざるを得ない」と厳しく要求されてしまった。

　問題の状況を簡単に図に示すと、図2-2-3のとおりである。

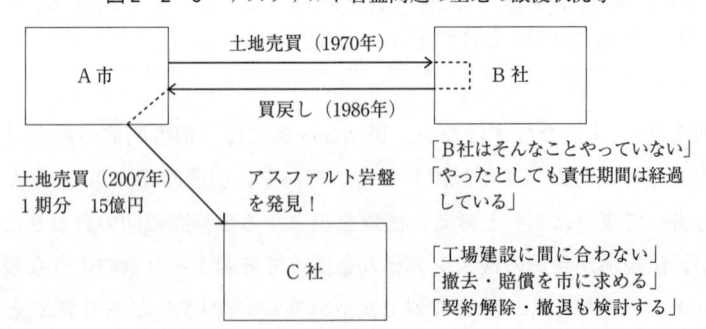

図2-2-3　アスファルト岩盤問題の土地の譲渡状況等

```
                土地売買（1970年）
   ┌─────┐ ──────────────→ ┌─────┐
   │ A市  │                       │ B社  │
   │     │ ←────────────── │     │
   └─────┘    買戻し（1986年）     └─────┘
      ╲                          「B社はそんなことやっていない」
       ╲                         「やったとしても責任期間は経過
        ╲                          している」
  土地売買（2007年）  ┌─────────┐
  1期分　15億円      │アスファルト岩盤│
                    │を発見！      │
                    └─────────┘
                    ┌─────┐
                    │ C社  │    「工場建設に間に合わない」
                    └─────┘    「撤去・賠償を市に求める」
                                「契約解除・撤退も検討する」
```

(2) 問題解決のための整理と法務

八方ふさがりになったX課長は、担当の部下のY係長とZ主任を呼んで、対応を検討したが、以下のとおりであった。

X課長「みんなどうすればいいと思う？」
Y係長「C社の２期立地でさらに15億円入るわけですから、それで市で撤去すればいいんじゃないですか。早く決着つけないと市の対応が批判されますよ」
X課長「そうだよな。これからC社とは長いつきあいがある。C社の立地のじゃまになるようなことになっても問題だからな」
Z主任「でも、仮に最終的に市が負担するとしてもそんなに簡単に１億円の支出なんて問題ですよ。何かできるはずですよ、みんなで考えてみましょうよ」
Y係長「じゃどうするんだ？ B社だって業界大手だ。そう簡単に勝ち目はないぞ」
Z主任「ちょっと考えてみますよ」

Z主任には法務を専門に担当したこともなく、勝算があるわけではなかったが、以前、読んだ本で、「時効にかかった取りすぎ税金をどう返すか」という問題で、「取りすぎの税金」を賠償金や補助金と見ることによって時効を延ばせたりすることができるということ※が頭の隅にあった。

　　※阿部著『政策法務からの提言』（前掲）194頁。課税の誤りで取りすぎてしまった税金の債務を地方税法の５年の除斥期間を経過した後にどう返すかについて、①違法な課税処分をした公務員の故意・過失を理由とする国家賠償請求（20年の除斥期間まで支払い可能）として組み立てる方法や、②課税の誤りは行政に対する信頼を損なったものであり信頼確保と納税者の不利益を補填することが「公益性」（自治法232条の2）を満たすものとして補助金として支出する方法などが紹介されている。

そこで、Z主任は、ひとまず、今回の問題に関係する法的な責任を表２-２-２のように、整理した。

次に、Z主任は、この表を念頭に置きつつ、丸２日間、民法の参考書や判例等を調べに調べて考え、次のような結論に行き着いたのである。

表2-2-2　売買等をめぐる3つの責任の相違

	瑕疵担保責任	債務不履行責任	不法行為責任
条文	民法570条・566条ほか	民法412条・415条ほか	民法709条ほか
典型的な ケース	引渡を受けた商品に隠れた瑕疵が見つかって契約目的が達成できない	契約の債務に基づく履行をしない——履行遅滞、履行不能、不完全履行の3形態	故意又は過失により他人の権利・利益を侵害する——事件、事故が典型例
損害賠償 請求期間	瑕疵を知った時から1年 （引渡時から10年）	契約時から10年	損害・加害者を知った時から3年、不法行為時から20年
過失等の 立証責任等	債務者が無過失であっても成立	債務者が自分に過失責任がないことを立証	被害者が加害者の故意・過失を立証

「先ほどの判例をよく読むと最後には『瑕疵担保責任の時効を援用することが権利の濫用に当たる』場合もあると読める。B社が仮に今回の原因をつくっていたとしたら、そんな立場で援用するのは少しおかしいんじゃないか。ちょっと一言、いっておく必要があるのでは。そして、B社の事業活動が原因だと仮定すれば、自分がどんな活動をしていたかをちゃんと調べて、市に迷惑をかけないような注意が必要だったはず。それを怠ったことは『過失』に該当し、土地を通常に利用しようとする権利を『侵害』し、市がC社から損害賠償を求められるなど『損害』も発生しているから『不法行為責任』も成立するんじゃないか。契約だから不法行為は除外されるということは条文を読む限りないはずだ。ただ、すでに土地の引渡から21年も経過し、不法行為の除斥期間20年を過ぎているがこれをどうするかだ。『岩盤は埋められてから今日までずっと通常の土地利用を侵害し続けている』わけだから不法行為は続いていると考えられないか。判例の中には『損害』の発生時点が除斥期間の起算点になるとの判決もある※。」

※「身体に蓄積した場合に人の健康を害することとなる物質による損害や一定の潜伏期間が経過した後に症状が現れる損害のように当該不法行為により発生する損害の性質上、加害行為が終了してから相当の期間が経過した後に損害が発生する場合には当該損害の全部又は一部が発生した時が除斥期間の起算点となる」とした最高裁判決（平成16年4月27日・筑豊じん肺事件、平成16年10月15日・関西水俣病国家賠償事件）がある。ただし、今回の土地の譲渡などの経済行為にこ

の健康被害の法理を適用できるか、また、本文にある「岩盤の存在が権利を侵害し続けている」との主張については賛否双方の立場から様々な意見があると思われる。

というわけで、Z主任としては、「『瑕疵担保責任の時効援用は権利濫用』に一言＋『不法行為責任』の追及」の「合わせ一本」で行こうと決断したのである。

契約上のトラブルの多くは、表2-2-2の3つの責任の組み合わせで説明できるのではないかと思うが、自治体はその広範な活動に際して債権者（被害者）側、債務者（加害者）側双方の立場になるので、職員としてもそのあた

図2-2-4　Z主任がB社に向けて書いた「思いの丈」の文書

平成19年○月○日

B株式会社　御中

○○市長　○○○○

貴社から譲り受けた土地で発見されたアスファルト岩盤の撤去の対応について

　常日頃から市行政には多大なるご協力をいただいており、感謝申し上げます。
　さて、貴社から昭和61年○月○日付けで譲り受けました用地（○○市○○番地）の地中1メートルに大規模なアスファルトの岩盤が発見され、先日、貴社担当者様の立会いのもと現地を調査したところです。
　ご承知のとおり、当該岩盤のため当該地では通常の土地利用が著しく困難な状況になっており、市が先般、当該地を譲渡した企業及び市としても大変苦慮しているところです。
　市といたしましては、今回の事案についてはその状況から貴社の事業活動に伴い発生したものと判断せざるを得ないものと考えており、これに伴って、譲渡先の企業から市に対する損害賠償請求等の申出がなされ、また、当市の新たな土地取引に著しい支障が生ずるのはもちろんのこと、今後、総合計画等に基づき市が積極的に展開することとしている企業誘致や地域振興を進めるうえで、多くの関係者の信頼を大きく損ねる事態が想定されるところであります。また、企業立地策の推進は市として安定的に行政運営・行政サービスを提供していくうえで非常に貴重な施策であり、今回の事案の市への損害は計りしれないものとなっております。
　このような状況において貴社が瑕疵担保責任の消滅時効を援用しようとすることについては甚だ遺憾であり、当市としては強く異議を申し立てるほか、通常の土地利用ができない状態をつくり出しているというB社の不法行為が現時点でも継続しているものとも認識しており、この責任に基づく措置も視野に入れて厳に対応せざるを得ないものと思慮しております。
　貴社におかれましては、以上の趣旨を十分ご理解いただき、適切な対応を講じていくださるよう改めて深くお願いいたします。

りの論理の組立てを頭の中で整理して対応を検討することが必要になるであろう。

次の問題は、これをどうやってB社に伝え、認めさせるかということであるが、市としての「思いの丈」を明確に文書として作成し、B社にぶつけてみようと考えた（図2-2-4）。

さて、この文書をB社に送付した結果、どうなっただろうか。

この文書を受け取ったB社の総務部長は、すぐにA市に電話をかけてきて、「ちょっと待ってください。本社に相談しますから」とのことであった。実は、総務部長は関西支社限りで判断していて、このことを本社に伝えていなかったようである。そうするとその日のうちに本社の営業本部長から次のような電話があった。「このたびはご迷惑をおかけしました。当社としても全く責任を回避する訳ではありません、市のおかれているお立場もよくわかります。そういった趣旨で当社としても誠意ある対応をさせていただきます」ということで、何とB社の全額負担で関連会社がすべてこの岩盤を処理することとなったのである。

A市にとっては願ったりかなったりということになったのであるが、市長名の文書を出したことで、B社への要求はX課長個人の考え方から市長、市全体の考え方にレベルアップし、もっといえば議会、市民全体がその文書のバックにいるような錯覚をB社にもたらすような効果があったのであろう。B社としても支社限りの対応だったのが、市から受け取った文書をそのままファックスすることで臨場感付きで本社にあげることができたのかもしれない。

Z主任の法的な整理・結論が最終的に正しいかどうかはいろいろ意見があるであろうが、窮地に立った自治体の担当者としては関係ある文献等により論理を組み立てて、「こんなことも考え得る」といった整理は必ず必要となってくるのである。そんな気持ちで、取組みを続けていく中で突然、何かが動き出すということもあるわけである。つまり、今回、B社が大きく態度を変えたのは、純粋な「法的な主張」というよりもA市の「姿勢」、すなわち、自治体の貴重な財源・財産を守るために少しでも可能性があればそれをとこ

とん追求し、きちんと整理して、相手に「市は本気だ」ということを伝える「姿勢」だったのではないだろうか。そのための材料が法務の力であり、それを背景とした文書がその力を発揮したものと思われる。

3 まとめと本章のねらい

以上、窓口をはじめとして自治体の職務の至るところに必要な法務の場面があること、また、困難な事例にも立ち向かう姿勢によりある程度解決ができるものがあること、そしてそれぞれの局面で、感性、姿勢ということが重要であるが、その際に法務の技術がそれを上手く機能させる原動力になるのではないかということを論じた。

この章では、様々な実態的論点から自治体の法令解釈による政策法務の諸相を述べることとしたい。

まず、第2節では、法令解釈の実態的な論点のうち、通則的な整理として、自治体の自主的解釈の可能性の考え方、そして、適切な権限行使や政策変更における解釈のあり方などについてを議論する。

次に第3節では、個別的な論点として、他の章との重複を避ける意味で、人事管理と公の施設の管理の2分野に絞って、その法令解釈の考え方の可能性を示唆することとしたい。

そして、第4節では、通則的な整理に属するが、特に自治体の実務の中で念頭に置くべき行政手続を節を分けて整理したい。

第2節　実態的論点Ⅰ

1　自治体による法令の自主解釈

旧機関委任事務においては、国が上級行政庁、自治体が下級行政庁という関係から、法令についての解釈も、国が通達で一方的に示す（これを「通達行政」と呼ぶ）ことが行われていた。

しかし、2000年の自治法改正により、国と自治体は対等・協力関係となったので、当該法令や条文に対し、自治体は国と異なった解釈を行い、その

政策課題の解決をはかることが可能となった（一般の民事と同様に、争訟となり最終的には裁判所の判断にまかされることは当然である）。

　2つの例から見てみることとしよう。まず1つは、茨城県水戸市内に業者Aが産業廃棄物の安定型最終処分場を計画した例を見てみよう。このケースで県は不許可処分を廃棄物処理法により行った。当時国は（この法律は当時は厚生省、現在は環境省が所管している）、法令上の要件が充足した場合、必ず許可を出すべきであり、自治体には裁量権はないとの解釈を示していた（札幌高判平成9年10月7日判時1659号45頁）。しかし、県は、同様の解釈を国が示している法令、例えば、食品衛生法や道路法などを精査した結果、ほぼ2つの類型に条文のパターンが集約されることを根拠として不許可処分を行っている（1996年12月）。その1つのパターンは「法令」上の要件が充足された場合「許可を与えなければならない」というものであり、もう1つのパターンが、法令上の条件が充足されるまでは「許可を与えてはならない」というものだった。知事部局で扱う法令のほとんどが前者のパターンであり、廃棄物処理法は例外的に後者のパターンであった。後者が例外的であるということは、例外ケースに対応を認めたものであり、「与えてはならない」にウェイトを置いて解釈し、県（知事）には不許可にする裁量権があると解釈した。

　その後、住民対業者との民事事件ではあるが、平成19年11月29日東京高等裁判所（判例集未登載）は、現行法令が水源地保全につき不備があることを理由に建設の差止を認容した（2007年11月30日朝日新聞）。その後、平成20年5月27日、最高裁第3小法廷（藤田宙靖裁判長）は、業者Aの上告に対し上告不受理を決定した。

　次に千葉県の事例を見てみよう。1999年4月千葉県は、産業廃棄物の管理型処分場の設置許可申請を行ったBに対し浸出水の処理を前例のない装置で行う予定であることを理由に不許可処分を行った。Bが国に対し行政不服審査法上の不服申立を行い、国は裁定的関与として不許可処分を取消したので、県はそれに従い許可処分を行い、この許可処分に対し、付近住民が行政事件訴訟法に基づき取消訴訟を提起した。ところで、2000年に、廃棄物

処理法は、15条の2第1項3号及び同施行規則第12条の2の3第2項で、改正により設置許可を要件として経理的基礎を加えた。千葉地判平成19年8月21日判時2004号62頁は、原告適格を肯定した上で、経理的基礎を欠くことを主要な理由として許可処分を違法と判示した。

その後2007年10月24日千葉県知事は、処理施設の立地基準につき「周辺施設について適正な配慮がなされている」としているのみの基準は不明確であるとして、控訴審である東京高裁に意見書を提出している（2007年10月24日毎日新聞夕刊）。

なお、国の裁定的関与に基づく千葉県の許可処分は、2000年改正法施行日後の2001年3月13日付で行われている。

以上のケースを法令解釈権の側面から分析してみよう。さて、周知のように行政訴訟では違法判断の基準時という問題があり、処分時説と判決時説が対立しているが、それぞれの説には例外も認められ相対化していると考えてよいであろう。そこで、この行政訴訟での発想を転用し、2001年3月13日付処分において、1999年の原処分後の2000年法改正での経済的基礎の欠如を理由に、不許可処分にする道もあったのではなかろうか。現に、付近住民がBに対し建設差止を求めた民事訴訟は、請求を認容するにあたり判決時説を採っていると考えられる（千葉地判平成19年1月31日判時1988号66頁）こと、行政不服審査での拘束力は、2000年改正法が予定しているエリアには及ばないこと、実質論としては、国民の生命や健保にかかわる技術法令については、直近の改正法によりそれを守ることにも合理性があり得ることから、不許可にも合理性がありそうである。

また、知事の意見書で示されているように、設置基準が不明確であった場合、2001年処分時にそれを逆利用し、その中に、事実上、2000年改正法の内容を読み込み、それこそ訴訟での理由の差替えの法理を利用し、不許可処分を再度行う可能性を検討してみてもよかったであろう。

なお、東京高判平成21年5月20日（現段階で判例集未登載）は、2000年改正法を適用すべきであったことを主要な理由として、千葉県の控訴を棄却した。

2 不作為の行政責任
(1) 行政庁の権限不行使

　行政の活動については、課税処分や営業許可申請に対する拒否処分など行政庁の作為について、その取消しや損害の賠償が争われることがあるが、行政庁が行使すべき権限を行使しない不作為が問題とされる場合もある。行政庁の不作為が問題となるようになった背景には、現代における社会状況の複雑化や高度に技術が発達したことにより、特に環境問題や消費生活などで見られるように私人間で解決をはかることが困難な事態が生ずることとなり、その解決のために行政の積極的な介入が期待されるようになったことが挙げられる。このように行政の役割が変化した結果、権限の不行使も一定の場合には違法と判断される場合があるが、権限の不行使が即違法との評価を受けるのではなく、一般的には、（ⅰ）規制権限の行使には通常行政庁に裁量の余地が認められるが、（ⅱ）行政庁に作為義務が生ずる状況にあり、（ⅲ）その作為義務に違反したため、権限の不行使が違法とされるのである。

　行政庁の権限不行使については、これまで主として国家賠償請求訴訟として問題となってきたことから、本章においては、行政庁の権限不行使と国家賠償について概観したい（なお、本章においては、行訴法3条5項にいう、行政庁が法令に基づく申請に対し、相当の期間内に何らかの処分又は裁決をすべきであるにかかわらず、これをしないことについての違法の確認を求める訴訟である「不作為の違法確認の訴え」については対象としない）。

　行政庁の権限不行使と国家賠償法上の違法性について、これまで最高裁においては、権限の不行使が著しく合理性を欠くか否かによって判断されてきたといえる。これは、宅建業者監督責任賠償事件（最〔2小〕判平成元年11月24日民集43巻10号1169頁）において示された、行政庁に「処分権限が付与された趣旨・目的に照らし、その不行使が著しく不合理と認められるときでない限り」権限の不行使は国家賠償法1条1項の適用上違法の評価を受けるものではない、という判断基準によるものであるが、この基準に照らし、国家賠償の要否について判断されたいくつかの具体例を紹介したい。

　① 権限不行使が違法ではないとされた事例

ア　宅建業者監督責任賠償事件（最〔2小〕判平成元年 11 月 24 日民集 43 巻 10 号 1169 頁）

　宅建業者の不正行為によって損害を被った者が、知事が当該宅建業者に対して宅地建物取引業法の業務停止処分・免許取消処分等の監督権限を怠ったことなどが違法であるとして、国家賠償法 1 条 1 項に基づく損害賠償を請求した事案であり、最高裁は以下のように判示した。

　業務の停止や免許の取消しは、当該宅建業者の営業継続を不能にし、既存の取引関係者の利害にも影響の大きいものであるが、業務の停止等については、「処分の選択、その権限行使の時期等は、知事等の専門的判断に基づく合理的裁量に委ねられているというべきである。したがって、当該業者の不正な行為により個々の取引関係者が損害を被った場合であっても、具体的事情の下において、知事等に監督処分権限が付与された趣旨・目的に照らし、その不行使が著しく不合理と認められるときでない限り、右権限の不行使は、当該取引関係者に対する関係で国家賠償法 1 条 1 項の適用上違法の評価を受けるものではないといわなければならない。」

　本件においては、担当職員が当該業者と被害者との交渉の経過を見守りながら被害者救済の可能性を模索しつつ行政指導を続けてきたことなどから、業務停止等の監督権限の不行使について国家賠償法 1 条 1 項の違法性はないとされた。

イ　クロロキン薬害事件（最〔2小〕判平成 7 年 6 月 23 日民集 49 巻 6 号 1600 頁）

　クロロキン製剤の副作用によりクロロキン網膜症に罹患した患者及びその家族が、厚生大臣がクロロキン製剤についてクロロキン網膜症の発生を防止するために適切な措置を採らなかったことなどの違法を主張して、国家賠償法 1 条 1 項に基づき損害賠償を請求したものであり、最高裁は以下のように判示した。

　厚生大臣が、医薬品の副作用による被害の発生を防止するために薬事法上の諸権限を行使するには、「問題となった副作用の種類や程度、その発現率及び予防方法などを考慮した上、随時、相当と認められる措置を講ずべきも

のであり、その態様、時期等については、性質上、厚生大臣のその時点の医学的、薬学的知見の下における専門的かつ裁量的な判断によらざるを得ない。」

そのため、「医薬品の副作用による被害が発生した場合であっても、厚生大臣が当該医薬品の副作用による被害の発生を防止するために前記の各権限を行使しなかったことが直ちに国家賠償法1条1項の適用上違法と評価されるものではなく、副作用を含めた当該医薬品に関するその時点における医学的、薬学的知見の下において、……薬事法の目的及び厚生大臣に付与された権限の性質等に照らし、右権限の不行使がその許容される限度を逸脱して著しく合理性を欠くと認められるときは、その不行使は、副作用による被害を受けた者との関係において同項の適用上違法となるものと解するのが相当である。」

本件については、「当時のクロロキン網膜症に関する医学的、薬学的知見の下では、クロロキン製剤の有用性が否定されるまでには至っていなかったものということができる。」したがって、権限の不行使が、「その許容される限度を逸脱して著しく合理性を欠くとまでは認められず、国家賠償法1条1項の適用上違法ということはできない。」

② 権限不行使が違法とされた事例

ア 筑豊じん肺事件（最〔3小〕判平成16年4月27日民集58巻4号1032頁）

筑豊地区に存在した炭鉱で粉じん作業に従事したことによりじん肺にり患したと主張する者又はその承継人が、国がじん肺の発生又はその増悪を防止するために鉱山保安法に基づく規制権限を行使することを怠ったことが違法であるなどと主張して、国家賠償法1条1項に基づく損害賠償を求めた事案であり、最高裁の判示は以下のようなものであった。

鉱山保安法の目的、同法の各規定の趣旨にかんがみると、「同法の主務大臣であった通商産業大臣の同法に基づく保安規制権限、特に同法30条の規定に基づく省令制定権限は、鉱山労働者の労働環境を整備し、その生命、身体に対する危害を防止し、その健康を確保することをその主要な目的として、できる限り速やかに、技術の進歩や最新の医学的知見等に適合したものに改

正すべく、適時にかつ適切に行使されるべきものである。」

　昭和34年頃には、炭鉱労働者のじん肺り患の深刻な実情が明らかとなり、じん肺に関する医学部会の意見が公表されたことなどから、「通商産業大臣は、遅くとも、昭和35年3月31日のじん肺法成立の時までに、前記のじん肺に関する医学的知見及びこれに基づくじん肺法制定の趣旨に沿った石炭鉱山保安規則の内容の見直しをして、石炭鉱山においても、……有効な粉じん発生防止策を一般的に義務付ける等の新たな保安規制措置を執った上で、鉱山保安法に基づく監督権限を適切に行使して、上記粉じん発生防止策の速やかな普及、実施を図るべき状況にあったというべきである。そして、上記の時点までに、上記の保安規制の権限（省令改正権限等）が適切に行使されていれば、それ以降の炭坑労働者のじん肺の被害拡大を相当程度防ぐことができたものということができる。

　本件における以上の事情を総合すると、昭和35年4月以降、鉱山保安法に基づく上記の保安規制の権限を直ちに行使しなかったことは、その趣旨、目的に照らし、著しく合理性を欠くものであって、国家賠償法1条1項の適用上違法というべきである。」

　イ　関西水俣病国家賠償事件（最〔2小〕判平成16年10月15日民集58巻7号1802頁）

　水俣病の患者であると主張する者又はその承継人が、国や熊本県は水俣病の発生及び被害拡大の防止のために規制権限を行使することを怠ったことにつき国家賠償法1条1項に基づく損害賠償責任を負うなどと主張して、国及び熊本県に対し、損害賠償を請求した事案であり、最高裁の判示は以下のようなものであった。

　水質保全法及び工場排水規制法に基づく工場排水規制の権限は、「当該水域の水質の悪化にかかわりのある周辺住民の生命、健康の保護をその主要な目的の一つとして、適時にかつ適切に行使されるべきものである。」

　昭和34年11月末の時点で、国は、多数の水俣病患者が発生し、死亡者も相当数に上っていることを認識していたことなどから、同年12月末には、通商産業大臣は、規制権限を行使して、工場排水の処理方法の改善や「施設

の使用の一時停止その他必要な措置を執ることを命ずることが可能であり、しかも、水俣病による健康被害の深刻さにかんがみると、直ちにこの権限を行使すべき状況にあったと認めるのが相当である。また、この時点で上記規制権限が行使されていれば、それ以降の水俣病の被害拡大を防ぐことができたこと、ところが、実際には、その行使がされなかったために、被害が拡大する結果となったことも明らかである。

　本件における以上の諸事情を総合すると、昭和35年1月以降、水質二法に基づく上記規制権限を行使しなかったことは、上記規制権限を定めた水質二法の趣旨、目的や、その権限の性質等に照らし、著しく合理性を欠くものであって、国家賠償法1条1項の適用上違法というべきである。」

「熊本県知事は、水俣病にかかわる前記諸事情について……国と同様の認識を有し、又は有し得る状況にあったのであり、同知事には、昭和34年12月末までに県漁業調整規則32条に基づく規制権限を行使すべき作為義務があり、昭和35年1月以降、この権限を行使しなかったことが著しく合理性を欠くものであるとして、上告人県が国家賠償法1条1項による損害賠償責任を負うとした原審の判断は、同規則が、水産動植物の繁殖保護等を直接の目的とするものではあるが、それを摂取する者の健康の保持等をもその究極の目的とするものであると解されることからすれば、是認することができる。」

　③　判例に対する評価

　上記4つの事案において、行政庁に「監督処分権限が付与された趣旨・目的に照らし、その不行使が著しく不合理と認められるとき」という同様の判断基準に依拠したにもかかわらず、国家賠償法上の違法性の判断について結論が分かれているのはどのような理由によるものであったのであろうか。

　権限不行使が違法ではないとされた事例においては、どちらも権限行使について行政庁に裁量が認められていることが強調されており、①アでは行政庁が問題解決のための措置を講じていたこと、①イでは、当時においては製剤の有用性が否定されるまでには至っていなかったことなどを理由に、「監督処分権限が付与された趣旨・目的に照らし、その不行使が著しく不合理と

認められるとき」とはいえないとして、違法性が否定されている。ただし、①イについては、製剤の有用性が否定されていることについて、当時においてすでに認識し得る状態にあったとの批判もあるところである。

他方、権限不行使が違法とされた事例においては、法令に基づく規制権限の行使が人の生命、健康の保護を目的としてなされるものであること、健康被害の危険性をすでに認識し得る状況にあったことなどが国家賠償が認容された理由として挙げられる。

特に注目すべきは、②イにおける熊本県の責任について、県規則の直接的な目的——水産動植物の繁殖保護等——だけでなく、究極的な目的——水産動植物を摂取する者の健康の保持等——を達成するために権限行使がなされるべきとされた点である。このように、法令の目的が柔軟に解されることについて、その射程は慎重に判断されるべきとの見解もあるが、近時の抗告訴訟における原告適格の解釈とも類似する点があるとの指摘もなされている。

(2) **行政庁の権限不行使と国家賠償法上の違法性**

以上概観してきたように、行政庁の権限不行使が国家賠償法上違法とされる前提としては、規制権限の行使について、各法令の主要な目的を達成するために、行政庁に作為義務が生ずるとされることが挙げられる。そこで、各法令が、利益を侵害されている国民・住民の保護をその主要な目的としているかがまず検討されるべき点であろう。例えば、②ア、イのように、法令が労働者や周辺住民の生命、健康の保護をその主要な目的としている場合には、それらを保護するために法令に基づく規制権限が適時・適切に行使されるべきとの帰結が導き出されるのである。なお、②イにおける熊本県の県漁業調整規則のように、法令の目的が柔軟に解される可能性もあることに留意する必要があるであろう。

また、各事案における行政庁の作為義務の存否についての具体的な違法性判断においては、これまでの下級審判決などで示されてきた以下の(ⅰ)～(ⅳ)のような考慮要件が参考となるものと思われる。

(ⅰ) 被侵害法益の重大性・危険の切迫性：権限の不行使により侵害される法益が重大であり、具体的危険が切迫していること。被侵害法益が生

命、身体といった重要なものである場合、行政庁の作為義務が認められやすいといえよう。
（ⅱ）予見可能性：行政庁がその結果の発生を予見できたこと。
（ⅲ）回避可能性：権限を行使していれば、結果を回避し得たこと。
（ⅳ）期待可能性：私人には有効な手段がなく、行政庁の権限行使が期待される状況にあったこと。

権限不行使について、これらの考慮要件が満たされる場合、行政庁の作為義務が認められ、国家賠償法上違法と判断される可能性が高いものとなるであろう。例えば、②ア、イにおいては、上記（ⅰ）〜（ⅳ）が満たされた事例といい得るが、①アにおいては、（ⅰ）が経済的利益であったことなど、①イは、（ⅱ）を欠いていたことなどが指摘される。

また、今後は、国家賠償請求訴訟のほか、新たな訴訟類型により行政の責任が追及されることもあるであろう。例えば行訴法3条6項1号に基づく直接型義務付け訴訟の提起が考えられる。直接型義務付け訴訟では、事後の金銭賠償である国家賠償請求訴訟とは異なり、行政庁の権限行使を直接求めることができる。ただし、義務付け訴訟においては、処分の特定性、損害の重大性、補充性、原告適格といった充足すべき訴訟要件などが国家賠償請求訴訟とは違うため、国家賠償請求訴訟における判断とは異なる評価がなされるものと思われることから、今後の司法判断が注目される。

さらに、行政手続法の改正により法令に違反する事実の是正のための処分又は行政指導を求める制度の創設も検討されているところである。これらの制度を通じて、行政庁の権限不行使についてのより直接的な是正という新たな展開が見られることであろう。

3　行政の実効性確保

(1)　実効性確保手法

① 行政強制

行政目的を実現するために、行政には私人間では許されない実力行使が認められることがある。例えば、租税が納期限までに完納されない場合、行政

庁は民事訴訟を経ることなく国税徴収法に基づき、滞納処分をし、財産を差し押さえて換価することができる。このように、行政目的を達成するために国民の身体や財産に対し、有形力を行使することを行政強制といい、図2-2-5のように強制執行と即時強制の2つに大別される。

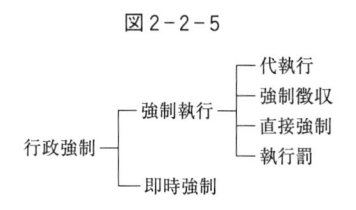

図2-2-5

```
行政強制 ─┬─ 強制執行 ─┬─ 代執行
          │            ├─ 強制徴収
          │            ├─ 直接強制
          │            └─ 執行罰
          └─ 即時強制
```

　ア　強制執行

　強制執行とは、違法建築物に対する除却命令に従わない場合など、私人が法令や行政行為によってあらかじめ命じられた義務を履行しない場合に、行政が義務の履行を強制するものである。

　強制執行としては、代執行、強制徴収、直接強制、執行罰があるが、順次その概要と現状について説明していきたい。

　　a　代執行

　代執行とは、代替的作為義務（物件の移転など、他人が代わって行うことができる義務）に関する強制手続で、個別法によるほか、代執行の一般法である行政代執行法に基づき行われるものである。行政代執行法上の代執行の要件は、（ⅰ）法律（委任命令・条例を含む）や行政行為によって命ぜられた代替的作為義務を義務者が履行せず、（ⅱ）他の手段によってその履行を確保することが困難であり、（ⅲ）その不履行を放置することが著しく公益に反すると認められるときである（行政代執行法2条）。以上の要件を満たす場合に、行政庁は、自ら（あるいは第三者に依頼して）その義務を履行し、その費用を義務者から徴収することができる。

　しかしながら、その要件の厳格さや自治体にノウハウの蓄積がないこと、費用の回収が困難であることなどから、実際に代執行が行われる例は多くはないというのが現状である。建築基準法9条11項などのように個別法で代執行の要件を緩和する簡易代執行も見られるが、その実施はなお容易ではないことから、立法による機能的な代執行制度の構築が求められるところである。

b　強制徴収

強制徴収とは、金銭給付義務に関する強制手続で、国税通則法及び国税徴収法に国税の徴収に関する定めがあり、①督促（国税通則法37条1項）、②差押え（国税徴収法47条以下）、③差押財産の換価（国税徴収法89条以下）、④換価代金の配当（国税徴収法128条以下）の手続によることが規定されている。このような国税の徴収についての強制徴収手続は、その他の金銭上の債権の徴収についても準用されることが多い（例：行政代執行法6条「代執行に要した費用は、国税滞納処分の例により、これを徴収することができる」）。他方、強制徴収に関する規定がない水道料金（上水道）、公営住宅の家賃などの未払いについては、民事訴訟の提起が必要となる。

強制徴収についても、行政側の躊躇、専門知識の不足などから、実施されていないことも多く、その機能不全が指摘されているところである。

c　直接強制

直接強制とは、義務者が義務を履行しない場合に、その身体または財産に直接実力を行使して、義務の履行があった状態を実現するもので、作為・不作為のいずれの義務も対象となる。しかし、私人の権利・利益への制約が強いことなどから、直接強制について定めたものは少なく、規制区域内に所在する建築物その他の工作物の使用を一定の場合に禁止することを定めた成田国際空港の安全確保に関する緊急措置法3条などに規定されているにすぎない。

d　執行罰

執行罰とは、義務の不履行に対して、一定の期限までに義務を履行しないときには一定額の過料を科すこと通告して間接的に義務の履行を確保しようとするものである。執行罰は、過去の行為に対する制裁ではなく、将来にわたり義務の実現をはかるものであり、代替的作為義務だけでなく、非代替的作為義務、不作為義務も対象となり、現実に履行がなされるまでに何度でも過料を科すことができる。

現在執行罰は、整理漏れで残った砂防法36条に規定されているだけで、全く活用されていない。しかしながら、執行罰は目的達成のため合理的な金

額の設定が可能なことから義務履行確保への実効性も期待され、また刑罰よりも現実的な利用が可能であると考えられることから、近年執行罰を活用すべきとの意見が高まっている。

図2-2-6

行政罰 ─┬─ 行政刑罰（懲役、禁固、罰金、拘留、科料）
　　　　└─ 行政上の秩序罰

　イ　即時強制

　即時強制とは、緊急の必要がある場合に、あらかじめ義務を課すことなく、直接に国民の身体や財産に実力を行使して、行政目的の実現をはかる制度である。精神保健法29条に基づく強制入院や、出入国管理法24条に基づく不法滞在者の退去強制など即時強制が定められている例は直接強制に比べて多い。

　なお、即時強制と直接強制は、概念的には別個のものであるものの、実際にはその区別が明確でない場合もある。

② 　行政罰

　行政の実効性確保手法としては、行政強制のほか義務違反に対して制裁を科すことにより間接的に義務の履行を促す行政罰があり、図2-2-6のように、行政刑罰と行政上の秩序罰に分けられる（⇔執行罰→将来の義務履行の確保）。

　ア　行政刑罰

　行政刑罰とは、行政上の義務違反に対して科される、刑法に刑名のある刑罰（懲役、禁固、罰金、拘留、科料）で、例えば、飲食店を無許可で営業した場合には、食品衛生法72条より「二年以下の懲役又は二百万円以下の罰金」に処されることとなる。行政刑罰は、行為自体が反社会性・反道徳性の強い刑法犯とは異なり、行政上の取締りの見地から、行政上の目的、社会的法益を直接侵害する犯罪とされる行政犯（法定犯）に対して科せられるものである。

　行政刑罰は、裁判所が刑事訴訟法の規定により処理し、法令に特別な定めがない限り、刑法総則が適用される。しかし、実際には、判断主体である警察・検察に行政犯を取り扱う余力がないこと、行政側の行政犯の刑事告発を望まない傾向や、少額の罰金が科されるだけにすぎないため効果があまりな

いことなどから、行政刑罰も、義務履行確保の間接的手段として十分に機能しているとは言い難い。

　イ　行政上の秩序罰

　行政上の秩序罰とは、形式的で軽微な行政上の義務違反に対して科される金銭的制裁であり、例えば引越しをした場合に、新たな住所地の市町村に転入をした日から14日以内に届出をしなければならないが、正当な理由がなく転入の届出をしない者は、5万円以下の過料に処される（住民基本台帳法第22条・53条）などがその例である。

　法律違反に対する秩序罰については、地方裁判所の過料の裁判（非訟事件手続法161条～164条）→検察官の命令により執行される。他方、地方公共団体の秩序罰については、地方自治法14条・15条により、条例・規則に違反した者には、5万円以下の過料を科すことができるとされており、過料は地方公共団体の長による行政処分となっている。そして、地方公共団体の過料については、告知・弁明の機会の付与（自治法255条の3第1項）、不服がある者は、審査請求（都道府県知事がした処分→総務大臣、市町村長がした処分→都道府県知事〔同法255条の3第2項〕）といった手続が定められている。また、納付がなされない場合には、督促（同法231条の3第1項）→強制徴収（同法231条の3第3項）ができることとされている。

　なお、行政刑罰と秩序罰のどちらを科すべきかについて明確な基準はないが、一般的には比較的反社会性が強い行為には行政刑罰、単純な義務違反には行政上の秩序罰が科されている傾向があるようである。

　③　その他の実効性確保手法

　そのほか、義務の履行を間接的に促す方法としては、加算税、延滞税、課徴金や、氏名の公表、許認可の撤回、行政サービスの停止、許認可等の拒否、契約関係からの排除（指名停止）などが挙げられる。

(2)　**実効性確保に関する最高裁判例**

　次に、行政上の義務の民事執行が可能かについて争われた事案と、法的権限がない場合の自治体の実力行使が許容されるかについて争われた事案についての最高裁判例に着目してみたい。

① 重要判例
ア　宝塚市パチンコ店建築中止命令事件（最〔3小〕判平成14年7月9日民集56巻6号1134頁）

　宝塚市は、宝塚市パチンコ店等の建築等の規制に関する条例により、パチンコ店を建築しようとする者に対し市長の同意を要件としていたが、市長の同意を得られないまま建築工事に着工した者がいた。そこで、市長が同条例に基づき建築工事中止命令を発したが、工事が続行されたため、宝塚市は同工事の続行禁止を求める訴えを提起した。

　これに対して一審、二審では、条例が風営法等の許容しない規制を定めているため無効であるとして請求を棄却したが、最高裁は、国又は地方公共団体が専ら行政権の主体として国民に対して行政上の義務の履行を求める訴訟は、法規の適用の適正ないし一般公益の保護を目的とするものであって、自己の権利利益の保護救済を目的とするものということはできないから、法律上の争訟にはあたらず、これを認める法律の特別の規定もないとして、本件訴えの適法性を否定し、却下した。

イ　浦安ヨット係留用鉄杭強制撤去事件（最〔2小〕判平成3年3月8日民集45巻3号164頁）

　漁港管理者である町が漁港水域内に不法設置されたヨット係留杭を撤去したところ、住民が、撤去は何ら法律上の根拠に基づかない違法な行為であるため、撤去に要した公金の支出は違法であるとして、損害賠償を求める住民訴訟を提起した。

　これに対して一審、二審では、住民の請求が認容されるなどしたが、最高裁は、撤去を強行したことは、漁港法及び行政代執行法上適法と認めることのできないものであるが、航行船舶の事故及びそれによる住民の危難が生じるかもしれないという緊急の事態に対処するためにとられたやむを得ない措置であり、民法720条（緊急避難）の法意に照らしても、本件撤去費用の支出については、その違法性を肯認することはできないと判示した。

② 判例に対する評価
ア　宝塚市建築規制条例事件においては、工事の中止という代替的作為義

務ではないものの履行であるため代執行はできないことから、市が民事執行を裁判所に求めたものである。それに対して最高裁は、それまで下級審判決や学説において支持されていた行政上の義務の民事執行について否定したのである。この判例については、法律上の争訟を私権の保護に限定している点などについて行政法学者から多くの批判がなされているところである。

今後の判例変更が強く望まれるが、この判例により行政上の義務の民事執行の途は閉ざされたことから、現実的には個別の立法による義務履行確保手段の法定を待つか、各自治体において民事執行以外の手段を模索する必要があるものと思われる（なお、行政代執行が可能な場合の民事保全については、下級審の判断が分かれているものの、肯定的に解される可能性は低いであろう）。

イ　ヨット係留杭撤去事件に対する判決によれば、法令の根拠を欠いたヨット係留杭の撤去は違法であるが、法的な権限がない場合でも自治体に課せられた住民の安全保持の観点から実力行使が許容される余地があるとも解され得る。確かに、この事案において自治体が採った措置については、現に差し迫っていた危険を回避するために適切な措置であったと肯定的に評価する見解もある。しかしながら、他方においては、危険防止のために、関係者への注意の喚起や、安全水路への誘導等など他の措置を採る余地もあったことや、撤去の勧告など手続上すべきことがあったのではないかとの指摘もなされているところである。

この判決において注意しなければならない点は、根拠を欠いたヨット係留杭の撤去自体が適法とされたのではなく、損害賠償における違法性がないと判示されたにすぎないということである。ゆえに、根拠を欠いた行政強制は違法であるという大前提は強く認識されなければならず、行政強制に際しては相手方の権利利益への侵害の少ない代替手段の検討及びその実行が優先されるべきであると解される（なお、相手方の特定等が困難なため、行政代執行によらずに路上生活者の段ボール小屋を撤去したことはやむを得ない措置であるとした判例〔最〈1小〉決平成14年9月30日刑集56巻7号395頁〕も参考までに挙げておきたい）。

(3) 実効性確保手法の現実的な活用

以上概観してきたように、自治体の採り得る実効性確保手法は限られてい

るのが現状であるが、そのような中でこれらの手段をどのように活用していくべきか検討したい。

① 強制執行

行政代執行法1条では、「行政上の義務の履行確保に関しては、別に法律で定めるものを除いては、この法律の定めるところによる」とされている。他方、行政代執行法2条においては、「法律（法律の委任に基く命令、規則及び条例を含む。以下同じ。）」とされ、「法律」に条例を含むことが明示されていることから、1条でいう「法律」に、条例が含まれると考えるのは困難であろう。そこで、自治体における代執行は行政代執行法や各個別法に基づくものでなければならず、代執行以外の行政上の強制執行においても、法律の根拠が必要であり、条例で執行罰、直接強制などを規定することはできないと解される。よって、自治体の強制執行としては、行政代執行法に基づく代執行や法律に定められた強制徴収の活用が現実的であると思われる。

また、代替的作為義務については、行政代執行法2条で、「法律（法律の委任に基く命令、規則及び条例を含む。以下同じ。）により直接に命ぜられ」た行為と、「法律に基き行政庁により命ぜられた行為」であるとされている。「法律の委任に基く」という文言が条例にかかるか否かについては争いがあるものの、自主条例に基づく義務についても代執行が可能と考えてよいものと思われる。その理由としては、「法律の委任に基く」は条例にはかからないと解するか、地方自治法14条1項の概括的授権で足りるとするのが一般的解釈であるためである。

代執行に際しては行政代執行法の各要件を満たす必要があるが、対象となる義務が代替的作為義務であることが大前提となる。そのため、例えば、条例で課されている工作物の設置禁止という不作為義務が履行されない場合には、それに対する除却命令等を通して、工作物の除却という代替的作為義務にすることにより、代執行の対象となるようにしておく必要がある。また、代執行に際して抵抗が予想される場合には、公務執行妨害罪（刑法95条1項）や不退去罪（刑法130条）が成立することもあり得るため、警察の協力を要請することも考えられよう。

近年においては、路上生活者や不法投棄者への代執行など、自治体における代執行への取組みも見られるようになってきた。そこで、それらの例を参考にしながら、専門組織の設置などによる代執行の活用が期待される。

強制徴収についても、前述のように活用されていないのが現状であるが、強制徴収が認められる場合に、民事訴訟、民事執行法の方法によることについては否定的に解されている（最大判昭和41年2月23日民集20巻2号320頁）。その結果、強制徴収もせず、民事訴訟、民事執行もできないということになれば、公平性を欠く行政運営となりかねないため、滞納処分組合など組織体制の強化などによる強制徴収制度の活用が必要であろう。

② 即時強制

即時強制は、あらかじめ課した義務の履行をはかるものではないため、行政代執行法1条の適用を受けないことから、強制執行とは異なり条例で定めることができるとされている。具体的な事例としては、公衆電話ボックス内などに貼り付けられたピンクビラの除却を即時強制により可能にする条例などがある（例：千葉県ピンクビラ等の掲示、頒布、差入れ等の禁止等に関する条例〔平成16年千葉県条例第5号〕）。また、判例においても、条例に基づく放置船舶の移動を即時強制として許容したものもある（横浜地判平成12年9月27日判例地方自治217号69頁）。しかしながら、即時強制は、義務を課さずに強制力を行使するものであることから、私人の権利利益の侵害の度合いが非常に強いものである。そのため、即時強制に関する条例の制定や、その実行に際しては、比例原則に留意するとともに、より侵害程度の低い代替手段などについて十分に検討される必要がある。

③ 過料

前述のように、行政刑罰による義務履行確保は難しい状況であることから、秩序罰としての過料の活用が期待される。過料の金額の設定には比例原則に留意するほか、その実行に際しては自治法に定められた前述の適正手続の確保がなされなければならない。最近の事例としては、たばこのポイ捨てに対して過料を科す、安全で快適な千代田区の生活環境に関する条例（平成14年千代田区条例第53号）が広く知られているところであるが、その実施に際して

は、条例上は2万円以下とされている過料の額を実際には一律 2000 円としているほか、現場で事前手続が行えるよう告知・弁明書を用意し、その場で記入してもらうことができるようにするなどの工夫がされているようである。

なお、過料の未納付については前述のように強制徴収ができることになっているものの（自治法 231 条の 3 第 3 項）、実効性担保が困難であることが今後の課題であろう。

④　公表・行政サービスの停止

行政上の義務を履行しない者などの氏名等の公表は、住民への情報提供と義務の履行を間接的に促す新たな手段であり、行政代執行法の規制の及ぶものではないため、自治体の実効性確保手段として利用できるものである。ただし、氏名等の公表が、単なる住民への情報提供にとどまるものであれば法令の根拠は必要でないとも考えられるが、制裁的な要素を含む場合には、条例で規定し、意見の聴取などの事前手続の整備がなされるべきである。

また、氏名等の公表が訴訟となる可能性もあることから、訴訟対策を十分に検討しておく必要がある。氏名等の公表により不利益を蒙る者からの訴訟としては、国家賠償請求訴訟、公表の前提となる義務付加行為について取消訴訟（及び執行停止）、人格権に基づく公表の差止請求などが考えられるため、公表に際しては、公表の必要性・不可欠性についての十分な検討や、事前調査と適正手続の徹底が要求されるであろう。

行政サービスの停止については、例えば、自動車重量税が不納付である場合には自動車検査証を交付しない（道路運送車両法 97 条の 4）など、義務の不履行と関連性のある行政サービスを拒否する場合であれば、義務の不履行の程度によっては許容され得るものもあると考えられる。

しかしながら、例えば水道水の供給など生活に不可欠な行政サービスを、様々な義務履行確保の手段として広く用いることは不当な給付拒否ともなり得るので、慎重に判断する必要があるであろう。

以上を踏まえた上で、市税の滞納に対して氏名等の公表や行政サービスの停止等の措置を定めた小田原市の条例を例に考えてみたい。

> **小田原市市税の滞納に対する特別措置に関する条例**
> （平成12年3月31日条例第9号）（抜粋）
>
> （督促及び滞納処分）
> 第2条　徴税吏員は、市税の滞納があったときは、速やかに、小田原市市税条例（昭和50年小田原市条例第2号）、地方税法（昭和25年法律第226号）及び同法においてその例によることとされた国税徴収法（昭和34年法律第147号）の規定に基づき、市税に係る督促及び滞納者の財産の差押え、換価、換価代金等の配当その他の滞納処分に関する手続を厳正に執行しなければならない。
>
> （滞納者に対する措置）
> 第6条　第2条又は前3条の手続に着手しても、なお、市税が滞納となっている場合において、当該滞納となっている市税の徴収の促進に必要があると認めるときは、市長は、当該滞納者に対し、他の法令、条例又は規則の定めに基づき行うものを除くほか、市長が必要と認める行政サービスの停止、許認可の拒否等（以下「行政サービスの停止等」という。）の措置を執ることができる。
> 2　市長は、必要があると認めるときは、前項の行政サービスの停止等の措置と併せて滞納者の氏名、住所その他必要と認める事項（以下「氏名等」という。）を公表することができる。ただし、当該滞納者が、地方税法に規定する滞納処分に関する罪又は滞納処分に関する検査拒否等の罪に処せられたときは、この限りでない。
>
> （弁明の機会の付与）
> 第10条　市長は、行政サービスの停止等又は滞納者の氏名等の公表が必要であると認めるときは、あらかじめその予定する措置の内容を滞納者に通知し、弁明の機会を付与しなければならない。

　同条例においては、行政サービスの停止や氏名等の公表をしようとするときは、10条の弁明の機会の付与のほか、事前の小田原市市税滞納審査会への諮問（7条）や審査会の意見の尊重（9条）などが規定されており、一定の事前手続が確保されているとはいえるであろう。

　近年においては悪質な租税滞納者の増加など、自治体が以前とは異なる状況に対処する必要性に迫られており、同条例の制定背景にもそのような事情があったものと考えられる。しかしながら、税金の滞納については、本条例2条にもあるように市税条例や地方税法に滞納処分手続が定められており、原則としてそれらの手続により対処すべきものと考えられる。強制徴収という義務履行確保手段に加えて、制裁的意味を持つ氏名等の公表や直接的な関連性のない行政サービスの停止がどこまで許容されるかについては、個別ケースに応じた慎重な検討が必要であろう。

4 政策変更における法務

(1) 概　　論

　自治体の行政運営や政策実施に際して、これまでの考え方や取扱いの変更を検討したり、あるいは必要に迫られて変更せざるを得ない状況になるということは、ままあることである。

　行政ニーズの変化や政策の効果の状況によって、事業を拡大したり、逆に縮小することもあるであろうし、一定の役割の終了あるいは財政的な理由からの施策・サービスの廃止、さらにはこれまで権限行使をしてこなかった対象について規制を及ぼすなど、様々な態様がある。

　そのような際に、どの程度までそれが許されるのか、あるいは、そのためにはどのような行政運営を心がけるべきなのかを検討するのが本項のテーマである。

　まず、自治体における政策変更について、政策変更の原因〈変更のきっかけ〉とその態様〈政策変更の形〉、そして変更する際に、自治体職員として配慮すべき点〈実務上気になる点〉の3つの側面から問題を整理すると図2-2-7のように表現できる。もとより、すべて完全に割り切れるわけではないが、政策変更の形としては、（ⅰ）権限行使の変更、（ⅱ）政策方針の変更、（ⅲ）サービスの変更などに大別でき、また、最近の行政を取り巻く環境から、全体的な方向性としてはサービス縮小、権限行使の強化などが大き

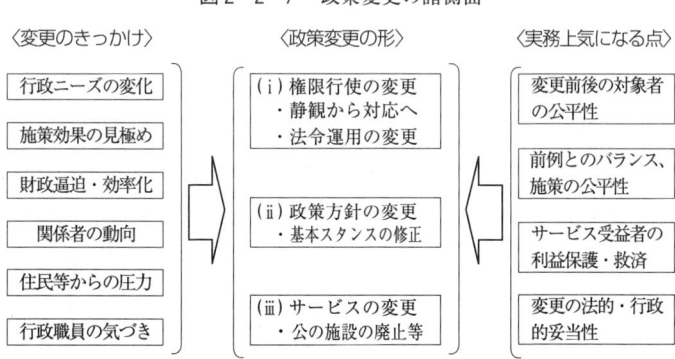

図2-2-7　政策変更の諸側面

〈変更のきっかけ〉
- 行政ニーズの変化
- 施策効果の見極め
- 財政逼迫・効率化
- 関係者の動向
- 住民等からの圧力
- 行政職員の気づき

〈政策変更の形〉
- （ⅰ）権限行使の変更
  ・静観から対応へ
  ・法令運用の変更
- （ⅱ）政策方針の変更
  ・基本スタンスの修正
- （ⅲ）サービスの変更
  ・公の施設の廃止等

〈実務上気になる点〉
- 変更前後の対象者の公平性
- 前例とのバランス、施策の公平性
- サービス受益者の利益保護・救済
- 変更の法的・行政的妥当性

な流れとなっているように思われる。

(2) **権限行使の変更（法令運用の変更）**

① 問題の所在

まず、「権限行使の変更」から検討する。新たな権限行使は、幅広くは、新たに法令を制定・改廃し、また、新たな事務を創設することも重要な対応になる（その考え方は第2部第1章で論じている）のであるが、本項で扱うのは、これまでは権限行使をしてこなかったが、今回、新たにその権限を駆使する、すなわち、現行制度の運用を変えるという側面のものである。

大多数の自治体職員にとっては、法令立案よりも圧倒的に既存の法律を運用する立場の職務がかなりの部分を占めているのが実態である。現実の事案に基づき法律を当てはめその運用を行うことになるのであるが、その際に参考としているのが、各省庁から出されている法律の逐条的な解説や通知、そしてこれまでの先行事例への対応の蓄積である。

したがって、「同じようなケースでは同じような対応」ということになるが、自治体現場としては規制権限、つまり権利を制限したり、義務を課したりするといった職務を発動することは、通例的・典型的な職務（都市計画決定、税の賦課徴収等）を除いてそれほどなく、その与えられた法的権限を十分に駆使しているとはいいにくい状況が一般的ではなかろうか。

いざ、法律を運用して物事にあたろうとするとき、これまでの状況において権限を行使してきていないわけだから、端的な話として、規制の相手方からこれまでやってこなかった権限をなぜ今発動するのか、公平性に欠けるのではないかという声や、もっといえばその判断の責任者である上司から、なぜ今回に限ってやるのか、やらないで済まないのかといった疑念が出されたりすることもある。職員にとっては、権限があるが、それを発動すべきかどうかを悩み、いきおい、現状のまま、すなわち静観・不作為を続けざるを得ない場面がままあるのである。

一歩前に進んでいく上で見えない壁のようなものが立ちはだかる感覚があるといってもよいのかもしれない。「法律があってそれを運用すればいいだけの話ではないか、それほど問題があるのか」といった意見もあろうが、そ

のような「足かせ」となっている問題の解消の筋道となる考え方について整理しておくことは、このような悩みを抱える自治体現場では、相当程度、有効ではないかと考える。なお、この点に関する法的な整理は、本節の「不作為の行政責任」の項ですでに議論が展開されているが、本項では自治体現場での職員の職務感覚に重きを置いた視点から論じてみたいと思う。

② 行政行為の裁量論からのアプローチ

さて、この点については、行政行為の裁量論、つまり、法律により与えられた権限を行使するかどうか、行使するとしてもどのように行使するかという、行政側に認められる選択・判断の余地に関する議論が参考になると考えている。

行政法規は、あらゆる場面を想定してすべてのケースに行政庁側に権限行使を義務付けることは不可能であり、法律条文の規定の仕方で「Aと認める場合は、Bをすることができる」という規定が絶対多数を占める。先ほど述べたように、これまでBをしてこなかったという点で今回Bを行うことが過去の実例とバランスを欠くのではないかということで尻込みしてしまう自治体現場というのはかなり存在するのである。つまり公平性を時間軸で対比して問題視するということである。

行政裁量を、最もオーソドックスに表現すると、図2-2-8のようになる。

また、司法審査との関係では、行政行為のうち機械的な執行で足りる部分は「覊束行為」として、また、行政庁に裁量を認める場合でも、行政庁において客観的な判断が行われること（一般人の価値判断、日常的経験則により判断可能な部分）が予定されているケースを法規裁量（覊束裁量）とし、法令が行政庁の公益判断に委ね、行政庁の責任で妥当な政策的対応（専門技術的・政治的責任を伴う政策判断）をはかることが期待されていると解されるケースを自由

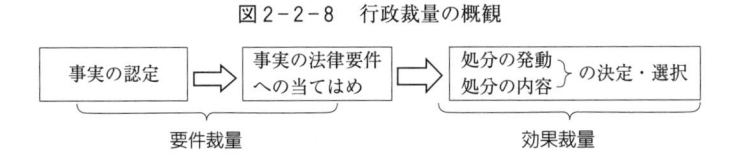

図2-2-8　行政裁量の概観

| 事実の認定 | ⇒ | 事実の法律要件への当てはめ | ⇒ | 処分の発動 処分の内容 ｝の決定・選択 |

要件裁量　　　　　　　　　　　　　　効果裁量

裁量（便宜裁量）として、自由裁量を除き、裁判所の認定に服すると伝統的に解釈されてきている。

しかしながら、法規裁量と自由裁量の区分けは相対的・程度問題であり、行政事件訴訟法ではこの裁量処分については、裁量権の範囲を超え、又はその濫用があった場合に限り、裁判所は、その処分を取り消すことができると具体的に規定されている（行訴法30条）。

さて、このような整理の下、どのように権限行使を論理構成するかということであるが、そのヒントを与えてくれるのが、「裁量権収縮論」や「裁量権消極的濫用論」といった考え方※である。効果裁量の幅は個々の処分法規ごとに固定されていると考えられていたのに対し、裁量権収縮論では同一の処分法規の裁量の幅も固定されたものではなく、状況によって変化し、一定の条件の下では、効果裁量がゼロに収縮して、作為義務が生ずると解するものである。本項の目的との関係では、過去において権限を行使していなかった事例と今回直面している事例とは適用する法規条文が同一だとしても状況が異なることが、対応を異ならせる理由であると論理構成できるのではないかと考えるわけである。

※本項で引用する「裁量権収縮論」等の考え方は、宇賀克也著『国家補償法』（有斐閣、1997年）154頁以下において「行政権の不作為」を論じる中で行っている考察を参考にしている。

この場合の作為義務の発生要件としては、（ⅰ）被侵害法益の重要性、（ⅱ）予見可能性の存在、（ⅲ）結果回避可能性の存在、（ⅳ）期待可能性の存在が一般に挙げられる。（ⅰ）被侵害法益はその事案によるその権限行使の対象が生命・身体のように重要なものであるほど、作為義務が認められ、財産的法益の場合はこれが低くなる。（ⅱ）予見可能性は、行政庁がその事案による市民に対する被害や危険の発生を知っていたか、又は知り得る状況にあったか、すなわち、予測できたかどうかという要件であり、容易に予見できるというケースでは作為義務が肯定されるものである。（ⅲ）結果回避可能性は、行政庁が規制権限を行使できたかという側面、例えば、財政的、技術的、社会的制約で行使が可能であったかどうか、また、権限を行使する

ことにより結果の発生を防止し得る可能性があったという2つの側面から判断されるものである。(iv) 期待可能性は、私人が自ら危険を回避することは困難で、それゆえ行政が介入すべきことが期待されている状況で作為義務が強くなるとされている。

それぞれの重要性や存在の度合いが大きいほど、裁量権が収縮し、作為義務が明らかになり、すなわち権限発動を促す状況が整うことになり、逆にその度合いが小さいほど、裁量権が拡大し、不作為・作為の判断の幅が大きくなっていくということになる。ただし、それぞれの要件は完全に独立したものでなく、例えば、(i) の被侵害法益が重大で、(iii) 結果回避可能性の度合いが大きい場合は、それだけで (iv) の期待可能性が大きくなるし、また、(iii) の結果回避可能性については、(i)、(ii)、(iii) の度合いが明らかに大きい場合には、多少の財政や技術的制約が厳しくても、結果回避可能性が肯定される場合があるとされる、などに留意しなければならない。

この理論は不作為の違法性を判断するための裁判実務として発展してきており、それゆえ下級審での採用例が多い。つまり、裁量権が収縮するということが違法性を追及する論拠になるからである。

しかしながら、きわめてわかりやすい判断基準として政策法務的な論理構成にも応用が可能であると思われる。つまり、担当者は現実に直面した事案、法規の性格を考慮してまずはこれらの要件の適用を考えるという筋道をつけることによって、これまでの前例にとらわれず、現在直面している課題の解決に前向きに動き出すことができるのではないかと思うのである。

これらの要件と、それによる裁量権の収縮の関係、そしてそれにより作為義務が発生する状況を視覚的にわかりやすく整理すると図2-2-9のように示すことができる。

一方、裁量権消極的濫用論と呼ばれるものは、裁量的処分の作為に際して、裁量権の濫用逸脱が違法とされるのと同様に、効果裁量が認められる場合にも、不作為が著しく不合理な場合には裁量権の限界を逸脱しており違法と判断するものである。

これについては、クロロキン薬害事件（前掲最〔2小〕判平成7年6月23日）

第2章 解釈・適用法務 163

図2-2-9 裁量権収縮と作為義務・権限行使の関係

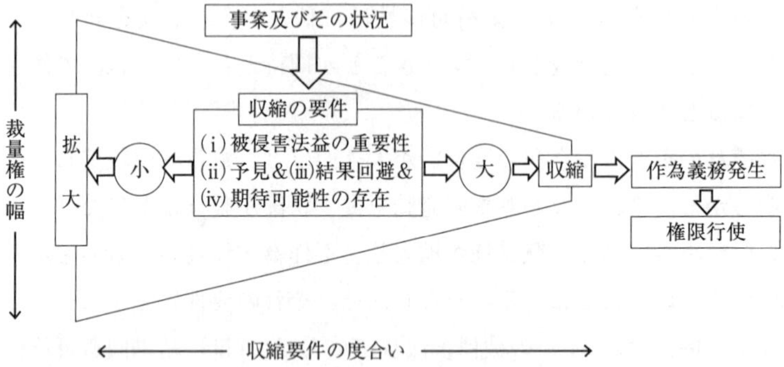

[図：裁量権の幅（拡大⇔小）、事案及びその状況→収縮の要件（(i)被侵害法益の重要性、(ii)予見＆(iii)結果回避＆(iv)期待可能性の存在）→大→収縮→作為義務発生→権限行使、収縮要件の度合い]

がリーディングケースの判例となっている。リュウマチやてんかんの治療に使用されていたクロロキンが1950年代に外国の論文によりその副作用により網膜の障害を引き起こすことが報告され、網膜症にかかった患者が製薬会社のほかに国の薬事法上の権限の適切な行使がなされなかったとして国家賠償法による損害賠償請求を行った事例である。

　最高裁では、医薬品の副作用によって被害が発生したとしても、被害発生を防止する権限の不作為が、直ちに国家賠償法上、違法となるものでなく、副作用を含めた当該医薬品に関するその時点における医学的・薬学的知見の下において、薬事法の目的、厚生大臣に付与された権限の性質等に照らして、「その権限の不行使がその許容される限度を逸脱して著しく合理性を欠くと認められるときに違法となる」としているものである。

　つまり、裁量権収縮論が、ある状況下で裁量権が収縮してゼロになり作為義務が発生するのに対して、裁量権消極的濫用論は、裁量は存在したまま、その限界を超えると考えるものであるが、この論理であっても先の不行使がその限度を逸脱するかどうかについては裁量権収縮論での要件を総合的に検討し、判断することになるわけであるので、考え方においてそれほど違わない結果になることになる。その意味で、図2-2-9では、裁量権がゼロというよりも、相対的に縮小してその権限行使の発動の環境が整った状況を表現したものと考える方が実務では都合がよいのかもしれない。

③ 実務への応用・考慮

ここまで述べたことで、どのように実務に応用し、また、考慮すべきなのかは詳しく述べる必要はないと思われるが、一応の整理は次のようになるであろう。

自治体の実務においては、過去において権限を行使しなかった事例があり、また、それが一般的な取扱いだと前任者、職場全体又は、相手方である事業者、市民もそのように考えているとする。しかしながら、今回の直面する課題については、従来のような静観する対応は許されないという諸般の事情に迫られるとする。そうなると、その取扱いを変更することを考えることになるが、それを論理的に整合性を持たせて説明することが必要になってくるわけである。

そこで、今回見てきた、裁量権収縮論の論理により考え方の道筋をまずつけることになるのであるが、結局、「諸般の事情により対応を迫られる」というのは、収縮論の判断になる要件のいずれかが変わってきていることが必然であろう。すなわち、住民や関係者の期待は、(ⅳ) の期待可能性の高まりであるし、事案の切迫性・危険性は、(ⅰ) の被侵害法益の問題である。また、その権限に注目が集まっていることは結果として、(ⅱ) の予見可能性や (ⅲ) 結果回避可能性の存在につながるものである。

それを整合的に説明することがまずもって、自治体法務において担当者が整理しなければならない課題であると考えれば、過去との連続性の中で、権限行使の判断を論理的に補強することになるであろう。

結果として、これまでの運用の状況とは、これらの要件が異なり、これらの要件に直面する状況を代入することで異なる権限行使の発動ができると論理構成することによって、自治体現場では「見えない呪縛」から解き放たれることができると考えられるのである。

端的な話としては、まさに「権限」を担当者としての職員において発動しようとする際に見極める考え方が、裁量権収縮論に示される判断基準であり、逆にいえば、その判断基準は行政のあり方そのものの方向性を考える際に不可欠なものともいえるのである。

(3) 政策の方針の変更

次に、「政策の方針の変更」に関しては、これまで自治体が推進してきた政策の方針変更による関係者の損害の発生とそれに対する自治体の責任という形でいくつかの判例が参考になる。工場誘致やイベントの実施などを変更・中止した場合に、関係者が被る損害についてどこまで自治体が責任を持つかという問題が典型的な例であろう。

判例としては、企業から工場の建設計画を打診・陳情された村長が村有地を譲渡する議決を経た上で、誘致に全面的に協力することを言明し、これを受けて企業が工場建設を決定し、工場用地の整地等を終了したのであるが、その後、誘致反対派の新村長が誕生し、新村長が建築確認の申請に不同意である旨を通知するなど、協力を拒否し、企業は工場建設を断念せざるを得ない状況になったという事案に対する最高裁判決（最〔3小〕判昭56年1月27日民集35巻1号35頁）がリーディングケースとなっている。この判例は、その後、東京都の計画した世界都市博覧会に関してこれに反対する都知事が当選し中止決定したことに伴い、都が総額340億円の損害賠償を支出するなど、行政対応の考え方として、その基準や考え方の基礎を形づくる重要なものとなっている。

判例のケースでは、村と企業との土地譲渡契約自体は成立していなかったが、企業としては、信義則に反するものとして、不法行為に基づく損害賠償等を求めたものである。結論からいえば、損害賠償を是認しているものであるが、その論理展開は次のとおりである。（ⅰ）自治体のような行政主体が一定内容の将来にわたって継続すべき施策を決定した場合でもその施策が社会情勢の変動等によって変更されることがあることはもとより当然であって、自治体は原則としてその決定に拘束されるものではない、（ⅱ）しかし、その決定が特定の者に対しその施策に適合する内容の活動をすることを促す個別的・具体的な勧誘等を伴い、その活動が相当長期にわたる施策の継続を前提として初めてこれに投入する資金・労力に相応する効果を生じ得る性質のものである場合は、当該者は施策がその活動の基盤として維持されるものとして信頼し、これを前提としてその活動（その準備活動）に入るのが通常であ

る、(ⅲ) このような状況では、自治体との間で施策の維持を内容とする契約が締結されていなくても当事者間の関係を規律すべき信義衡平の原則に照らし、施策変更にあたってはその信頼に対して法的保護が与えられるべきとするものである。すなわち、施策に伴う勧告等によりその活動に入った者がその変更により社会通念上看過できない程度の積極的な損害を被る場合に自治体においてその代償的措置を講ずることなく施策を変更することは、やむを得ない客観的な事情によるものでない限り、当事者間の信頼関係を不当に破壊するものとして違法性を帯び、自治体の不法行為責任を生じさせることになるといったものである。

言い換えれば、自治体が社会情勢の変化等に応じて、政策変更をすることは当然のことであり、自治体の政策が公表され、一般的な意味でその当初の政策を信じて活動を起こした者すべてに政策変更に伴うリスクを自治体が負担するということにはならないが、一定の基準に合致しているものについては、不法行為責任を認めて損害を補填する義務があるということである。その基準としては、その相手方の活動に対して当該政策が積極的な意味で活動を促している事情があり、それらの経緯により当該関係が一定の信頼関係を形成しているような場合で、変更による損害が社会通念上許容できないようなケースで、かつ、その変更がやむを得ない客観的な事情によるものでない場合に、法的責任が生ずるとしている。もちろん、自治体との間で契約関係にある場合はそれに基づく債務不履行責任により処理されることになる。

この考え方については、さらに、一歩進んで、次のような点からも論理付けられる。つまり、自治体の政策変更が住民自治の実現方法として最も正当性のある選挙を通じて実行されるシステムは尊重されるべきであるが、そのシステムはそれによる損害補填を一切排除する形で保障されるのではなく、政策変更による損害補填をシステムの中に組み込むことで、よりよく保障されるものであるとの考え方※にも行きつくわけである。その基準が先に述べたようなものであり、それを前提にした政策決定・変更を行政も住民も、そして関係者・相手方も共通認識を持っておくべきことを示唆しているのである。

※小早川・宇賀・交告編『行政判例百選Ⅰ』（有斐閣、2006年）の首藤重幸「工場誘致施策と信頼の保護」では、自治体の政策が社会情勢の変動に応じて変更されることは当然であり、それが選挙を通じて実行されるシステムを阻害する障害物は極力排除されるべきとの前提の下で、上記の考え方を強調している。

ひるがえって、現実の業務においては、首長交代といった場合にはまさにこの政策変更による損害補填のシステム化を念頭において政策運営にあたること、また、首長交代には及ばない場合であってもそのシステム化を熟知した上で諸般の社会情勢等の変動により政策変更が必然となることをおそれず、まさに「腹をくくって」政策運営に取り組む必要があるのであろう。

(4) 公の施設廃止による公共サービスの変更

①問題の所在

少子化に伴う人口減少や自治体の財政難等を理由に、小学校の統廃合や保育所の廃止・民営化など、教育・福祉サービスの見直しが相次いでいる。これも自治体施策の変更に属するが、それらのサービスは公の施設の設置・廃止という条例事項を伴うものであり、それを行政訴訟や損害賠償等の観点からどう捉えるべきかという問題がある。

政策の本体は、公の施設の設置条例の廃止という形で具体化することになる。条例そのものは立法作用であり抗告訴訟の対象となる行政行為の処分性がないとするのが基本となるが、一方、特定の個人を対象としてその権利義務に影響を与えるような場合は、条例制定自体が行政処分として抗告訴訟の対象となる可能性も排除されていないというのも有力な考え方である。

このことに関しての考えの道筋としては、(ⅰ)どのような場合に公の施設の廃止条例等については抗告訴訟の対象たる処分性を認めるのか、(ⅱ)処分性を認めた場合にはどのような場合に違法性が判断されるのか、(ⅲ)そして違法の場合の賠償等の措置はどのようなものが対象となるのか、といった3点を論理立てて考えていくことになる。

②処分性の判断

この判断を検討するにあたって参考にすべき判例としては、小学校の統廃合の問題や保育所の廃止・民営化の問題などをめぐってのものがある。

小学校の統廃合に関しては、重要な判例としては、永田町小学校廃止条例

事件（最〔1小〕判平成14年4月25日判例地方自治229号52頁）がある。

この判決では、保護者は、法定年限の普通教育を受けさせる権利・利益を有するが、それは市町村等が社会通念上通学可能な範囲内に設置する学校で教育を受けさせる権利利益にとどまり、具体的に特定の小学校で教育を受けさせる権利ないし法的利益を有するとはいえないとして、条例の制定は抗告訴訟の対象となる処分にあたらないとした原審（東京高判平成8年11月27日判時1594号19頁）の判断を是認したものである。本件においては、具体的には永田町小学校から新たに就学の指定を受けた麹町小学校は800メートルしか離れておらず、社会通念上通学可能であり、したがって、児童や保護者の権利・利益に影響を与えない、ゆえに、条例は処分性を有しないと構成するものである。

保育所に関して、参考となる判例は、公立保育所を廃止することとし、児童の保育の委託先として選定した社会福祉法人に施設を引き継いだ事案に関しその廃止処分の取消しを求めた大東市保育所廃止処分取消訴訟判決（最〔1小〕判平成19年11月15日判例集未登載）がある。処分性についての考え方は、ほぼ二審（大阪高判平成18年4月20日判例地方自治282号55頁）及び一審（大阪地判平成17年1月18日判例地方自治282号74頁）の判断を是認しており、次のような整理がなされている、

　ア　保育所の利用の仕組みは、従来の市町村の措置による入所から、1997年の法改正後は保護者が保育所を選択し、市町村との利用契約を締結する仕組みに変更されたものであるから、保護者は当該保育所が存続している間は、当該利用契約に基づき、児童の就学までの間は、当該保育所において保育を受ける権利を有することと解される。

　イ　一方、公の施設の廃止は、地方公共団体ないしその長の裁量的判断に委ねられ、利用契約は当該保育所が存続することを前提とした契約であり、当該契約期間中に保育所が廃止されることは想定される（児童福祉法も入所者がいる場合でも保育所が廃止されることを前提とした手続を定めている）。

　ウ　しかしながら、この裁量権は全くの自由裁量ではなく、その行使に逸脱又は濫用する場合には、違法となるものと解される。保護者らは就学

までの間、当該保育所で保育を受けられることを期待して、保育を受ける権利・法的地位を有していると解される。
エ　したがって、保育所の廃止は、保護者らの権利・法的地位に直接的な影響を与えるものと認めることができ、当該廃止が裁量権の逸脱・濫用により行われた場合にはその権利・法的地位が侵害されたとしてその取消しを求めることができる。
オ　本件条例は他に行政庁の具体的処分を待つことなく、当該条例の施行により保育所が廃止されることから、保護者らの権利・法的地位に直接的な影響を与えるものであり、当該条例の制定行為自体をもって行政行為にあたるものと解するのが妥当。

この2つの事案について、下級審を含めた処分性に関する考え方で共通して是認されているのは、「条例形式をとっている場合であっても、他に行政庁の具体的な処分を待つまでもなく、当該条例自体そのものによってその適用を受ける特定の個人の具体的な権利義務や法的地位に直接の影響を及ぼす場合には条例の制定行為自体をもって処分と解する余地がある」との考え方である。

そして、先の小学校の廃止条例事案では、社会生活上通学可能な範囲内の学校で、教育を受けることができなくなる場合等を除き、条例の制定は保護者の権利・法的地位に直接の影響を及ぼすものとはいえないので、行政処分にあたらないとしている。言い換えれば、新たに指定された就学校が社会生活上通学可能な範囲内にあるかどうかが処分性の判断基準（違法性の判断基準にもなる）になるように認識され、このことが特定個人の権利義務・法的地位に直接の影響を与えるものかどうかという基準に読み込まれるような形になった上で、それが否定されているといえる。

後者の保育所の廃止条例事案は、保育所の利用契約により就学までの間は当該保育所で保育を受けることを期待した上で、保育を受ける権利・法的地位を有していると解し、その上で、条例による廃止措置は裁量的判断でありながら、その逸脱又は濫用の場合に違法となるとして、処分性を認めているものである。つまり、当該保育所が存続することを前提とした上で利用契約

図2-2-10 小学校と保育所の廃止条例に見る処分性の考え方

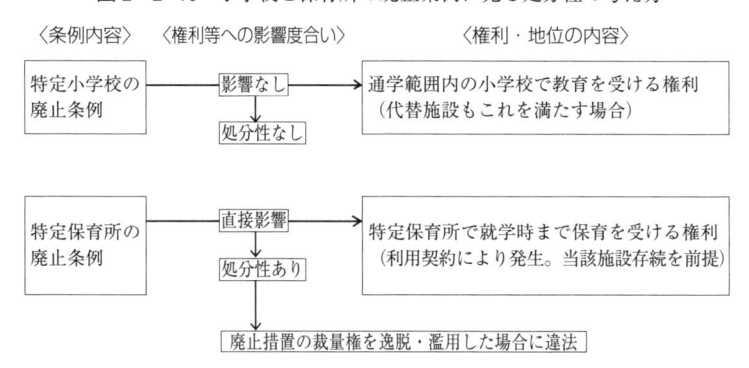

〈条例内容〉　〈権利等への影響度合い〉　　〈権利・地位の内容〉

```
┌──────────┐  ┌──────┐    ┌────────────────────────┐
│特定小学校の│──│影響なし│───→│通学範囲内の小学校で教育を受ける権利│
│廃止条例　　│  └──────┘    │（代替施設もこれを満たす場合）　　│
└──────────┘  ┌──────┐    └────────────────────────┘
              │処分性なし│
              └──────┘

┌──────────┐  ┌──────┐    ┌────────────────────────┐
│特定保育所の│──│直接影響│───→│特定保育所で就学時まで保育を受ける権利│
│廃止条例　　│  └──────┘    │（利用契約により発生。当該施設存続を前提）│
└──────────┘  ┌──────┐    └────────────────────────┘
              │処分性あり│
              └──────┘
                  │
                  ▼
        ┌────────────────────────────┐
        │廃止措置の裁量権を逸脱・濫用した場合に違法│
        └────────────────────────────┘
```

により発生した保育を受ける権利・利益を廃止条例が奪ってしまうことを理由に条例に処分性を認めようとしたものである。

　基本的にはサービスを受ける際に合理的な範囲での権利は認める（小学校の問題では通学可能な範囲での入学）が、特定の施設については契約関係があるかどうかという点が基準になり、仮に当該契約があっても、廃止されることは自治体の裁量によってあり得るもので、その場合に違法性を帯びるのは、その裁量行為に逸脱・濫用のある場合といえる。

　以上を図解すると、図2-2-10に示すとおりである。

③違法性の判断――処分性を認めた場合

　このように保育所の廃止条例は、処分性を認められる結果となったのだが、それが違法かどうかについて次のように判断している。すなわち、廃止・民営化には、経費削減効果があり、これに合理性が認められる以上、一定程度の保育内容の変更も保護者らの受忍すべき範囲内のものというべきであり、これを超えて保護者らの権利を実質的に侵害する程度に内容の変更があったとは認められないから、保護者らが各児童について保育所所在地上の民営化された保育園での保育の実施を受けることができた以上、廃止処分に裁量権の逸脱、濫用があるとまでは認められず、また、市が、各児童について保育園又は他の保育所において保育を実施することを予定していたことからすれば、保育所の廃止、民営化は、児童福祉法33条の4にいう保育の実施の解

除にあたらず、同条に規定する説明聴取手続が必要であると解することはできないことなどから、手続的な面も含めて廃止処分は適法であるとして、請求を棄却している。

しかしながら、この事案では損害賠償については、二審において1世帯あたり33万円の賠償金を命じ、これを最高裁も是認しているところである。

この考え方は、市としては廃止後の移管先の新保育園において児童が心理的に不安定になることを防止し、保護者らの懸念や不安を少しでも軽減するために、引き継ぎ期間を1年程度設定し、新保育所の保育者数名に本件保育所の主要行事等を見せる等の配慮義務を、信義則上の義務(公法上の契約に基づく付随義務)として負っているとして、3ヶ月間の引き継ぎでは、配慮不足(＝付随義務違反の債務不履行)により損害額を認めたものである。

保育内容の変化は、公法上の契約の債務不履行により生じたものであり、保育所廃止条例の制定によって生じたものではない。したがって、本件保育所条例の違法を根拠付けることはできないとしていることにも留意する必要がある。

なお、これより後に出された、横浜市立保育園廃止処分取消請求訴訟判決(横浜地判平成18年5月22日判例地方自治284号42頁)では、大東市判決よりも一歩先んじて、入所にあたって、具体的な保育の実施期間を前提として利用関係が設定されるのだから、当該保育期間中に当該選択に係る保育所を廃止することは、保護者の保育所選択権(保育所を選択し得るとの法的利益)を侵害することになるとした上で、発表から1年、議会の議決から3ヶ月間の民営化は唐突すぎるとして、また、その過程における行政の決定事項を変更できないとした協議の余地のなさ等を背景として、市は裁量権を逸脱・濫用して違法と判断している。廃止処分、すなわち条例自体を違法と判断したものである。ただし、保育所4園が廃止されてからすでに2年が経過していることから、改正条例制定を取り消すことは新たな秩序を破壊し、無益な混乱を引き起こすことになるとして事情判決により取消請求を棄却している。

④ 公の施設による公共サービスの廃止に関する違法性・賠償責任のテスト

図2-2-11　公共サービスの廃止の違法性・賠償責任テスト

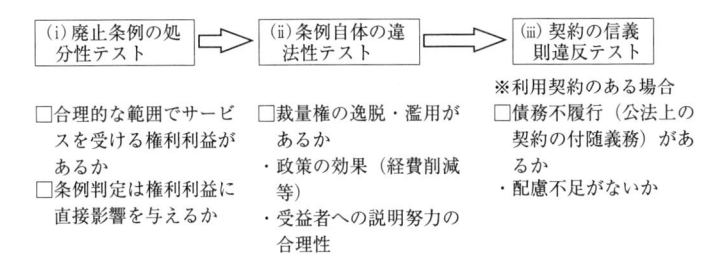

```
┌─────────────┐    ┌─────────────┐    ┌─────────────┐
│(ⅰ)廃止条例の処 │ ⇒ │(ⅱ)条例自体の違│ ⇒ │(ⅲ)契約の信義 │
│　 分性テスト　  │    │　 法性テスト　 │    │　 則違反テスト │
└─────────────┘    └─────────────┘    └─────────────┘
                                         ※利用契約のある場合
□合理的な範囲でサービ　□裁量権の逸脱・濫用が　□債務不履行（公法上の
 スを受ける権利利益が　 あるか　　　　　　　　　契約の付随義務）があ
 あるか　　　　　　　　・政策の効果（経費削減　　るか
□条例判定は権利利益に　　等）　　　　　　　　　・配慮不足がないか
　直接影響を与えるか　　・受益者への説明努力の
　　　　　　　　　　　　　合理性
```

　以上の論理構成を踏まえると、公の施設による公共サービスの廃止に関する違法性・賠償責任の判断に関しては、図2-2-11のようなテストが考え得る。

　まず、(ⅰ)では、当該サービスについて反射的な利益ではなくて、サービスを受ける法的な権利や利益があるかどうか、そしてそれに対して条例制定は直接に影響を与えるかどうかがテストされる。これをクリアした上で、(ⅱ)の条例自体に違法性があるかどうかが次なるステップとなるが、その際には、その政策を進める上で、それ相応の経費削減等の政策的な効果があるかどうか、受益者に対する理解を得る努力、説明期間等が合理的であったかどうかなど総合的な側面から妥当性が試されるわけである。そして、それが問題ないとすれば条例自体に違法性は認められないわけである。しかし、その一方で、そのサービスが契約などから発生する場合には、契約の信義則テストとして、配慮不足がないかどうか等が判断され、場合によっては、精神的な苦痛を慰謝するための賠償金等が認められることになるのである。

(5)　**政策変更の法務に関するまとめと示唆**

　自治体が将来にわたり継続すべき施策を決定した後でも、社会情勢の変動等に伴って変更されることがあることは当然であり、自治体はこれらの決定に完全に拘束されるものではないということをまず確認しておくことが肝要である。

　自治体担当者の行動様式としては、これまで実施してきた施策を変更することについては、非常に消極的なことがうかがえる。例えば、行政改革手法

としてどの自治体でも一般的にある「事務事業の見直し」については、特に住民サービスを縮小することについては「関係者との調整がつかない」といった理由で見送ることが強く打ち出されるのが一般的である。地方分権改革で国の権限を地方に移譲する際の国の反対、消極姿勢（例えば、権限・財源の移譲、国の出先機関の地方への移譲等）はその背景に権限縮小を嫌う官僚制の問題点が背景にあるとされるが、自治体における政策変更の消極姿勢は前例とのバランスだったりすることが多い。その場合にも、論理的に整理すればそれほど問題であることは少なく、また、それで関係者が納得する場合も多いのではないかと思われる。その論理的整理がこの場合の自治体法務の実践であったりするのではないだろうか。

また、政策方針の変更や公の施設の廃止についても、システムとしての変更の意思決定や、その必要性、事情の変更等をきめ細かにかつ周到に説明し、理解を求めることが基本となることは論を待たないところである。

結局のところ、政策変更は、政策過程そのものであり、よりよい「政策変更」はそれに至る諸事情を精密に積み重ねて、説明をし、納得性の高いものにすることにつきるのではなかろうか。

第3節　実態的論点Ⅱ

1　人事管理と自治体法務

(1)　人事管理は政策法務と無関係？

「人事管理」は、任用、給与、勤務時間、服務、研修など、およそある人を職員として取り扱うこと（又は取り扱わないこと）に関する地方自治体の諸活動一切を指す言葉である。「職員の採用から退職までの雇用関係のすべての人事における管理行動の総称」と定義されたりもする。

「自治体政策法務」に興味を持ち、本書を手にした読者であっても、この人事管理という分野については、政策法務とは縁の薄い分野だと感じる方が大半かもしれない。その理由として最初に挙げられそうなことは、人事管理が住民と直接には関係しない純粋に自治体内部のお話である、というところ

だろうか。

しかし、仕事の成果は、能力×意欲で表されるといわれる。公務員にとっての仕事の成果＝住民サービスの提供と捉えたとき、「行政を担う公務員が、生き生きと高いモラールをもって、その能力を最大限発揮しながら、行政課題に果敢に取り組んでいくこと」（2007年人事院勧告）は、より良質で効率的な住民サービスの提供につながるものである。

そのような環境を整備することは、今後の人事管理上の課題であり、政策法務とも無関係ではない。

(2) 生き生きと高いモラールを持つために──意欲の向上策に決め手はない？

（独）労働政策研究・研修機構が2008年に取りまとめた「従業員の意識と人材マネジメントに関する調査」（以下「従業員意識調査」という）では、以下のような結果が出ている。

○3年前と比較した場合の仕事に対する意欲の変化では、「高まっている」と「低くなっている」と回答する従業員が均衡する。

○意欲が低くなった従業員では、理由に、「賃金が低いから」、「仕事の達成感が感じられないから」、「評価の納得性が確保されていないから」などを挙げる者が多い。

○意欲が高まった従業員では、理由に、「仕事を通じて学べるものが多いから」、「責任ある仕事を任されているから」、「仕事の達成感が感じられるから」などを挙げる者が多く、「賃金が高いから」を理由に挙げる者は少ない。

○社員の仕事に対する意欲が高くなったとする企業では、意欲を高めるために実行した施策として、「経営方針・事業計画等の情報提供」を挙げる割合が最も高い。

この調査は、民間企業とその従業員を対象にしたもので、直接に自治体職員の仕事に対する意欲のありようを示すものではないが、組織に属して働く者であるという共通点に着目すれば、自治体職員の意欲向上にも参考になるものであり、次のことがいえそうである。

○働く者の意欲を高める要因は、何か1つ決定的なものがあるのではなく、

第2章　解釈・適用法務　175

複数存在する。

○人はお金や地位のためだけに働くにはあらず。しかし、賃金や評価の納得性が低ければ、意欲は間違いなく低下する。

(3) 自治体職員の人事管理制度――基本的な構造は？

そもそも、自治体職員の人事管理に関する法制度はどのようになっているのだろうか。給与面を中心に、簡単に見ておこう。

自治法では、172条で、この法律に定めるものを除き、給与、勤務時間その他の勤務条件等は地方公務員法の定めるところによるとしている。また、204条では、職員に給料及び旅費を支給しなければならないこと、各種の手当を支給できること、給料・手当・旅費の額と支給方法は条例で決めなければならないこと、が定められている。

このような自治法の規定からは、あらゆることが事細かに規定されているかのような印象さえ受ける地方公務員法であるが、実際は、基本的な事項のみを定め、あとは各自治体の判断・定めに委ねるという性格の法律である。

これは、地方公務員法が、地方自治の本旨の実現に資することを究極の目的としていること（1条）に由来するものであり、給与や勤務時間、休暇についても、地方公務員法の性格は変わらず、具体的な内容は各自治体の条例で定めるとしている（24条）。（つまり、自治体職員の給与に関しては、条例で定めよという規定が地方自治法と地方公務員法の両方にあることになる）

しかし、自治体は条例に定めさえすれば、完全に自由に制度を構築できるというわけではない。給与についていえば、その財源が住民の負担した税であることから、「職員の給与は、生計費並びに国及び他の地方公共団体の職員並びに民間事業の従事者の給与その他の事情を考慮して定めなければならない」と規定され（24条3項。給与以外の勤務条件については4項参照）、均衡の原則と呼ばれる、この規定の趣旨は、国家公務員の給与に準ずることで実現されると理解されている。

その結果、ほとんどの自治体で、国家公務員を対象とする「一般職の職員の給与に関する法律」とほぼ同文の条例を「職員の給与に関する条例」などの名称で制定し、給与法の細部を定める人事院規則とほぼ同文の規則が自治

体にもあるという状況にある。

　給与に限らず、人事管理制度全般について、自治体が国家公務員の制度と明らかに異なる制度、とりわけ自治体職員にとって有利になるよう制度を設けることは、均衡の原則に反しているとの批判を浴びる原因となってくる。

(4)　能力を最大限発揮するために——人事評価制度の活用

　給与をはじめ、自治体の人事管理制度は、制度設計面での自治体の裁量・融通が利きにくいものが多い。その中で、比較的自由になるものが人事評価制度である。

　地方公務員法全体に通じる原則に、能力実証主義がある。職員の処遇は能力の実証に基づいて行わなければならないというものである。15条には、任用（採用、昇任、後任、転任をいう。17条参照）についての能力実証主義が明文化されており、任用以外の人事管理についても、当然に妥当する原則である。

　職員が能力を最大限発揮するためには、職員が今現在どのような能力を有しているかをきちんと把握し、その把握に基づいて、適材適所の処遇を行うことが欠かせない。

　そのための重要な手続となり、現行法上の人事評価制度ともいうべきものが、勤務評定制度である。地方公務員法40条は、「任命権者は、職員の職務について定期的に勤務成績の評定を行い、その評定の結果に応じた措置を講じなければならない」と規定している。

　勤務評定については、そのやり方、内容に法律上の定めがないこと、国家公務員や近隣自治体の評定方法に準ずることが必要なものとは理解されていないことが、自治体の自由な工夫を生み出す余地となっている。

　しかし、2006年度中に、勤務成績の評定を実施したとする自治体は、全自治体の半数強にとどまっており、また、勤務評定を実施している自治体でも、評定結果を給与や昇任、配置転換などに活用している団体が多数派だとはいえない（「平成19年度勤務成績の評定に係る調査結果」）。

　なぜ、法律上求められている勤務評定を実施しないのか。自治体が挙げる理由で最も多いものは、評価の客観性、公平性、統一性等の確保の面で検討が必要なため、である（「第18次公務能率研究部会報告書」）。評定結果の活用率

が低いのも、同じ理由によるものと考えられる（なお、勤務評定が定着しない理由として、1950年代に起こった、教職員の勤務評定反対闘争に関する負の記憶が指摘されることもある。闘争の激しさの一端をうかがわせるものとして、最大判昭和44年4月2日刑集23巻5号685頁、最〔1小〕判昭和61年3月13日民集40巻2号258頁）。

　その結果、勤務評定の実施・活用に替えて、職員の評価と処遇は、昇給や勤勉手当のような、勤務成績に基づいて運用することが予定されている給与の処遇は、懲戒処分を受けた者などを除き一律で行い、昇任や配置転換は、「上司や人事当局の日常の心証による評価（『システム』化されない人事評価）」（「人事評価研究会報告書」）により行うというのが、一般的といってもよい、割とよくある自治体の姿、だろう。

　だが、この方法は、かえって恣意的あるいは非効率的な人事管理、行財政運営につながりかねない。

　そこで、近年、先進的な自治体では、従来の勤務評定のあり方、イメージ

【コラム6】国家公務員法の改正と人事管理

　2007年7月、①能力・実績に基づく人事管理の徹底、②再就職に関する規制の導入、の2つを大きな柱とする、「国家公務員法等の一部を改正する法律」が公布された。国会での議論やマスコミの報道では、各府省による再就職のあっせんを規制し、新たに設置される官民人材交流センターに一元化するなどの②の再就職規制に注目が集まった。

　しかし、従来の勤務評定制度に替えて、新たに人事評価制度を導入し、人事管理は、職員の採用年次や採用試験の種類にとらわれず、人事評価に基づいて適切に行われなければならないとした①の能力・実績に基づく人事管理の徹底も、これまでの改正とは一線を画する大きな改正である。改正国家公務員法のうち、この①の能力・実績に基づく人事管理の徹底に関係する規定は、2009年4月1日から施行されたところである。

　地方公務員については、改正国家公務員法と同様の内容を盛り込んだ「地方公務員法及び地方独立行政法人法の一部を改正する法律」案が、2007年5月に国会に提出され、衆議院で審議されてきたところであるが、2009年7月の衆議院解散に伴い、審査未了・廃案となった。今後の動向に注目していく必要がある。

には必ずしもとらわれない、職務遂行の過程・行動に対する評価や、目標管理的手法による業績に対する評価など、様々な手法を採り入れ、また組み合わせた人事評価を実施している。

(5) **わかりやすいことは意欲につながる——北京五輪の代表選考に思う**

　2008年の北京五輪の代表選考にあたり、(財)日本水泳連盟は、選考会決勝で派遣標準記録を突破して2位以内に入った者は自動的に選考する、との方針を打ち出した。かつて選考方法が不透明だとして批判を浴びたことに対する反省と、選考会の場で力を出せない選手は五輪の場でも力を出せないという考えに基づくもののようである。

　選考会では、優勝しても派遣標準記録に届かなかったために代表になれなかったり、逆に、派遣標準記録を突破しても3位だったために代表になれなかったり、と様々なドラマが繰り広げられたが、選考方針とそれに基づく選考は、誰にとってもわかりやすい明確さゆえに、選手にも、五輪に関心を寄せる一般観衆にもおおむね好評であったと総括できるだろう。

　一方で、自治体が職員に対して行う評価と処遇の過程を見てみると、不透明を通り越して、ブラックボックスと評されることもまれではない。自治体の勤務評定について、『自治体の人事システム改革』の中で、稲継は、「やや単純化をおそれずに総括すると、『本人不知の評定基準に基づいて、上司が一方的な評価を行い、評価の際の面談もなく、そして評価結果は本人には知らせず、人事担当部門で昇格・昇任などに活用する場合もありうる』というものであろう」とまとめている。

　職員にとってみれば、評価という形で、自分の仕事の成果をきちんと認めてもらうことは、仕事の達成感にもつながるものである。前出の「従業員意識調査」でも、「プロセス評価」や「評価者のための研修の実施、拡充」と並んで、「評価結果の対象者へのフィードバック」を実施している企業の従業員では、実施していない企業の従業員に比べ、意欲が高まったとする者の割合が高い、との結果が出ている。

　すなわち、評価の制度・内容をわかりやすく、かつ明らかにし、さらに、評価結果を個々の職員にフィードバックしていくことは、それだけで職員の

意欲の向上をもたらす可能性がある。

(6) 評価することの不完全さを補うために

　人事評価の実施と評価結果のフィードバックは、「生き生きとモラールを持つこと」と「能力を最大限に発揮すること」の両方につながり得るものである。

　しかし、人間が人間を評価するものである以上、いくら「評価者のための研修の実施、拡充」を行ったとしても、不完全さは残る。その不完全さを埋めるためには、制度をよりよいものにするよう、絶えず見直しを行っていくことが大事である。

　それとともに、完全な評価制度はあり得ないことを前提に、評価に不満を感じた職員が、自分に欠けるとされた部分を磨き、あるいは欠ける部分を補うべく得意な部分を磨き、将来的には成長して高い評価を得る、人材育成・能力開発の機会を準備することが重要になってくる。評価に満足した職員にとっても、さらに自分を高める機会があることはプラスである。

　地方公務員法39条では、1項で「職員には、その勤務能率の発揮及び増進のために、研修を受ける機会が与えられなければならない」と規定し、3項で自治体は、「研修の目標、研修に関する計画の指針となるべき事項その他研修に関する基本的な方針を定める」ものとされている。

　「研修に関する基本的な方針」の策定は、2004年の地方公務員法改正で追加されたものであるが、それ以前から、自治体には、1997年の自治省の通知により、「人材育成基本方針」の策定が求められており、「研修に関する基本的な方針」を中核とし、それを包含する形で「人材育成基本方針」を定めることが望ましい、とされている。

　「人材育成基本方針」、「研修に関する基本的な方針」のいずれにしても、中身をどうするかもさることながら、自治体としてどのような人材を期待するか、そのためにどういった人材育成・能力開発を行っていくか、自治体の判断と腕の見せどころである。

(7) 組織を作って動かす――昔は部の数も名前さえ決められていた

　最後に、冒頭の人事管理の定義からは少しはずれるが、自治体が自治体内

> **【コラム7】職員の採用と政策法務**
>   採用後の職員を育成し、その能力に応じて適材適所の処遇を行うことは重要であるが、採用という入り口の段階で、優秀な職員となり得る人材を確保することも大事である。採用について、地方公務員法は、能力実証主義に基づくべきこと（15条）、競争試験又は選考によること（18条）、競争試験は筆記試験や口頭試問、身体検査等の方法で行うこと（20条）が定められているが、実際の採用にあたっての具体的な方法の選択は、自治体の判断に委ねられている。
>   20歳前後の人を職員として採用し、定年まで雇用したと場合、自治体の負担する人件費総額は、億の単位になるという。また、自治体の歳出のうち、都道府県であれば約30％、市区町村であれば約20％を人件費が占めている（平成19年度普通会計決算）。このことから、採用は、高額なお買い物にたとえられることがある。通常、モノを購入しようとする場合、それが高額であればあるほど、どのようなものが自分は欲しいのか、そのモノは自分の欲しいとイメージしたものと合致しているのか、モノの性能や価値が価格とつり合っているかといった点を慎重に検討した上で、購入に踏み切るのではないだろうか。
>   職員の採用にあたっても、自治体の求める人材像を明確化し、その求める人材の確保につながる方法を検討し、工夫することが必要であり、政策法務の課題の1つになるだろう。

に部や課を置く、内部組織を設置する権限についてみておきたい。

　自治法158条は、地方公共団体の長の権限に属する事務を分掌させるため、必要な内部組織を設けることができ（1項）、組織の編成にあたっては、自治体の事務及び事業の運営が簡素かつ効率的なものとなるよう十分配慮しなければならない（2項）と規定している。

　この現行の規定になったのは、2003年の改正によってであり、それまで、都道府県については、人口に応じて設置すべき局や部の数が決められており、例えば人口250万以上400万未満の府県は8部とされ、これを超える部を設ける場合は、総務大臣への事前届出が必要とされ、また、他の都道府県や国の行政組織と権衡を失しないことが求められていた。

　さらに、1991年までは、標準的な局・部の名称と分掌事務が、民生部・(1)社会福祉に関する事項、といった具合に、自治法に例示され、1997年ま

では、局・部の増減には自治大臣への事前協議が要求されていた。

　市町村については、内部組織の数に関する規定はなかったが、2003年以前は、都道府県同様、他の市町村の部課の組織との間に権衡を失しないことが要求されていた。

　現在、自治体は思ったとおりに内部組織を設けることができる。組織は職員が意欲と能力を発揮する場である。どのような組織を設けたら、「社会経済情勢の変化に対応し、新たな行政課題や住民の多様なニーズに即応した施策を総合的かつ機動的に展開でき」(2003年改正時の総務省通知)、「事務及び事業の運営が簡素かつ効率的なものとなる」のか、また、設置した組織にどのような能力を持つ職員を配置すれば設置の目的にかなうのか、検討すべき点は多数あるが、自治体の創意工夫が問われている。

2　公の施設の管理権限と管理責任

(1) 公の施設とは

　「公の施設」とは、地方公共団体が設ける施設のうち、住民の福祉を増進する目的をもってその利用に供するための施設である（自治法244条1項)。市民会館、公営運動施設、図書館、公民館、公立小・中学校、公立大学、公立病院、社会福祉施設、公園、道路、下水道、公営住宅などが様々な施設がこれにあたる。公の施設となるための要件は、次のとおりである。

　① 当該地方公共団体の住民の利用に供するための施設であること（庁舎や純然たる試験研究所等は、地方公共団体が事務や事業を執行するため、直接使用することを目的とする施設であり、公の施設ではない。また、当該地方公共団体の区域内に住所を有する者に全く利用されない施設は、公の施設ではない)。

　② 住民の福祉を増進する目的でその利用に供するための施設であること（住民の利用そのものが福祉の増進となるものでなければならず、住民が利用しても競輪場や競馬場のような地方公共団体の収益事業のための施設は、公の施設ではない)。

　③ 地方公共団体が設ける施設であること（公の施設は、物的施設を中心とする概念であり、医師や巡回講師等の人的施設のみであれば、公の施設ではない。ま

た、地方公共団体以外の国その他公共団体が設置する施設は、公の施設ではない）。

なお、公の施設の設置及び管理に関する事項は、学校教育法、都市公園法、道路法、下水道法等の法令に特別な定めがある場合を除き、地方公共団体の条例で定めなければならないものとされている（自治法244条の2第1項）。

これから公の施設の管理における解釈法務や立法法務上の論点について、いくつかピックアップして述べてみたい。

(2) **公の施設の利用**

地方公共団体は、正当な理由がない限り、住民が公の施設を利用することを拒んではならず（自治法244条2項）、また、住民が公の施設を利用することについて、不当な差別的取扱いをしてはならない（同条3項）。これは、公の施設の利用関係の発生についての不当な拒否を禁じ、また、利用関係の継続中の不当な差別的取扱いを禁じ、その適正な利用を確保しようとするものである。

公の施設の利用を拒否できる正当な理由は個々具体的に判断されるものであるが、一般的には、その利用にあたり使用料を払わない場合、利用者が予定人員を超える場合、その者の利用が他の利用者の利用に著しく迷惑を及ぼす危険性があることが明白な場合、その他利用に関する規程に違反して利用しようとする場合等は、正当な理由に該当すると解される。正当な理由は、公の施設の管理に関する事項として条例において、例えば、「公序良俗に違反し、又は建物・設備を破損・滅失するおそれがあると認められるとき」、「条例又は条例の基づく規則に違反したとき」、「その他管理上支障があると認められるとき」などと定められる。

公の施設の利用の拒否の違法性が争われた事件として、上尾市福祉会館利用拒否事件（最〔2小〕判平成8年3月15日民集50巻3号549頁）がある。これは、何者かに殺害されたJR関係労働組合の幹部の合同葬に使用するためにされた会館の使用許可申請に対し、会館の設置及び管理条例に使用を許可しない事由として定める「会館の管理上支障があると認められるとき」に該当するとして不許可処分がなされたため、申請者がこれを違憲違法であるとして、市に対し国家賠償法に基づく賠償請求をした事例である。最高裁は次の

ように判示した。

「公の施設については、管理者は、正当な理由がない限り、その利用を拒んではならない。そして、公の施設が集会用の施設である場合には、管理者が正当な理由なく、その利用を拒否するときは、憲法の保障する集会の自由の不当な制限につながるおそれがある。これらの観点からすると、条例に定める使用の不許可事由の1つである『会館の管理上支障があると認めるとき』は、会館の管理上支障が生ずるとの事態が、客観的な事実に照らして具体的に明らかに予測される場合に初めて、会館の使用を許可しないことができることを定めたものと解すべきである。」

この判決は、公の施設の利用を拒否できる正当な理由についての重要な解釈基準を示したものである。管理者が会館の管理上支障があると認めてその使用を不許可にできる場合は、会館の管理上支障が生ずるとの事態が、管理者の主観により予想されるだけではなく、客観的な事実に照らし具体的に明らかに予想される場合に初めて、それに該当するとしている。

最高裁は、この基準に則して、本件不許可処分の理由を次のように否定し、本件不許可処分を違法とした。

① 本件不許可処分は、会館を合同葬のために使用させた場合には、Xに反対する者らがこれを妨害して混乱が生ずると懸念されることを理由としている。

　しかし、労働組合の幹部の殺害事件について内ゲバ事件ではないかとみて捜査が進められていることを報じる新聞記事があったとしても、合同葬にまでXに反対する者らの妨害による混乱が生ずるおそれがあるとは考えにくい上、その他警察の警備等によっても、なお混乱を防止することができないような特別の事情があったといえない（＝混乱が予想されても、それは警察の警備により回避できる程度のものである）。

② 本件不許可処分のもう1つの理由として、会館をこれまで市民葬を除き葬儀のために使用させたことはなく、また、会館には結婚式場等が併設されているが、会館を合同葬のために使用させた場合には、同時期に結婚式を行うことが困難となり、結婚式場等の施設利用に支障が生ずる

ことを挙げている。

　しかし、会館の運営方針として、その使用を結婚式等の祝儀のための使用に限るとか、祝儀のための使用を葬儀等の不祝儀のための使用に優先することが確立されていたものではなく、また、合同葬のための会館の出入口と併設の結婚式場等の出入口は異なる場所にあり、合同葬と結婚式が同日に行われるのでなければ、会館が葬儀に使用されることを結婚式の使用者が嫌悪するとは必ずしも思われず、合同葬のための使用は、会館の設置目的に反するとまでいうことはできない。現に合同葬の当日における結婚式のための使用申込みは、本件不許可処分の時点もその後もなかったところである。

　同様に公の施設の管理上の支障による利用の拒否について、限定的解釈を示した最高裁の判例として、泉佐野市民会館利用拒否事件（最〔3小〕判平成7年3月7日民集49巻3号687頁）がある。

　いずれの判例も、公の施設の管理に関する指針を示した重要な判例であり、条例上、公の施設の使用の不許可事由として、一見裁量性が高く思われる「管理上支障があると認めるとき」が、憲法上の集会の自由の保障や公の施設に関する自治法244条の規定から限定的な解釈がなされることになるとしている。公の施設の利用の拒否にあたっては、判示を踏まえた厳格な運用がなされなければならないものである。

　また、最近、公の施設から暴力団員を排除することが問題となっているが、暴力団員の利用が公の施設の利用を拒否する正当な理由となり得るであろうか。

　全国的な公の施設からの暴力団員の排除は、まず公営住宅から始まった。2007年4月20日に発生した東京都町田市における暴力団員けん銃発砲立てこもり事件を契機として、国土交通省から公営住宅における暴力団排除の基本方針等が示された。これを受けて全国の自治体では、条例に定める公営住宅の入居資格等に暴力団員でないことを追加し、暴力団員の排除を開始した。最近では、公営住宅に限らず公の施設一般から暴力団員を排除する自治体が見られるようになっている。

公の施設を暴力団員が利用する場合は、次の2つの利用態様があると考えられる。
① 暴力団員の利用が他の利用者の著しい迷惑となる場合
② 暴力団員の利用が他の利用者の迷惑となるものではないが、その利用が暴力団の利益となる場合

①は公の施設を暴力団幹部の襲名披露や葬儀により利用する場合がこれに該当し、②は公の施設を利用して市民の名前で行う興行に暴力団が関与し、その収入を資金源とする場合がこれに該当する。前者の場合は、暴力団員の利用という事実からその利用が他の利用者の利用に著しく迷惑を及ぼす危険性があることが明白であり、公の施設の利用を拒否する正当な理由があると考えられる。後者の場合は、前述したように公の施設の利用を拒否する正当な理由が限定的に解釈すべきとされる中で、公の施設の利用を拒否する正当な理由があるといえるかが問題となる。

暴力団関係者が出演する歌謡ショーのための公の施設の利用の拒否が争われた事件として、松本市市民会館利用拒否事件（長野地判昭和48年5月4日行集24巻4〜5号340頁）がある。この事件の概要は次のとおりである。原告が某有名女性歌手Aの歌謡ショーに使用するためにした会館の使用許可申請に対し、市は許可をした。その後、原告の歌謡ショーの一行の中に組織暴力団に関係を持っているといわれるAの実弟Bが含まれており、ショーに出演することが判明したため、市は、会館の設置及び管理条例に使用の不許可事由及び使用許可の取消事由として定める「公安を害するおそれがあると認められるとき」に該当するとして使用許可の取消処分を行った。そこで、原告が使用許可取消処分の取消しを求めて出訴した。長野地裁は次のように判示し、本件使用許可取消処分を適法とし、原告の請求を退けた。

「公安を害するとは、社会の人々の生命・身体・安全が損なわれることであって、前記条例においては会館の使用によってこれらの法益に対する侵害行為が惹起される場合に限られず、そのような<u>侵害行為をなすことが明らかな組織に利益を与えることによって侵害行為を助長される場合も含む</u>と解される。」

判決は、公安を害するおそれの意義を、単に会館の使用により侵害行為が惹起されるという直接的影響がある場合に限らず、広く暴力団の資金源となり利益を与え、侵害行為が助長される場合を含むと解している。
　これによれば、前述の②の暴力団員の利用が他の利用者の迷惑となるものではないが、その利用が暴力団の利益となる場合においても、公安を害するおそれがあるものとして、公の施設の使用を拒否し、又は使用許可後のそれを取り消すことが可能になるものと考えられる。しかしながら一方、このような取扱いをすれば、公の施設の使用の拒否事由や使用許可の取消事由の範囲が、許可権者である市の恣意的な運用により拡大し、住民の公の施設の利用権が保護されない場合が出てくることも考えられる。公安を害するおそれがある場合（これを含んで「公の秩序を害し、善良な風俗を乱すおそれがある場合」と規定している条例も多いものと思われる）に該当するとして、公の施設の違法・不当な利用拒否が行われないよう歯止めが必要であるし、立法論としては、条例上もう少し具体的な規定を設けておくことがベターであろう。条例で定める使用の拒否事由や使用許可の取消事由に、暴力団の利益となると認める場合を追加して解決をはかるべきであると考えられる。
　なお、実務上は、前記①、②のいずれの場合も、暴力団員であるか、許可権者において判然としない場合も多いと思われる。許可の可否の判断にあたっては、警察の協力を求めて調査することが必要となろう。
　また、宗教団体から公の施設の使用許可申請がなされる場合があるが、使用させることができるであろうか。憲法89条は、政教分離の原則（憲法20条）を財政面から保障することを目的に、宗教上の組織又は団体の使用、便益、維持のため、公金を支出し、公の財産を利用に供してはならない旨を定めている。しかし、この規定は、宗教団体に常にすべての公の財産（公の施設）を利用することを禁じたものではなく、一般住民に広く開放されている公の施設（道路、交通機関、公園、市民会館等）を、宗教団体に他の一般人と同様の条件の下に利用させる限りにおいては、違憲となるものではないと考えられる。このような利用は、単に一利用者としての公の施設の利用を認めているものであって、当該宗教団体を特に財政面で優遇、援助等する目的があ

るとは通常考えられず、政教分離の原則に反するとはならないと解されるからである。よって、宗教団体に公の施設を一般人と同様の条件の下に使用させることは違憲となるものではない。しかしながら、一般の使用とは異なった特恵的な利用、例えば使用料を特別に減免するなどしてしまった場合には、その利用は憲法89条に抵触することとなる。

(3) 公の施設の指定管理者による管理

　公の施設の管理は、地方公共団体が直接行うことができるのはもちろんであるが、そのほか公の施設の設置の目的を効果的に達成するため必要があると認めるときは、条例の定めるところにより、法人その他の団体であって当該地方公共団体が指定するもの（以下「指定管理者」という）に当該公の施設の管理を行わせることができることとされている（自治法244条の2第3項）。

　この指定管理者制度について少し述べておく。近年、スポーツジム等の体育施設、美術館、福祉施設等において、公的主体以外の民間主体がサービスを提供するケースが増大しており、また、多様化する住民ニーズに効率的かつ効果的に対応するためには、民間の事業者のノウハウを活用することが有効となっているところである。指定管理者制度は、公の施設の管理に民間事業者の手法や発想を取り入れることによって、管理経費の縮減による当該公の施設の利用料金の低廉化や使用者に対するサービスの向上をはかることを目指して、従来の管理委託制度に代わって導入されたものである。

　従来の管理委託制度と新たな指定管理者制度とは、次のような相違がある。

　管理委託制度の下においては、管理の委託は、公物本来の目的を達成させるための作用である公物管理権に限られ、公物の使用関係の秩序を維持し社会公共の秩序に対する障害を除去することを目的とする公物警察権は委託できず、また、公物管理のうちでも権力的性格を有するもの、すなわち行政処分は、公の行政権限に属するものとして委託することはできないとされていた。

　改正後の指定管理者制度は、従来の管理の委託の方式を、法律を根拠とする管理権限の委任の方式へと変更したものであり、既存の指定法人制度において行政権限の委任が行われていることから、使用許可等の行政処分を含め

て管理を行わせる制度であるとされている。指定管理者は、従来の管理委託制度による管理を受託した者ができなかった公の施設の使用許可をすることが可能になった。もっとも、行政財産の目的外使用許可（自治法238条の4第7項）、不服申立てに対する決定（自治法244条の4）等は、指定管理者に行わせることはできない。

　管理委託制度の下においては、管理の委託先は、地方公共団体が出資している法人で政令で定めるもの（地方公共団体が資本金、基本金その他これらに準ずるものの2分の1以上を出資している法人等）又は公共団体もしくは公共的団体とされていた（改正前の自治法244条の2第3項）が、改正後の指定管理者は、法人その他の団体とされた。指定管理者は、個人は対象にならないが、地方公共団体の出資の有無にかかわりなく株式会社等の営利法人も指定管理者になることができ、さらに団体であれば必ずしも法人格を必要としないものとされている。管理の委託は契約によるものであったが、指定管理者の指定は、指定の期間を定め（自治法244条の2第5項）、議会の議決を経て指定するものであり（同条3項）、この指定は行政処分であるとされる。

　なお、先に述べたように、地方公共団体は、正当な理由がない限り、住民が公の施設を利用することを拒んではならず、また、住民の公の施設の利用について、不当な差別をしてはならないが、この規定は、指定管理者にも適用されることとされている（自治法244条2項・3項）。

　公の施設の管理上の法的問題の1つとして、公の施設内で発生した事故等により利用者に損害を与えたときの賠償責任は、誰が負うかが議論となる。公の施設を地方公共団体が直接管理している場合と指定管理者に管理を行わせている場合に分けて、国家賠償法の適用関係について考えてみたい。

　公の施設を地方公共団体が直接管理している場合、①その管理にあたる職員が、故意又は過失により違法に利用者に損害を与えたときは、国家賠償法1条の規定により、②公の施設に設計や建築上の原始的な欠陥や、維持、保全、修繕等の後発的な不完全な点がある場合など、当該公の施設の設置又は管理上、物的に通常有すべき安全性を欠いていたことに起因して、利用者に損害が生じた場合には、国家賠償法2条の規定により、いずれも設置者であ

る地方公共団体が賠償責任を負うこととなる（東京地判平成13年5月11日判時1765号80頁ほか参照）。

　指定管理者に公の施設の管理を行わせている場合についても、前記②の公の施設の設置又は管理上、物的に通常有すべき安全性を欠いていたことに起因して、利用者に損害が生じた場合には、国家賠償法2条の規定が適用され、設置者である地方公共団体が賠償責任を負うこととなる。前記①と同様の場合、つまり指定管理者の職員の故意又は過失による違法な行為により利用者に損害を与えた場合はどうか。国家賠償法1条に定める国家賠償の要件に、公権力の行使にあたる公務員の行為であることが挙げられるが、ここにいう公務員は、公務員法上の公務員に限定されず、身分上は全くの私人であっても、法令により公権力の行使（非権力的作用に属する行為を含む）の権限を与えられていれば、これに該当すると解されている（名古屋高判昭和61年3月31日判時1204号112頁、浦和地判平成8年2月21日判時1590号114頁ほか参照）。指定管理者の職員も、国家賠償法1条の公務員に含まれるものであり、その行為に起因して利用者に損害を与えたときは、地方公共団体が公の施設を直接管理している場合と同じく、設置者である地方公共団体が賠償責任を負うこととなるものである（地方公共団体が賠償責任を負った場合には、指定管理者の職員に故意又は重過失があったときは、国家賠償法1条2項の規定により、当該職員個人に対し求償することができ、また、指定管理者と公の施設の管理に関し締結する協定に定めがあれば、指定管理者に対し求償することができることとなる）。

(4) ま と め

　公の施設の利用を拒否する場合には、自治法244条2項の正当な理由が必要であるが、管理者が会館の管理上支障があると認めてその使用を不許可にできる場合は、会館の管理上支障が生ずるとの事態が、客観的な事実に照らし具体的に明らかに予想される場合に初めて該当することとなるなど、この正当な理由は制限的に解釈される。特に当該公の施設が集会施設である場合には、憲法上の集会の自由の保障との関係でなおさらのことである。公の施設の利用を拒否するにあたっては、十分に慎重な判断が必要である。

　公の施設の管理を指定管理者に行わせた場合も、自治法244条2項が適用

されるため、指定管理者が公の施設の利用を拒否するにあたっては、同様の解釈により正当な理由の判断を慎重に行わなければならない。

　公の施設を地方公共団体が直接管理している場合だけでなく、指定管理者に管理を行わせている場合であっても、指定管理者の職員の使用許可にあたっての不適切な判断その他の行為や、公の施設そのものの物的な安全性の欠如により、利用者に損害を与えたときは、地方公共団体が賠償責任を負うこととなる（指定管理者やその職員に求償できる場合がある）。指定管理者制度が導入されたが、地方公共団体は、公の施設の管理責任は自らにあることを常に念頭に、公の施設の適切かつ効果的な管理を行うよう努めなければならないものである。

第4節　行政手続に関する論点

　違法または不当な行政作用について、事後的な救済だけでは、私人の権利等の保護としては不十分であり、そのような行政が行われないよう事前の手続の整備が重要である。そこで、行政手続法は、行政運営における公正の確保と透明性の向上をはかるため、処分、行政指導及び届出に関する手続並びに命令等を定める手続に関し、共通する事項を定めている（1条）。同法は、自治体行政庁による行政指導や条例または自治体の規則を根拠とする処分等には適用されないため（3条3項）、自治体は同法と概ね内容を同じくする行政手続条例を定めている。政策法務とりわけ解釈・適用法務における同法及び同条例の重要性は増す一方であり、全般にわたって検討すべきであるが、ここでは実務の現場で問題になることが多く、裁判例のある3つの論点について論ずる。

1　行政手続と行政処分の関係

　行政手続法等には審査基準の公表や理由の提示等の行政手続に違反する処分の効力についての規定が置かれていない。そのような処分は、内容は合理的であっても違法として取り消され得るのであろうか。

(1) 注目される判例——医師国家試験予備試験受験資格認定処分取消等請求事件（東京高判平成13年6月14日判時1757号51頁、最高裁HP行政事件裁判例集）

　中国の国籍を有し同国内の医学校を卒業した者が、日本で医師業務を行うため、医師国家試験本試験の受験資格の認定申請を行ったところ、厚生大臣（当時。以下、同じ）が却下したので、その取消しを求めたものである。本件においては、厚生大臣は、認定申請者に対し、審査基準を公表せず、また法律上提示すべきとされている理由を提示せず却下処分を行ったとして、裁判所は、行政手続法の規定する重要な手続を履践しないで行われた処分は、当該申請が不適法なものであることが一見して明白である等の特段の事情がなければ、同法に違反した違法な処分として取消しを免れないと判断した。

(2) 判例から学ぶべきこと——行政手続法等に違反した処分は取消しの対象

　当該判決は、行政手続法を目的論的に解釈し、申請者は適正手続により処分を受ける権利を保障されているとして、特段の事情がない限り、行政手続法に違反する処分は取り消すことができるとしている。ただし、「行政手続法の規定する重要な手続」とは、同法に規定している手続であれば重要とするのか、その中でも重要なものを指すのかは必ずしも判然としない。また、当事者が行政手続法違反を主張しているからではあるが、処分の内容の合理性については判断していない。

　しかし、結論からは、処分の内容のいかんにかかわらず、行政手続法に違反した場合、取り消され得ると解される。同じの趣旨である行政手続条例に違反する場合も同様であるといえよう。

　したがって、行政手続法制の理解と正確な履践はきわめて重要であるといえよう。

　総務省『行政手続法の施行状況に関する調査結果』（2006年、総務省HP）によると、審査基準について、「設定している」は国で84.6％、都道府県平均で78.4％、「公表している」は国で98.1％、都道府県平均で93.6％に達しており、これらを見る限り、行政手続法制は行政現場で定着してきたといえる。しかし、一方で、本裁判例からもうかがわれるように、処分の内容の合

理性の確保に比べると、行政手続の正確な履践の意識はやや薄いような印象を受ける。それは、行政手続が処分の適法性に影響を及ぼすこと等その法制の理解が不十分であるからと思われる。行政現場において職員に対する行政手続法制の研修が不足していることが指摘されており、その充実が急務である。その際に、一般的な講義に加え、すべての行政処分が行政手続法制に合致しているかを定期的に確認し、必要に応じ手当てする作業を通じて実践的な研修を兼ねることも提案されている。

2 第三者の利益

社会の進展と住民の活動の多様化等により、住民の利害関係は複雑化している。それに伴い、1つの処分が多方面の関係者の利害に影響を及ぼしかねないため、十分な配慮が求められる場合が多い。それは、行政手続上どのように位置付けられるのであろうか。また、どのように行われるべきであろうか。

(1) **注目される判例**

① 岡山県吉永町産業廃棄物処理施設設置不許可処分取消請求事件補助参加申立事件（最〔3小〕決平成15年1月24日裁判所時報1332号3頁）

産廃管理型最終処分場の設置許可申請者が、岡山県知事の不許可処分の取消しを請求した事案で、周辺住民が本件施設が設置されると生命、健康が害されるとして補助参加を申し立てた。最高裁は、本件施設から排出される有害物質により水源が汚染された場合に、直接かつ重大な被害を受けることが想定される範囲内の住民は、「訴訟の結果について利害関係を有する第三者」にあたると判断し、補助参加を認めた。

② 小田急線連続立体交差事業認可処分取消請求事件（最大判平成17年12月7日判時1920号13頁、最高裁HP最高裁判所判例集）

建設大臣（当時）が行った私鉄の連続立体交差化を内容とする鉄道事業認可及び付属街路事業認可について、周辺住民がその取消しを請求した。最高裁は、都市計画事業の事業地の周辺に居住する住民のうち、当該事業の実施により騒音、振動等による健康又は生活環境に係る著しい被害を直接的に受

けるおそれのある者は、当該事業の認可の取消しを求めるにつき法律上の利益を有するとして、沿線の住民の一部に原告適格を認めた。

(2) **判例から学ぶべきこと——利害関係者の意見聴取の重要性**

上記の許認可は申請に基づく処分であるが、周辺住民等当該処分の名宛人ではなくとも、当該処分により影響を受けるおそれのある者はその取消し等について訴訟で争うこと（原告適格）が認められる場合がある。

訴訟で争うことができる以上、当該処分が取り消されることもあり得るのだから、行政庁は、処分の際に、可能な限り利害関係を把握するとともに、関係者の意見を聴取し、十分に斟酌することが重要である。

処分の根拠法令に利害関係者の意見を聴取する手続が定められていれば、それを十全に実施することが必要である。例えば、廃棄物処理法は1997年改正で、一定の産廃施設の設置の際に設置計画を公告・縦覧し利害関係者の意見を受け付けることとしている。そのような個別法令がない場合、またある場合でもそれに加え、行政手続法10条又は行政手続条例の該当する規定に基づく公聴会を実施することも有効と考えられる。

ただし、どれぐらいの範囲の者を利害関係者とすべきか、寄せられた意見を行政庁がどの程度斟酌すべきかは議論があろう。また、意見聴取手続を履践しても、行政処分が第三者の利害に影響する場合には取り消され得ることに留意が必要である。

3 行政指導

行政指導は広範に行われるが、トラブル等を回避するために、正式な申請や処分の前に行われることが多い。行政指導は、処分ではないため服従を強制することはできないが、それに服従しない場合、申請や処分に影響を与えるのだろうか。行政庁はどのように対応したらよいだろうか。

(1) **注目される判例**

① 宮城県白石市産廃施設設置等許可拒否処分取消請求等事件（仙台地判
　平成10年1月27日判時1676号43頁、最高裁HP行政事件裁判例集）

産廃施設を設置しようとした者が設置許可等を申請したところ、指導要綱

に基づく地域住民への説明や知事との事前協議を行っていないとして、宮城県知事が当該申請の申請書を返戻したことに対し、当該行為の取消しと、当該申請に何らの応答もしない不作為の違法確認を求めた。裁判所は、申請が行政庁に到達した以上直ちに審査の開始が義務付けられており、申請書を返戻する行為は、法的効果を伴う行政処分とは認められないから、その取消しを求める訴えは不適法としたが、行政指導を理由として、当該許可申請に対し、相当期間を経過しても何ら処分をしないことは違法であるとして、不作為の違法確認請求を認容した。

二審（仙台高判平成 11 年 3 月 24 日判例地方自治 193 号 104 頁）も一審判決の理由を引用し、控訴を棄却している。

② 北海道釧路市産廃施設設置不許可処分取消請求事件（札幌高判平成 9 年 10 月 7 日判時 1659 号 45 頁、最高裁 HP 行政事件裁判例集）

産廃施設を設置しようとした者が許可等の申請を行ったところ、指導要綱の定めに反し、文教施設に近接しており生活環境保全上不適当であること、住民同意を取得していないこと、設置場所のある釧路市との間で公害防止協定等が締結されていないことから、北海道知事が不許可処分としたことに対し、その取消しを求めた。裁判所は、当該設置許可については、当該施設が法定要件に適合していると認められるときは、必ず許可しなければならないこと、行政指導に従わないまま許可申請することが権利の濫用と目されるような特別の事情がある場合を除き、不許可処分にすることは許されないが、大多数が反対しており住民同意等を求める行政指導に従わなかったことに権利濫用が認められないこと等から、当該不許可処分は違法と判断し、一審（札幌地判平成 9 年 2 月 13 日判タ 936 号 257 頁、最高裁 HP 行政事件裁判例集）を支持した。

(2) **判例から学ぶべきこと**

行政指導の服従を強制することはできないし、不服従をもって申請等を返戻することは審査開始義務に反し、不許可とする裁量は認められていないため違法である。

① 申請に対し受理という概念はない

許認可の申請において、行政側はトラブルに発展しがちな不許可処分を回避する傾向にあり、申請書を受け付けて事前審査を行い、問題がないものは「受理」して正式審査を開始するが、問題があれば「受理せず」申請書を返戻して問題点を修正した後に再度申請するよう求めることが少なくなかった。「受付はしたが、受理はしていないので、いまだ申請はなされていない」という整理である。1993年に行政手続法が制定され、申請が事務所に到達した場合、行政庁はすぐに審査を開始しなければならないとされたことは（7条）、不受理や返戻が違法であることを示しているが、実務においては、現在もこのような取扱いが散見される。
　しかし、(1)①の裁判例により、このような取扱いは審査応答の不作為として違法と判断され、「受理」という概念がないことが確認されたといえよう。すなわち、申請があった場合、形式的な要件を具備していれば、速やかに審査し、形式的な不備があれば補正を求め、要件が具備されれば、実体的な基準に適合するかどうかを判断し、許可または不許可等の処分を行わなければならない。
　②　行政指導不服従の場合は速やかな法定手続等への切り替えが必要
　行政指導は権限行使を伴わずソフトであるから、行政現場で多用されがちである。また、実際には要綱など法令に類似する形式で文書化されていることから、事実上服従を強制するような運用がなされる場合がある。しかし、行政手続法上、行政指導は相手側の任意の協力によってのみ実現されるものであり（32条1項）、強制することはできないし、不利益な取扱い等により服従を迫ることもできない（32条2項・33条・34条）。義務付けるのであれば条例等による法令化が必要である。
　したがって、相手方が指導に不服従であれば、行政庁は行政指導をやめ、以後に予定していた正式な申請や行政処分等に切り替えなければならない。しかも、①で述べたように、申請が到達した時点で審査応答義務が生じているため、速やかに切り替えることが必要である。
　③　行政指導不服従を行政処分には反映できない
　要綱も行政指導であり、法令ではないので、要綱不服従をもって不許可と

すれば、法定外の事項を考慮すること（他事考慮）となり、裁量権の逸脱・濫用となり違法である。

　しかし、(1)②の裁判例により、不服従が社会通念上の正義に反するような特段の事情があれば、申請権の濫用として不許可とすることも可能であるとされている。また、「要綱」という名称であっても、法令の許可基準を解釈した審査基準と整理できるのであれば、許否判断に反映することも可能と思われる。

　＜参考文献＞
　　阿部泰隆『行政法の解釈』（信山社出版、1990年）
　　阿部泰隆『政策法務からの提言』（日本評論社、1993年）
　　阿部泰隆「廃棄物処理法の改正と残された法的課題」(1)-(7)自治研究69巻6号・8号・9号・10号・11号（1993年）、70巻1号・2号（1994年）
　　阿部泰隆『行政法の解釈(2)』（信山社出版、2005年）
　　稲継裕昭『自治体の人事システム改革―ひとは「自学」で育つ』（ぎょうせい、2006年）
　　今野浩一郎・佐藤博樹『人事管理入門』（日本経済新聞社、2002年）
　　宇賀克也『国家補償法』（有斐閣、1997年）
　　宇賀克也『行政手続法の解説（第5次改訂版）』（学陽書房、2005年）
　　宇賀克也『行政法概説Ⅰ（第3版）』（有斐閣、2009年）
　　宇賀克也『行政法概説Ⅱ（第2版）』（有斐閣、2009年）
　　兼子　仁＝北村喜宣＝出石　稔共編『政策法務事典』（ぎょうせい、2008年）
　　北村和夫「権限不行使に対する司法救済」ジュリスト1310号、35-40頁（2006年）
　　北村喜宣編『産廃判例を読む』（環境新聞社、2005年）
　　北村喜宣『自治体環境行政法（第4版）』（第一法規、2006年）
　　北村喜宣『行政法の実効性確保』（有斐閣、2008年）
　　北村喜宣「早期発見、早期治療！―『行政ドック』のススメ」自治実務セミナー47巻5号（2008年）
　　北村喜宣＝福士　明＝下井康史『産廃法談―法学者のウラ読み廃棄物処理法』（環境新聞社、2004年）
　　玄田有史『仕事のなかの曖昧な不安―揺れる若年の現在』（中公文庫、2005年）

小早川光郎＝宇賀克也＝交告尚史編『行政判例百選Ⅰ、Ⅱ（第5版）』（有斐閣、2006年）

総務省自治行政局公務員部公務員課『人事制度を考える　ヒント21』（総務省HP〔http://www.soumu.go.jp〕、2005年）

政策法務研究会編『自治体法務サポート―政策法務の理論と実践』（加除式）（第一法規、2008年追録）

田尾雅夫『自治体の人材マネジメント』（学陽書房、2007年）

田村泰俊「廃棄物処理法における産業廃棄物処分場設置許可申請と地方自治体の裁量権」東京国際大学論叢21号（1999年）

田村泰俊編著『最新・ハイブリッド行政法（改訂版）』（八千代出版、2006年）

千葉　実「訴訟に耐え得る条例の制定等について」行政訴訟実務研究会『自治体法務サポート―行政訴訟の実務』（加除式）（第一法規、2008年追録）

中島　肇「大東市立保育所廃止処分取消・損害賠償請求事件」自治体法務研究2008・夏号（ぎょうせい、2008年）

松本英昭『新版　逐条地方自治法（第5次改訂版）』（学陽書房、2009年）

松本英昭『要説　地方自治法（第6次改訂版）』（ぎょうせい、2009年）

室井　力＝芝池義一＝浜川　清編著『行政事件訴訟法・国家賠償法』（日本評論社、2006年）

山口道昭『政策法務入門』（信山社出版、2002年）

山口道昭「自治体における執行法務の課題」ジュリスト1380号（2009年）

吉田　勉『自治体法務つれづれ草教室』（茨城県地方自治研究会、2007年）

第3章 訴訟法務

第1節 概説——リスクマネジメントとコンプライアンス

　公的かつ最終的な紛争解決手段である訴訟を意識した自治体の政策法務を論ずることが本書の趣旨であるところ、本章では自治体が現実に訴訟と向き合う場面を扱う。

　多くの場合、自治体は被告として訴訟に参加する。したがって、訴訟が提起されることは、自治体にとってリスクであり、訴訟対応はリスクマネジメントである。本章では、自治体に対して、行政訴訟や民事訴訟が提起される場合を想定し、具体的なリスクマネジメントの手法の概略を説明したい。

　一方、訴訟に敗訴する自治体であれば、住民からの信頼は得られない。しかし、訴訟に必ず勝てる方法など存在しないことをここに明言したい。そこで、まずは訴訟に巻き込まれない工夫が必要である。

　大前提ではあるが、自治体は、わが国が法治国家であることを自覚し、公権力の行使にあたって、適正手続の理念（憲法31条）を遵守し、住民らの基本的人権を最大限に尊重した行政活動を行わなければならない。かかる大前提は自明のことであると思われるが、筆者が弁護士として行政訴訟に携わるとき、この考えが幻想であることを思い知る局面が多くある。

　企業法務の分野では「コンプライアンス」、つまり「法令遵守」という用

語を用いて、企業活動の適法性を確保する必要性が説かれる場合が多い。本章では、自治体法務の分野においても、コンプライアンスという用語を用いて、行政活動の適法性を確保する必要性、つまり訴訟を回避する必要性を強く説きたい。

　もっとも、自治体がコンプライアンスを励行しても、相手方次第で、やむを得ず、被告として訴訟に巻き込まれることはある。そのような場合であっても、自治体法務がコンプライアンスに則って活動していれば、勝訴できる確率はきわめて高い。

　結局のところ、日常の自治体法務の現場がコンプライアンスを意識し、訴訟が提起されることを常に意識して活動することが、最大のリスクマネジメントといえるかもしれない。そして、具体的なコンプライアンスの指針は、法令であり、地裁判決も含めた裁判例である。

　なお、筆者は、廃棄物処理法の適用が問題となる事件を多く扱っている。産業廃棄物処理業あるいは産業廃棄物処理施設の許可権限にかかわる訴訟は、自治体のコンプライアンスに対する姿勢が問われる典型的な場面の1つである。そのため、本章では産業廃棄物に関連する裁判例を多く紹介する。

第2節　訴訟対応の基礎知識

1　行政事件訴訟と民事訴訟

　裁判所は、当事者間に生じた紛争について、当事者の訴えの提起により、そこに表示された請求の当否について公権的判断を示す。そして、訴訟において裁判所の判断の対象となる、訴訟上の請求を訴訟物という。訴訟物を言い換えれば、一定の権利又は法律関係をいう。

　民事訴訟において訴訟物は例えば、私法上のものである権利又は法律関係であるが、行政事件訴訟において訴訟物は公法上のものである権利又は法律関係となる。

　自治体は、民事訴訟及び行政事件訴訟の被告となることが多い。

2　行政事件訴訟法と民事訴訟法

　民事訴訟においては、民事訴訟法（民訴法）が適用されるが、行政事件訴訟においては、行政事件訴訟法（行訴法）が適用される。もっとも、行訴法7条により、「行政事件訴訟に関し、この法律に定めがない事項については、民事訴訟の例による」と規定されており、同法に規定のない事項については、行政事件訴訟の特殊性に対応しつつ、民事訴訟の例によることが予定されている。

3　行政事件訴訟の類型

　行政事件訴訟は抗告訴訟、当事者訴訟、民衆訴訟、機関訴訟の4つに分かれている（行訴法2条）。このうち抗告訴訟はさらに取消訴訟、無効等確認訴訟、不作為の違法確認訴訟に区分される。

　行訴法は、法律全体としては、取消訴訟を中心として構成されている。取消訴訟には、処分の取消しの訴え、裁決の取消しの訴えがある（行訴法3条2項・9条）が、いずれにしても、当該行政処分の適法・違法の審理が中心になる。審理の結果、違法であると認定されると、処分は取り消される。なお、取消訴訟の訴訟物は行政行為の違法性自体である。

4　国家賠償事件

　裁判所の実務において、国家賠償事件は自治体が被告となる民事訴訟事件とされる。

　憲法17条により国及び公共団体の賠償責任が定められるところ、国家賠償法（国賠法）は憲法17条の規定を受けて制定されたものである。

　同法1条は公権力の行使に基づく国又は公共団体の損害賠償責任を定めている。同法2条は公の用に供されている施設の設置・管理の瑕疵に基づく損害についての賠償責任を定めている。

　国又は公共団体の損害賠償の責任については、国賠法及びその他の法律に特別の定めがない限り、民法が適用される（国賠法4条・5条）。

第3節　訴訟対応の手順（リスクマネジメントの概略）

1　訴状の送達

　本節では自治体が被告となった場合を想定して、訴訟対応の手順を整理する。

　住民や事業者が原告として訴訟提起した場合、裁判所から訴状が被告に送達される（民訴法138条）。訴状の送達は、通常、特別送達（郵便法66条）によってなされる。

　その後、第一回口頭弁論期日が開かれるが、訴状送達時に期日呼出状が同封される。

2　代理人弁護士への委任

　自治体が被告となった場合、一般的に自治体の職員が訴訟代理人として指定される。これを「指定代理人」と呼ぶ。指定代理人は当該訴訟について、代理人の選任以外の一切の裁判上の行為をなす権限を有する。

　指定代理人には、当該訴訟が提起されるまでその案件を担当していた部署の職員が選出されるのが一般的である。したがって、指定代理人は当該訴訟で問題となっている法令や事件の経過について、きわめて高度な知識を有している。

　もっとも、指定代理人の訴訟経験は一般的に少ないため、それを補う存在が不可欠である。ここにおいて、弁護士を訴訟代理人として委任する必要性がある。弁護士は訴訟経験が豊富であり、指定代理人とタッグを組むことによって、自治体は訴訟を円滑に進めることができる。

　なお、弁護士の選定にあたっては当該訴訟で問題となっている法令に精通しているか否かは重要なポイントである。当該法令に精通している弁護士であれば、同種の事件について多くの訴訟を経験しており、自治体の訴訟戦略に明確なビジョンを示すことができる。

　また、できるだけ訴訟提起される前に、当該分野について専門の弁護士を

選定し、事前に十分に打ち合わせをしておくことが望ましい。自治体の職員は日常業務や議会対応などで一般的に多忙であり、訴訟が提起されてから弁護士を選定し、打ち合わせをしていると十分な準備ができなくなる可能性がある。

3 答弁書の提出

自治体に訴状が送達された後、訴状に記載された原告の請求に対する被告の考えを記載した答弁書を裁判所に提出しなければならない。訴状送達時に答弁書の提出期限（民訴法162条）も裁判所から書面で知らされる。

4 口頭弁論と弁論準備

訴訟が係属すると、訴訟について裁判所が公開の法廷で当事者双方から口頭による弁論を直接聴取する。この手続を口頭弁論という。

答弁書を提出せず、口頭弁論にも出頭しなければ、原告勝訴の判決がなされる可能性が高い。

もっとも口頭弁論とは呼ばれても、実際には原被告の主張をまとめた準備書面や証拠書類を提出する手続が、数回粛々と進められる。

また、多くの場合、第2回目以降の期日は公開の法廷を使わずに、裁判所内の一室で裁判官と原被告が対面して、準備書面や証拠書類の提出をする手続が行われる。これを弁論準備というが、実際に行われる手続の内容は口頭弁論と大きな差異はない。

5 証人尋問

口頭弁論や弁論準備が重ねられ、訴訟の争点が明確になると多くの場合、証人申請が原被告からなされ、証人尋問が実施される。

尋問技術は訴訟技術の最たるものである以上、弁護士は不可欠の存在である。

証人尋問に臨む前には、自治体が申請した証人と十分に打ち合わせをし、真実を明瞭に証言できるように準備すべきである。当然のことであるが、偽

証は犯罪である。

なお、裁判所から自治体が申請した証人の証言内容をまとめた陳述書の提出を求められるのが一般的である。陳述書の作成についても、弁護士の指導を求める必要がある。

6 口頭弁論の終結

裁判所が原被告の主張を咀嚼し、結論について心証を形成するに至ると、審理は終了する。これは口頭弁論期日において、裁判長の弁論を終結する旨の宣言によりされる。

弁論終結の宣言と同時に、判決の言渡期日が指定される。

場合によっては、判決の言渡期日については、その場で指定せずに「追って指定」するとして、後日指定されることもある。この場合、通常は、期日呼出状が郵送されるか、裁判所書記官から電話で連絡される（民訴法94条）。

7 判決と確定

判決は、終局判決と中間判決に分類される。終局判決（民訴法243条1項）とは、訴え又は上訴によって係属している訴訟の一部又は全部について、その審級の審理を完結させるための判決をいう。中間判決（同法245条）とは、審理を整理するため、訴訟の進行中に当事者間で争点となった事項で終局判決の前提となる問題について、あらかじめ判断を下す判決をいう。

また、終局判決は、判断の内容に着目して、訴訟判決と本案判決に区別される。訴訟判決は、原告の訴えが審判を受けるための条件（訴訟要件）を具備しておらず、その訴えが不適法であると裁判所が判断した場合になされる却下判決である。本案判決とは、原告の訴訟上の請求の当否について判断した判決である。本案判決は請求認容判決（原告勝訴）、請求棄却判決（原告敗訴）、事情判決に分かれる。事情判決の例は、後掲する。

判決は、口頭弁論期日（判決言渡期日）に公開の法廷で判決の言渡しがされることによって効力を生ずる（民訴法250条）。通常は判決の言渡しを確認後、訴訟代理人が直ちに書記官室において判決正本の送達を受ける（民訴法100

条)。

　上告審の判決は言渡しと同時に確定するが、第一審及び控訴審の判決は判決正本が上訴権のある当事者（敗訴当事者）に送達された後、当該当事者から２週間以内に上訴の提起がないことによって確定する（民訴法116条）。

8　判決言渡期日後の対応

　自治体の勝訴判決であっても、原告から控訴、上告される場合がある。自治体の敗訴判決ならば、控訴や上告の期間が限られている以上、判決の内容を十分に吟味し、その後の対応を検討する必要がある。

　自治体の場合、組織内の意思決定に時間がかかる場合が多いので、注意が必要である。

【コラム8】弁護士報酬

　円滑に訴訟に対応するために、弁護士へ委任することが不可欠であることは本文で述べたとおりである。

　委任する際に気になるのは、弁護士報酬と思われる。弁護士報酬は、平成16年4月1日から自由化されている。よって、弁護士報酬の種類は様々で、それぞれの弁護士がその提供するサービスに応じて、工夫したメニューを用意している。

　従来は、「着手金」と「報酬金」に区別されるのが一般的であった。「着手金」とは、依頼の目的達成の有無にかかわらず、弁護士が手続を進めるために委任当初に支払う金銭である。「報酬金」とは、弁護士が扱った事件の成功の程度に応じて受ける成功報酬のことをいう。

　最近多いものが、「時間制報酬（タイムチャージ）」である。委任された事件の処理に必要とした時間に単価をかけて弁護士報酬を計算する。

　弁護士に委任する際には、弁護士報酬について、弁護士としっかり話し合い、委任事務の範囲を明確にするために契約書を作成すべきである。

第4節　自治体のコンプライアンスマニュアル
（産業廃棄物事案を中心に）

1　訴訟リスク回避の工夫

　以下において、訴訟というリスクを見据えた、自治体法務のコンプライアンスマニュアルを例示する。

　前述したとおり、自治体が適法な行政活動を実践していれば、訴訟リスクを回避できる確率が高い。また、相手方が無理に訴訟を提起しても、勝訴できる確率はきわめて高くなる。

　もっとも自治体法務の守備範囲は相当に広いため、すべての分野をカバーしてコンプライアンスマニュアルを提言することは難しい。

　前述したとおり、筆者は産業廃棄物処理業あるいは産業廃棄物処理施設の許可権限に係る訴訟に多く携わっているため、かかる分野における自治体法務のコンプライアンスマニュアルを例示するが、そこで示す裁判例はその分野に止まるものではない。

2　行政指導の継続に関する指針
(1)　住民同意制に基づく行政指導

　産業廃棄物処理業者が産業廃棄物処理施設の設置申請をする場合、許可権限を持つ自治体との事前協議が積み重ねられる。この際、自治体は要綱に基づく行政指導として、産業廃棄物処理業者に対し、地域住民の同意書の提出を求めるのが一般的である。産業廃棄物処理施設は禁忌施設とされ、その悪臭や騒音から地域住民がその設置に理解を示す場面は多くない。したがって、産業廃棄物処理業者にとって地域住民の同意書の確保は骨の折れる作業であるが、多くの場合、行政指導に真摯に従う。

　もっとも、廃棄物処理法上、地域住民の同意書の提出は許可申請上の要件ではない。したがって、住民同意制に基づく行政指導をいつまで継続できるのかという点は、行政指導におけるコンプライアンス最大の問題点といえる。

(2) 法令による準則

　行政指導について、行政手続法2条6号は、「行政機関がその任務又は所掌事務の範囲内において一定の行政目的を実現するため特定の者に一定の作為又は不作為を求める指導、勧告、助言その他の行為であって処分に該当しないもの」と定義する。

　その上で、行政手続法32条は、一般原則として「行政指導にあっては、行政指導に携わる者は、いやしくも当該機関の任務又は所掌事務の範囲を逸脱してはならないこと及び行政指導の内容があくまでも相手方の任意の協力によってのみ実現されるものであることに留意しなければならない」と規定する。つまり、行政指導には法的拘束力がなく、事実行為として指導、勧告、助言などを行い、これによってあくまでも相手方の任意の協力を求めるところにその本質がある。しかし、行政側から指導があれば、国民は不満があっても従う場合が多い以上、任意の協力とはいっても無理強いされる場合も散見される。そのため、かかる行政指導の適正化を確保すべく、行政手続法32条の準則が法定された。

(3) 裁判例による準則（最〔3小〕判昭和60年7月16日民集39巻5号989頁）

　もっとも、行政手続法は行政指導の限界のメルクマールを明示しているわけではない。そこで、最高裁判所の以下の判示をメルクマールとする必要がある。

　事案は、マンション建設を目指すXが建築確認申請をしたところ、地域住民の反対を重く見た行政庁Yが確認処分を留保したというものである。Xは、Yが地域住民との話し合いを権力的、強制的に行政指導し、その期間建築確認処分を留保するのは違法であるとして、Yに対し損害賠償を請求して提訴した。前述した国家賠償訴訟の類型である。

　本件において、最高裁判所は、次のように判示した。

　「関係地方公共団体において、当該建築確認申請に係る建築物が建築計画どおりに建築されると付近住民に対し少なからぬ日照阻害、風害等の被害を及ぼし、良好な居住環境あるいは市街環境を損なうことになるものと考えて、当該地域の生活環境の維持、向上を図るために、建築主に対し、当該建築物

の建築計画につき一定の譲歩・協力を求める行政指導を行い、建築主が任意にこれに応じているものと認められる場合においては、社会通念上合理的と認められる期間建築主事が申請に係る建築計画に対する確認処分を留保し、行政指導の結果に期待することがあったとしても、これをもって直ちに違法な措置であるとまではいえない。」「もっとも、右のような確認処分の留保は、建築主の任意の協力・服従に基づく事実上の措置にとどまるものであるから、建築主において自己の申請に対する確認処分を留保されたままでの行政指導には応じられないとの意思を明確にしている場合には、かかる建築主の明示の意思に反してその受忍を強いることは許されない筋のものであるといわなければならず、建築主が右のような行政指導に不協力・不服従の意思を表明している場合には、当該建築主が受ける不利益と右行政指導の目的とする公益上の必要性とを比較衡量して、右行政指導に対する建築主の不協力が社会通念上正義の観念に反するものといえるような特段の事情が存在しない限り、行政指導が行われているとの理由だけで確認処分を留保することは、違法であると解するのが相当である。」

　最高裁判所が明示したメルクマールは、まず①行政指導の対象者が「行政指導に不協力・不服従の意思を表明している場合」に該当するか否かという点である。かかる意思が表明されていなければ、行政指導の継続は合法といえる。

　次に②かかる意思が表明された場合、当該対象者が受ける不利益と行政指導の目的とする公益上の必要性とを比較衡量して、右行政指導に対する不協力が社会通念上正義の観念に反するものといえるような特段の事情が存在していれば、行政指導の継続は合法といえることになる。

3　許可申請への対応に関する指針

(1)　事業者による許可申請

　産業廃棄物処理施設の設置申請の場合、産業廃棄物処理業者が地域住民の同意書を得られない場合は多い。また、仮に地域住民の同意書を得たとしても、それ以外の住民による全自治体レベルでの反対運動が発生する場合があ

る。

　前述のとおり、廃棄物処理法上、産業廃棄物処理施設の設置について地域住民や全自治体レベルでのコンセンサスを得る必要はない以上、産業廃棄物処理業者は許可申請をすることができる。

　このような場合に、自治体はどのように対応すべきか。

(2) **自治体の不作為と不作為違法確認訴訟**

① 法令による準則

　産業廃棄物処理業者の許可申請に対し、申請書類を返戻する、あるいは放置するという違法行為に及ぶ自治体がいまだに存在し、驚くことがある。

　行政手続法7条は「行政庁は、申請がその事務所に到達したときは遅滞なく当該申請の審査を開始しなければならず、かつ、申請書の記載事項に不備がないこと、申請書に必要な書類が添付されていること、申請をすることができる期間内にされたものであることその他の法令に定められた申請の形式上の要件に適合しない申請については、速やかに、申請をした者（以下「申請者」という。）に対し相当の期間を定めて当該申請の補正を求め、又は当該申請により求められた許認可等を許否しなければならない。」とする。

　当然のことではあるが、自治体の許可申請書類の返戻行為や審査の放置は、同条に反し違法である。

② 返戻と不作為違法確認訴訟（仙台地判平成10年1月27日判時1676号43頁）

　自治体の返戻行為に対し、産業廃棄物処理業者は不作為違法確認訴訟を提起して、自治体を攻撃する。抗告訴訟の類型である。

　ここではいわゆる宮城県白石市産業廃棄物処理施設設置等許可拒否処分取消請求等事件の要旨を紹介する。

　事案は、次のとおりである。まず、XがY県知事に対し廃棄物処理法に基づく産業廃棄物処理業の許可申請及び産廃処分場の設置許可申請をしたところ、Y県はXがその産業廃棄物処理施設の設置及び維持管理に関する指導要綱に定める手続を履践しておらず、公益を著しく害するおそれがあるので、申請を取り下げて指導要綱に定める手続を経た上で申請するよう記載した書面を添付して、申請書類を返戻した。そこで、Xは申請書の返戻行為に

ついて取消訴訟を提起する一方で、申請後相当な期間を経過しても何ら処分をしないのは違法であるとして、予備的に不作為の違法確認訴訟を提起した。

本裁判例は主位的請求である取消訴訟については却下したが、不作為の違法確認請求については認容した。要旨は以下のとおりである。

「本件は、不作為の違法確認の訴えにおける違法性が問題になっているのに対し、60年最判（※筆者注：前掲の最〔3小〕判昭和60年7月16日）は、国家賠償請求において、行政指導を理由とする処分の留保の違法性が問題となった事案であるところ、国家賠償請求における不作為の違法と、不作為の違法確認訴訟における不作為の違法とでは質的に相違があるというべきである（最判平成3年4月26日民集45巻4号653頁）。ことに、不作為の違法確認訴訟は、違法な不作為状態を解消し、最終的な救済に向けて中間的な解決を図るための訴訟であり、その性質上迅速な解決が要求されるのであるから、その争点は、法令に基づく申請の有無と、相当期間の経過の点に絞られるというべきであって、右相当期間の経過につき、それを正当とする事情の存否が問題となる場合があり、その中には行政指導の継続を理由とする場合が含まれるとしても、それは申請者が行政指導に従う意思を示していたか否か等、行政指導の必要性やそれに対する申請者の対応等に立ち入るまでもなく、容易に判断が可能な事柄に限られるというべきである。

このようにみてくると、本件のような不作為の違法確認訴訟において、相当期間経過の正当性の判断に当たり、60年最判の判示するような、『申請者が受ける不利益と行政指導の目的とする公益上の必要性と比較衡量して、行政指導に対する申請者の不協力が社会通念上正義の観念に反するものといえるような特段の事情』の存否についてまで立ち入って審理することが予定されているとは解し難く、右判示が必ずしも本件の判断基準となるとはいえないと考えられる。」「そして、本件では、本件各申請時から既に2年余りを経過している上、右申請と同内容の当初の申請時からは4年余を経ていること、なお、本件で、原告が本件行政指導に従う意思がない旨を明確に表明していることは後記（四）のとおりであり、行政指導の継続の必要性をもって処分留保の理由とはなし難いことなどからすれば、本件各申請が、大規模な産廃

施設に関するものであり、それが認められた場合の社会的影響も大きく、その許否については慎重な行政上の判断が要求されることを考慮しても、その判断の遅延及びそれに伴う相当期間の経過に正当な理由があるとはいえない。」

　本裁判例によれば、自治体の返戻行為や審査の放置に関する不作為違法確認訴訟における「違法性」は、原則として①法令に基づく申請の有無と、②相当期間の経過から判断されることになるが、仮に、相当期間が経過していても③それを正当とする事情があれば違法ではなくなる、ということになる。

　もっとも、申請者が行政指導に従わない意思を示していれば、行政指導継続の必要性は正当事情にはなりにくい、ということになる。

　やはり、事業者から申請があった場合には、自治体は早急に審査応答することを厳守すべきである。

(3)　**自治体の不作為と国家賠償請求訴訟①**

①　次に、自治体の申請処理の遅延について国家賠償責任を負わせた事例を紹介する。この点に関するリーディングケースとして、水俣病認定業務に関する県知事の不作為違法に対する損害賠償請求事件がある（最〔2小〕判平成3年4月26日民集45巻4号653頁）。

　事案は水俣病被害にあった住民たちが公害健康被害補償法に基づき、水俣病と認定すべき旨の申請をY県知事に対して行った。しかし、知事から何らの応答処分もうけなかったため、住民たちは知事の処分遅延により、申請者として焦燥、不安の気持ちを抱くことになり精神的苦痛を被っているとして、Y県と国に対し国賠法に基づいて慰謝料等の請求をした。なお、これに先立って、認定申請に対する不作為の違法を確認する地裁判決が確定している。

　最高裁は下記のように判示した。

ア　「認定申請者としての、早期の処分により水俣病にかかっている疑いのままの不安定な地位から早期に解放されたいという期待、その期待の背後にある申請者の焦燥、不安の気持を抱かされないという利益は、内心の静穏な感情を害されない利益として、これが不法行為法の保護の対象になり得る

第3章　訴訟法務　211

ものと解するのが相当である。」

イ 「一般に、処分庁が認定申請を相当期間内に処分すべきは当然であり、これにつき不当に長期間にわたって処分がされない場合には、早期の処分を期待していた申請者が不安感、焦燥感を抱かされ内心の静穏な感情を害されるに至るであろうことは容易に予測できることであるから、処分庁には、こうした結果を回避すべき条理上の作為義務があるということができる。

そして、処分庁が右の意味における作為義務に違反したといえるためには、客観的に処分庁がその処分のために手続上必要と考えられる期間内に処分できなかったことだけでは足りず、その期間に比して更に長期間にわたり遅延が続き、かつ、その間、処分庁として通常期待される努力によって遅延を解消できたのに、これを回避するための努力を尽くさなかったことが必要であると解すべきである。」

最高裁は本事案に関する要件の充足性を審査させるために事件を原審福岡高等裁判所へ差し戻したが、申請に対する応答処分の遅延が申請者の精神的損害に関する国家賠償責任を発生させうることを認めている。

水俣病認定業務に関するリーディングケースからすれば、①客観的に処分庁がその処分のために手続上必要と考えられる期間内に処分できず、②その期間に比してさらに長期間にわたり遅延が続き、かつ③その間、処分庁として通常期待される努力によって遅延を解消できたのに、これを回避するための努力を尽くさなかった場合に、自治体は申請処理の遅延についての精神的損害の賠償責任を負うことになる。

② さらに、名古屋高金沢支部判平成15年11月19日判タ1167号153頁を紹介する。事案は、医師であるXが、Y県知事に対し、医療法（平成9年改正前）に基づく病院開設許可申請をしたところ、自治体が、①申請書について6回の返戻を繰り返して審査及び許可を遅延させ、②法律上添付が必要とされていない地元医師会の意見書の添付を強制し、③病床配分において不利益に取り扱い、④病院開設許可申請の取下げを強制し、⑤その要件がないのに医療法に基づく病院開設中止勧告をしたなどの違法な行為をしたとして、国家賠償責任を追及したというものである。

本裁判例の要旨は、以下のとおりである。

まず、自治体は申請書が提出されたのに、これを正式に受理せず、補正等を求める行政指導の趣旨で申請書を返戻する行為は、申請者の同意がない限り、補正又は申請取下げ等の行政指導のためであっても、申請書に対する審査応答義務を定める行政手続法7条に違反するから、本件でされた6回にわたる申請書返戻行為はいずれも行政手続法上違法な行為であるとした上、第1ないし第4回目申請書返戻行為については、Xが補正等の目的でされた行政指導に従わない意思を表明していたものとは認められないので、国家賠償法上の違法があるということはできないが、弁護士が関与してなされた第5回目以降の申請行為は行政指導に従う意思がないことが明確に表明されているのであり、申請書を返戻した行為は国家賠償法上も違法であるとした。

その上で、これによりXの有する病院開設申請権という手続上の権利の行使が妨害され、実質的に審査が拒否されて遅延したこと、及び第6回目の申請に対する不作為違法確認訴訟の提起は、上記妨害によるものであるから、そのため要した弁護士費用が損害となるとした。

そして、第6回目の申請について、審査が終了して許否を決することができる状況となり、Xが医療法に基づく病院開設中止勧告を拒否する態度を表明しているにもかかわらず、正当な理由なく、申請に対する処分を留保して、許可処分を遅延させたことも違法であり、さらには申請後の病床配分においてXに対し違法な不利益取扱いをなし、Xは一連の違法行為により、医療法に基づく病院許可申請に通常伴う審査及び許可の遅延等による精神的苦痛を超える精神的苦痛を被ったから、その精神的苦痛に対する慰謝料として金100万円が各違法行為と相当因果関係がある損害といえるとした。

本裁判例は、前述の60年最判（※筆者注：前掲の最〔3小〕判昭和60年7月16日）を踏まえたものであるが、本裁判例によれば、不作為違法確認訴訟の原告の弁護士費用は、自治体が負担しなければならないということになる。

(4) **自治体の不作為と国家賠償請求訴訟②（大阪高判平成16年5月28日）**

最近の裁判例において、産業廃棄物事業者の許可申請書類を自治体が返戻し、違法な不作為を継続した事案について、産業廃棄物事業者に対し営業利

益についても自治体に損害賠償責任を負わせたものがある。

　本件は、産業廃棄物処理事業者が許可申請後、自治体の行政指導に応じて、地元自治会の同意を得るように努力したが、同意が得られないことが明らかになり、当該事業者も行政指導には協力できないことを明らかにした後になっても、自治体が行政指導を継続し、許可申請の審査をしなかったことについて、国賠法に基づく損害賠償請求をしたものである。

　本裁判例は、まず、下記のように述べて、自治体が違法な行政指導を継続し、さらには許可申請に対する審査をしなかった不作為は違法であることを認定している。

　「控訴人は、被控訴人の行政指導に応じて、自治会の同意等を得るように努力したが、効果がなく、平成9年11月5日付けで本件苦情申出をしたものであり、同申出の趣旨は、その内容及び表現からみて、今後は行政指導に協力できない旨の意思を真摯かつ明確に表明して、許可申請に直ちに応答すべきことを求めたといえることは明らかである。そして、控訴人は、被控訴人の職員の行政指導に従い、同意等を得るべく真摯に努力した後、これを得ることが実際上困難であると考えられた後、本件苦情申出をしたといえることからも、上記不協力表明が社会通念上正義の観念に反するといえるような特段の事情が存在するものと認めることはできない。

　そうすると、その後は、知事において、本件許可申請に対し、法に定める要件を満たしているかどうかを審査した上、許可するかどうかを判断する義務があったというべきである（行政手続法第四章の各規定参照）。しかるに、被控訴人が控訴人に対して同意書等の徴求を求め続け、これの提出がないとして、事前審査を終了させず、本件許可申請に対する判断を留保したことは、控訴人に対し、同意書等の提出を事実上強制しようとしたものということができ、違法な措置であったといわざるをえない。

　被控訴人は、本件許可申請書を受理していないとして、これに対する判断をすべき義務がなかったかのように主張する。しかし、本件許可申請書は本件事前審査願とともに被控訴人に提出され、本件許可申請に対する実質的な審査である事前審査が行われたのである（行政手続法7条参照）。したがって、

知事には、本件許可申請に対して審査、判断すべき義務が生じていたというべきであり、これを留保したことの責めを免れることはできない。

　以上を要するに、被控訴人の行政指導及びその後の審査を許否した行為（本件許可申請書の返却も含めて許可申請に対する不作為であると評価できる。）はいずれも違法であるというべきである。」

　その上で、本件裁判例は下記のように述べて本来許可がなされるべき時期からの営業利益を失ったとして、逸失利益に相当する金額の損害賠償責任を自治体に負わせた。

　「上記認定のとおり、控訴人は、平成9年11月5日付で本件苦情申出書を提出したのであるから、知事は、控訴人の計画する産業廃棄物処理施設について、法に定める許可要件を満たしているかどうかを審査して、許可するかどうかを判断するべきであった。

　その許可要件は、施設に関する基準及び申請者の能力に関する基準に合致するかどうかである（法14条4項、6項、施行規則10条の5）。そして、本件焼却炉が平成9年12月初めころには、既に殆ど完成し、稼働な状態にあったことは、上記前提事実(3)記載のとおりである。そして、控訴人及び計画施設は、廃棄物処分業の許可基準を満たしているものと推測される（被控訴人は、これが満たされていなかったことについて何ら主張していないこと、上記認定のとおり、被控訴人の職員は、平成9年8月21日、『本体は稼働可能な状態になっているが、〔中略〕県としては、法的問題はクリアされているが、〔中略〕同年11月ころには検査、稼働の見込みである。』と述べていること〔中略〕及び弁論の全趣旨による。）。そうすると、若干の附帯工事が残存していた可能性もあり、あるいは被控訴人が、本件許可申請に対して、審査、判断するため、さらに現地調査等ある程度の審査期間を要するものと考えて、控訴人の主張するように遅くとも平成10年4月末日には許可すべきであったといえる。

　したがって、控訴人は、遅くとも、同年5月1日から廃棄物処分業を営業できたはずであるから、被控訴人の違法な行政指導ないし不作為によってそれ以降の営業利益を失ったといえ、逸失した利益額の賠償を求めることができる。もっとも、産業廃棄物処理業の許可の更新期間は5年とされているか

ら（法14条5項、施行令6条の7）、逸失利益の算定期間は5年間とするのが相当である。」

本裁判例によれば、産業廃棄物処理業者から許可申請があった場合に、自治体が申請書類を返戻し、違法は不作為を継続した場合、自治体は産業廃棄物処理事業者の許可が行われていたのであれば得た営業利益についても損害賠償責任を負うことになる。

(5) 自治体の不作為と不許可処分の違法（東京高判平成20年4月23日）

自治体が許可申請書の返戻行為後、長期間不作為を継続した上で不許可処分を下した場合に、相当な期間内においてなされたものとはいえないことを理由に不許可処分そのものを違法と示唆する裁判例が現れるに至った。

事案は、産業廃棄物処理業者が事業範囲変更の許可申請をした際、自治体が地域住民の一部の反対運動を顧慮し、許可申請書を返戻した上、2年間あまり不作為を継続した。

自治体が不作為を継続している最中に、産業廃棄物処理業者が不作為違法確認訴訟及び後掲の許可の義務付け訴訟を提起したところ、自治体の不作為は第一審において違法と判断された。その控訴審係属中、自治体は許可申請書類を受理しないまま、不許可処分を断行した。

控訴審は訴えの利益が失われたとして、不作為違法確認訴訟そのものは却下したが、以下のとおり、不許可処分そのものの違法を示唆する理由を付記した。

「なお、付言するに、処分の不作為の違法とは、行政庁が法令に基づく申請に対し、『相当の期間』内に何らかの処分をすべきであるにもかかわらず、これをしないことをいう。

ところで、産業廃棄物処理業の事業範囲変更の許可申請については、（Ⅰ）事業の用に供する施設及び申請者の能力が当該事業を的確にかつ継続して行うに足りるものとして環境省令（廃棄物処理法施行規則10条の5）で定める基準に適合しているか否か（廃棄物処理法14条の2第2項において準用する同法14条10項1号）、（Ⅱ）所定の欠格事由に該当しないか否か（同項2号所定の同条5項2号イからヘまで及び同号イ所定の同法7条5項4号イからトまで）の各観点か

らの審査が必要となり、上記（Ⅰ）に関しては、（ア）申請者が産業廃棄物の処分に適する所要の設備を備えた処理施設を有し、保管施設につき生活環境の保全上必要な措置が講じられているか否か（同法施行規則10条の5第1号イ）、（イ）申請者が産業廃棄物の処分を的確に行うに足りる知識及び技能を有するか否か（同号ロ(1)）、（ウ）申請者が産業廃棄物の処分を的確にかつ継続して行うに足りる経理的基礎を有するか否か（同号ロ(2)）、上記（Ⅱ）に関しては、（エ）諸般の欠格事由のほか、『その業務に関し不正又は不誠実な行為をするおそれがあると認めるに足りる相当の理由』（同法7条5項4号ト）の有無を審査する必要がある。そして、これらの要件の審査に当たっては、産業廃棄物処理の生活環境に与える影響の重大性を踏まえつつ、上記（ア）及び（イ）は科学技術的な観点から、上記（ウ）は会計経理的な観点から、上記（エ）は規範的な観点から、それぞれ個々の申請ごとに個別具体的な事情を精査して要件該当性の評価・判断を行うことが必要である。そうすると、関係法令上、申請に対する許否等の処分をすべき『相当の期間』は、一律に何か月等と一定の期間を措定することはできず、個々の事案ごとに、上記（ア）ないし（エ）の各要件に係る諸般の事情を総合考慮した上で、個別具体的に判断すべき事柄であると解するのが相当である。この解釈は、1審被告において、申請前に行政指導による事前準備が事実上先行する通常の取扱いを前提として、内部的な事務処理の目安として、申請後の標準処理期間が56日と定められていることによって、左右されるものではない。

　もっとも、本件においては、本件各処分がされた平成20年1月24日までの間、平成17年10月12日付けの申請からは約2年3か月、平成18年2月3日付けの申請からは約2年にわたり、不作為状態が継続していたところ、1審被告は、このように長期の期間にわたり許否等の処分を行わなかった経緯に係る事情として、①産業廃棄物の多様化及び処分方法の高度化・複雑化に伴い、施設及び申請者の能力が所定の基準に適合するか否かの審査には詳細かつ科学的な検証作業が必要不可欠であり、生活環境の保全上の観点から、厳格な審査を行う必要がある、②廃棄物処理法10条の5第1号所定の『施設に係る基準』の充足については、(a) 申請書の添付書類の不明点の確認、

施設の製造業者への確認等により更に審査をする必要があり、(b) 上記添付書類中の油水分離棟平面図の排水溝の記載は、全量乾燥処理の計画との矛盾があって基準を充足していない、③本件の施設を設置する予定の土地に設定されている根抵当権の債務者である会社の経営状況に関する調査が未了で、申請書に施設の維持管理費用に関する記載がないため収支予測が不明であり、『経理的基礎』について判断できない、④１審原告は、本件の施設につき地元住民らに対し何らの説明も行っていないのに、これを行ったとしてＸ区長を欺罔し、同区長から同意書の交付を受けて申請書に添付し、また、１審被告に提出した事業計画書に添付された虚偽記載のある書類を、原審で書証として提出した事業計画書に添付せず、さらに、平成16年には労働災害の隠蔽の容疑で書類送検されるなど、『その業務に関し不正又は不誠実な行為をするおそれがあると認めるに足りる相当の理由』の欠格事由に該当する可能性がある、⑤地元住民が１審原告による本件土地での廃棄物処理事業の実施に同意しておらず、１審原告から提出されたＸ区長名義の同意書は結果として事実に反する書類となり、この補正を求めて事前準備を継続する必要があるから、いまだ申請の許否を決すべき期間を経過していない、⑥本件のように所要の事前準備を経由せずにされた申請については、56日の標準処理期間によることはできず、相当に長期間の審査が必要となる、⑦許可処分に当たって付すべき『生活環境の保全上必要な条件』(廃棄物処理法14条の2第2項において準用する同法14条11項)の内容を検討する必要がある等と主張する。

　しかしながら、事業者の事業活動のためには人的・物的な準備が必要であって、通常予定される期間内に処分がないときは、事業活動で対応することも困難となるのであるから、(ア) 一般に、産業廃棄物処理業の事業範囲変更の許可要件の審査に当たって、上記①の指摘のように生活環境の保全に配慮した科学的な検証が必要であるとしても、そのような一般的な事柄から、本件のように約2年に及ぶ長期の期間をもって、審査に通常必要な期間と認め得るとは解し難い。次に、(イ) 上記②の『施設に係る基準』については、上記②(a) の各確認に実際にどの程度の期間を要したのか、その確認が本

件処分理由と具体的にどのように関連するのかは証拠上明らかではなく、その確認と本件各処分に約2年の期間を要したこととの間に相当因果関係を認めるに足りる証拠はない上、上記②（b）の見解も、これを前提とすれば、早期に不許可処分をすれば足りることであって、長期にわたる不作為状態の継続を正当とする理由となるものではない。また、（ウ）上記③の『経理的基礎』については、本件各処分の処分理由に含まれていない上、当該会社の経営状況に関する調査に実際にどの程度の期間等を要したのかは証拠上明らかではなく、その調査と本件各処分に約2年の期間を要したこととの間に相当因果関係を認めるに足りる証拠はない。そして、（エ）上記④の欠格事由についても、同④の見解を前提とすれば、早期に不許可処分をすれば足りることであって、長期にわたる不作為状態の継続を正当とする理由となるものではない。さらに、（オ）1審原告は、平成17年10月12日付けの申請に係る申請書及び添付書類の返戻を受けた後、1審被告に対し、同月20日付け『再度の郵送による申請書受理のお願いのこと』と題する書面をもって、1審被告の補正の求めに係る事項につき行政指導に従う意思がない旨を明確に表明しており、申請者の拒否意思の表明後における行政指導の継続等を制限する行政手続法33条の趣旨及び上記（エ）の事情を併せて考慮すると、上記⑤の事前準備の継続の必要性をもって不作為状態の長期化を正当とする根拠とすることはできない。なお、（カ）本件各処分は不許可処分である以上、上記⑤の許可処分に当たって付すべき条件の内容の検討は、本件各処分に約2年の期間を要した理由となるものではない。なお、（キ）本件処分理由①ないし③の指摘に係る別途の許可の欠如は、その確認に時間を要する事柄ではなく、また、本件処分理由④及び⑤の関係でその判断に約2年の期間を要したことを正当とすべき事情を認めるに足りないことは、上記（イ）及び（エ）のとおりである。

　以上によれば、本件の事案における申請の許否等の判断に必要な法定の各要件に係る諸般の事情を総合考慮して個別具体的に検討すると、本件各処分がされるまで約2年に及ぶ長期の期間にわたり不作為状態が継続したことについては、本件の全証拠によっても、これを正当とすべき特段の事情を認め

るに足りないから、本件各申請に対する本件各処分は、『相当の期間』内にされたものとはいえず、違法の評価を免れない。」

　本裁判例そのものは不許可処分の取消訴訟ではないため、相当な期間内になされなかった不許可処分そのものを違法とし、取り消すものではない。しかしながら、本裁判例は、自治体が許可申請に対する許可不許可の判断を相当な期間違法に保留することそのものを理由に、不許可処分の違法を帰結している。かかる結論を前提にすれば、取消訴訟においては、相当な期間内になされなかった不許可処分そのものも違法とされ、取り消されることになる。この裁判例も、自治体が違法な不作為を継続することのリスクを克明に物語る。

(6)　自治体の不作為と義務付け訴訟
①　義務付け訴訟

　行訴法では、自治体の返戻行為は、不作為違法確認訴訟と併合して提起される義務付け訴訟の対象となる。義務付け訴訟は2004年改正によって明文化された訴訟形態であり、抗告訴訟の中の一類型として法定された。

　行訴法第37条の3は以下のように規定する。

「第3条第6項第2号に掲げる場合において、義務付けの訴えは、次の各号に掲げる要件のいずれかに該当するときに限り、提起することができる。
　一　当該法令に基づく申請又は審査請求に対し相当の期間内に何らの処分又は裁決がされないこと。
　二　当該法令に基づく申請又は審査請求を却下し又は棄却する旨の処分又は裁決がされた場合において、当該処分又は裁決が取り消されるべきものであり、又は無効若しくは不存在であること。
2　前項の義務付けの訴えは、同項各号に規定する法令に基づく申請又は審査請求をした者に限り、提起することができる。
3　第1項の義務付けの訴えを提起するときは、次の各号に掲げる区分に応じてそれぞれ当該各号に定める訴えをその義務付けの訴えに併合して提起しなければならない。この場合において、当該各号に定める訴えに係る訴訟の管轄について他の法律に特別の定めがあるときは、当該義務付けの訴

えに係る訴訟の管轄は、第38条第1項において準用する第12条の規定にかかわらず、その定めに従う。
　一　第1項第1号に掲げる要件に該当する場合　同号に規定する処分又は裁決に係る不作為の違法確認の訴え
　二　第1項第2号に掲げる要件に該当する場合　同号に規定する処分又は裁決に係る取消訴訟又は無効等確認の訴え
4　前項の規定により併合して提起された義務付けの訴え及び同項各号に定める訴えに係る弁論及び裁判は、分離しないでしなければならない。
5　義務付けの訴えが第1項から第3項までに規定する要件に該当する場合において、同項各号に定める訴えに係る請求に理由があると認められ、かつ、その義務付けの訴えに係る処分又は裁決につき、行政庁がその処分若しくは裁決をすべきであることがその処分若しくは裁決の根拠となる法令の規定から明らかであると認められ又は行政庁がその処分若しくは裁決をしないことがその裁量権の範囲を超え若しくはその濫用となると認められるときは、裁判所は、その義務付けの訴えに係る処分又は裁決をすべき旨を命ずる判決をする。
6　第4項の規定にかかわらず、裁判所は、審理の状況その他の事情を考慮して、第3項各号に定める訴えについてのみ終局判決をすることがより迅速な争訟の解決に資すると認めるときは、当該訴えについてのみ終局判決をすることができる。この場合において、裁判所は、当該訴えについてのみ終局判決をしたときは、当事者の意見を聴いて、当該訴えに係る訴訟手続が完結するまでの間、義務付けの訴えに係る訴訟手続を中止することができる。
7　第1項の義務付けの訴えのうち、行政庁が一定の裁決をすべき旨を命ずることを求めるものは、処分についての審査請求がされた場合において、当該処分に係る処分の取消しの訴え又は無効等確認の訴えを提起することができないときに限り、提起することができる。」
①　行訴法37条の3第5項の勝訴要件について
義務付け訴訟の勝訴要件の解釈について、大貫裕之中央大学法科大学院教

授の見解に則って説明する。

　（i）まず、同項における「義務付けの訴えが第1項から第3項までに規定する要件に該当する場合において、」は、本案判決要件である訴訟要件を確認したものであるから、勝訴要件は、次の2つの部分に分かれる。

　「同項各号に定める訴えに係る請求に理由があると認められ」ること及び「その義務付けの訴えに係る処分又は裁決につき、行政庁がその処分若しくは裁決をすべきであることがその処分若しくは裁決の根拠となる法令の規定から明らかであると認められ又は行政庁がその処分若しくは裁決をしないことがその裁量権の範囲を超え若しくはその濫用となると認められ」ることである。

　前者の「同項各号に定める訴えに係る請求に理由があると認められ」ることという要件は、併合提起されている訴訟に理由があることを求めている（このことにより、義務付け訴訟の審理においては併合提起された訴訟の審理を先に行うことになる）。

　後者の要件の前半は、訴訟の対象とされている処分に関して裁量の余地がない場合を対象としており、この場合には、法令の規定に事実を当てはめることによって処分をすべきと認められることが勝訴判決の要件となる。

　これに対して、後者の後半の要件は、当該処分に関して裁量の余地がある場合（処分要件についての裁量、処分の内容、選択についての裁量など）を対象としており、この場合には、具体的な事実の下で、申請されている処分をしないことが裁量権の範囲を超え、またはその濫用となると認められることが勝訴判決の要件となる。

　上のような整理が一般になされるが、多くの場合には、問題となる処分に関して一部には裁量の余地がなく、他の部分には裁量の余地が残ることが普通であり、ある部分については（たとえば、要件の認定について）、法令の規定に事実を当てはめることによって結論が出され、ある部分については（たとえば、処分をするかしないかに関して）、行政の判断が裁量権の範囲を超え、またはその濫用となるかどうかが検討され、結論が出されることになる。

　もちろん、処分のすべての点に関して裁量の余地がなく、「その義務付け

の訴えに係る処分又は裁決につき、行政庁がその処分若しくは裁決をすべきであることがその処分若しくは裁決の根拠となる法令の規定から明らかであると認められ」るかどうかだけを問えばよい場合もあろうし、逆に、処分のすべての点に関して法律の拘束があり、「その義務付けの訴えに係る処分又は裁決につき、行政庁がその処分若しくは裁決をすべきであることがその処分若しくは裁決の根拠となる法令の規定から明らかであると認められ」るかどうかだけを問えばよい場合もあろうが、それはむしろ稀である。

（ⅱ）「その義務付けの訴えに係る処分又は裁決につき、行政庁がその処分若しくは裁決をしないことがその裁量権の範囲を超え若しくはその濫用となると認められる」の勝訴要件の後者の後半の要件については、以下のように解釈する。

　一般的に裁量権の踰越、濫用があるとされるのは、次のような場合である。①事実誤認（マクリーン事件・最大判昭和53年10月4日民集32巻7号1223頁）、②目的違反、動機の不正（東京地判昭和44年7月8日行集20巻7号842頁、最〔2小〕判昭和53年6月16日刑集32巻4号605頁）、③平等原則違反（最〔2小〕判昭和30年6月24日民集9巻7号930頁）、④比例原則違反（最〔1小〕判昭和39年6月4日民集18巻5号745頁）、⑤信義則違反（最〔3小〕判平成8年7月2日判時1578号51頁）、⑥判断過程の過誤（専ら要件の当てはめについて）。

　しかし、本項でいう裁量権の踰越、濫用は必ずしもこれと同じではない。本項でいう「裁量権の範囲を超え、またはその濫用となると認められる」とは、与えられた事実の下で申請により求められた処分をすべきものと判断されるにもかかわらず、行政庁が処分をしていないことを指している。裁量の余地がある規制権限の行使に関して、いかなる場合に当該権限の不行使が違法になるのかという問題について、最高裁は「国又は公共団体の公務員による規制権限の不行使は、その権限を定めた法令の趣旨、目的や、その権限の性質等にてらして、具体的事情の下において、その不行使が許容される限度を逸脱して著しく合理性を欠くと認められるときは、その不行使により被害を受けた者との関係で、国家賠償法1条1項の適用上違法となるものと解するのが相当である」との枠組みで判決を行うことがある（筑豊じん肺事件・最

〔3小〕判平成 16 年 4 月 27 日民集 58 巻 4 号 1032 頁)。

　このような枠組みを学説は一般に「裁量権消極的濫用論」と呼んでいるが、この場合、裁量権の踰越、濫用とは、具体的事情の下で、一定の権限を行使すべきであるのにしていないことを指している。37条の3第5項における「行政庁がその処分若しくは裁決をしないことがその裁量権の範囲を超え若しくはその濫用となると認められる」場合とは、規制権限の不行使の事案において、行政庁が規制権限を行使しないことが、「その権限を定めた法令の趣旨、目的や、その権限の性質等にてらして、具体的事情の下において、その不行使が許容される限度を逸脱して著しく合理性を欠く」場合に相当し、申請により求められた処分をしないことが「具体的事情の下において、許容される限度を逸脱して著しく合理性を欠く」こと（裁量権の踰越、濫用）を意味すると見てよい。

　（ⅲ）申請に対する処分に関して裁量の余地があろうとも、具体的な事実の下において、処分をしないことが処分法規の解釈として許容できない場合はあり、そのような場合がまさに「行政庁がその処分若しくは裁決をしないことがその裁量権の範囲を超え若しくはその濫用となると認められる」場合である。

　他方で、申請に対する処分に関して裁量の余地がない場合に、「行政庁がその処分若しくは裁決をすべきであることがその処分若しくは裁決の根拠となる法令の規定から明らかであると認められ」るかどうかは、具体的な事実を前提とした法令の解釈によって決まる。

　いずれも結論は、具体的な条文が裁量の余地を認めているのかどうか、そして、当該処分とのかかわりで問題となる具体的な事実によって決定される。したがって、個別の場面においては、問題となる条文に係る裁量の有無について検討し、それを踏まえて、本件の具体的事実の下で、「行政庁がその処分若しくは裁決をすべきであることがその処分若しくは裁決の根拠となる法令の規定から明らかであると認められ又は行政庁がその処分若しくは裁決をしないことがその裁量権の範囲を超え若しくはその濫用となると認められる」ものかどうか検討することが必要となる。

（iv）もっとも、行政の裁量権の有無、範囲についていかなる基準で判定するかについては、必ずしも現在確立した基準が打ち立てられているわけではない。

実務家（川神裕調査官）の提示する基準としては次のものがある。

川神裕調査官は、裁量の範囲を検討するにあたって考慮される要素としては、①処分の目的・性質、対象事項、②処分における判断の性質、③処分の根拠法規の定め方を挙げている。ただし、その1つがそれだけで決定的なものとなるわけではなく、総合的に判断されるべきものとしている。

その上で、①処分の目的・性質、対象事項については、（ア）侵害処分か、授益処分か、（イ）授益処分であっても、それが最低生活の保障をはかるような社会保障的処分か、恩恵的利益の付与か、（ウ）一般的禁止の解除としての許可か、特許か等を考慮することになるものとしている。

判断の性質としては、当該分野や組織等の事情に通じている必要があるか、多種多様な事情を考慮する必要があるか、多元的な利益を公益又はこれと対立する私益として考慮し政策的判断をする必要があるかといった点が問題となるものとしている。

また、法律の要件等の定め方については、次のようなことを指摘している。

要件や基準を定めていない場合には、原則として、処分要件や処分の選択を合理的裁量に委ねる趣旨であること、「公益上必要かつ適切」などの不確定概念をもって要件を定めている場合には、原則として、一定の要件裁量を認める趣旨であること、処分の発動に関して、「することができる」などの表現が用いられている場合には効果裁量の余地を肯定できること等である。

なお、許可制を規定する法令は、一般に、「……の場合に（①）、……許可することができる・できない（②）」という構造をとっている。そして、①について、具体的事実を認定し、法令の要件を解釈し、具体的事実を法令の要件に当てはめてその適合性を判断するという段階が存在する。この段階においては裁量、つまり判断の余地があり、これを要件裁量という。さらに、要件が充足されている場合に、許可をするかしないかを判断する②の段階がある。この段階における裁量を、効果裁量という。

（ⅴ）なお、裁量の範囲（幅）・内容の問題は、各処分ごとに、その根拠法規についての裁判所による法律解釈によって判断される。マクリーン事件（前掲最大判昭和53年10月4日）では、「法が処分を行政庁の裁量に任せる趣旨、目的、範囲は各種の処分によって一様ではなく、これに応じて裁量権の範囲を超え又はその濫用があったものとして違法とされる場合もそれぞれ異なるものであり、各種の処分ごとにこれを検討しなければならない」としている。

③　保育園入園承諾義務付事件（東京地判平成18年10月25日判タ1233号117頁）

公表されている義務付け訴訟の実例はまだ少ないが、最初に紹介された裁判例を紹介する。取消訴訟と併合提起されたものであり、事案の概要は次のとおりである。

喉頭軟化症等のために気管切開手術を受けてカニューレ（のどに開けた穴に常時装着して気管への空気の通り道を確保する器具）を装着している児童A（当時4歳6ヶ月）の親権者であるXが保育園入園の申込みをしたところ、行政庁よりAについては適切な保育を確保することは困難であるとして、2度にわたって不承諾処分を受けたことに対し、X及びAらが自治体に対し、本件各処分の取消し、保育園入園の承諾の義務付け及び国家賠償を求めた。

義務付け訴訟についての争点は、Aの保育園入園を承諾しなかったことが、裁量権の逸脱又は濫用があるものとして、違法であるか否かという点である。

東京地裁の判示の要旨は、次のとおりである。

まず、障害者であるからといって一律に保育所における保育を認めないことは許されず、障害の程度を考慮し、当該児童が、保育所に通う障害のない児童と身体的、精神的状態及び発達の点で同視することができ、保育所での保育が可能な場合には、保育所での保育を実施すべきであり、障害のある児童であっても、その障害の程度及び内容に照らし、保育所に通う障害のない児童と身体的、精神的状態及び発達の点で同視することができ、保育所での保育が可能であるにもかかわらず、児童福祉法24条1項ただし書にいう「やむを得ない事由」があるとして、当該児童に対し、保育所における保育

を承諾しなかった場合には、そのような不承諾処分は、考慮すべき事項を適切に考慮しなかった点において、裁量の範囲を超え、又は裁量権を濫用したものであるというべきであって、違法であると解するのが相当であるという基準を示した。

その上で、本件においては、Aについては、たん等の吸引と誤えんへの注意の点について格別の配慮を要するものであったが、保育所に通う障害のない児童と、身体的、精神的状態及び発達の点で同視することができるものであって、保育所での保育が可能であったと認めるべきであり、保育所での保育が困難であって、同項ただし書にいう「やむを得ない事由」があると判断したことは、裁量の範囲を超え、又はその裁量権を濫用したものというべきであるから、本件各不承諾処分は違法であり、取り消されるべきものであるとし、Aについて保育園への入園を承諾すべき旨を命ずる判決をするのが相当であるとした。

本件は、本裁判例に先立ち、Aについて保育園への入園を仮に義務付ける旨の決定がされているところ、仮の義務付けが認容され、かつ義務付けの訴えが認容された最初のケースである。

4 不許可処分における指針

(1) 行訴法 30 条

許可の権限を与えられている自治体が申請を許可する場合には、申請者との関係では問題は生じにくい。したがって、訴訟リスクを伴うのは、不許可処分を下す場合である。

行訴法 30 条は、「行政庁の裁量処分については、裁量権の範囲をこえ又はその濫用があった場合に限り、裁判所は、その処分を取り消すことができる」と規定する。

したがって、自治体が許可申請に対し不許可処分をするにあたっては、後に許可申請者から取消訴訟が提起されることを想定し、準備しておくことが必要である。以下、段階ごとに敷衍する。

(2) 審査基準及び標準処理期間の設定・公表

　自治体は許可の権限を行使するにあたって、判断のための基準（審査基準）を定めなければならず、原則としてこれを公表しなければならない。このことは行政手続法5条に規定されている。公表の具体的方法は自治体の判断に委ねられるが、公にされるものは審査基準そのものでなければならない。

　また、自治体は申請処理に通常要すべき標準的な期間を定め、これを公にしておくよう努めなければならない。このことは行政手続法6条に規定されている。もっともこれは努力義務であって、その徒過が当然に違法な不作為を構成するものではない。

　いずれにしても、自治体は行政手続法の要請に従い、審査基準及び標準処理期間を整備しておくべきである。

　これらを整備し、遵守することは、不許可処分に対する取消訴訟が提起された場合の防御活動にとってプラスになることがあっても、マイナスに作用することはない。

(3) 許可申請者に対する質問・指導等の義務

　許可申請書に不備がある場合、自治体の担当者がそれについて許可申請者に対する質問、指導等の対応を全くとらずに不許可処分を下した場合、不許可処分が違法であるとして取り消される場合がある。

　これに関する裁判例（和歌山地判平成16年3月31日最高裁HP下級裁判例集）を紹介する。

　事案は、事業者のした廃棄物処理法に基づく産業廃棄物中間処理施設の設置許可申請に対して自治体市長がした不許可処分が、行政指導による補正が容易にできたのに、これをせずにした信義則違反及び裁量権の逸脱濫用がある違法な処分であるとして、取消訴訟が提起されたというものである。本件裁判例は以下のように述べた。

　「原告（主たる担当者はC）は、平成12年7月末ころから、対策室の担当者であるBとの間で、廃掃法15条の2第1項1号、同法施行規則12条、12条の2所定の技術上の基準に関する事項について協議を進めてきたこと、同年11月7日に原告が提出した本件許可申請の申請書類の内容を審査した上、

同月9日、特に内容的に問題がないとして、これを受理したこと、Bにおいて、同月末ころまでに本件許可申請における本件各施設が技術上の基準に適合するかの審査をした上、Aに対し、許可処分とすることが相当であるとして決済を求め、Aは、内容的な理由ではなく、必要な手続が未了であるという理由でこれを留保したこと、平成13年1月23日及び同年2月5日にY市の担当者と原告との間の協議においても、不許可事由1ないし3、5及び6にかかる事項については、全く話題とされなかったことに加えて、証拠（略）によれば、Bが、対策室の担当から外れた同年2月ころまでの間において、本件各施設が、技術上の基準に適合しないとの判断をしたことはなく、Aも、少なくとも乙20を作成する同年3月ころまで、本件各施設が技術上の基準に適合しないとは判断していなかったこと、Y市の担当者が、原告に対し、本件許可申請受理後本件不許可処分までの間において、不許可事由1ないし3、5及び6に関する点について、質問、指導等の対応を全くとらなかったことが認められることに照らすと、原告においては、本件許可申請の許可権者である被告ないしY市の担当者から、本件許可申請の受理後本件不許可処分に至るまでの間、不許可事由1ないし3、5及び6について何らの質問、指導を受けていなかったのであるから、本件許可申請が許可される見込みが高いか、少なくとも、不許可事由1ないし3、5及び6を理由として、本件不許可処分がされることはないと信頼し、本件各施設の設置又は本件許可申請の許可に向けて必要な準備活動をしていたと推認される一方、被告ないしY市の担当者は、平成13年3月末ころに至って初めて、本件各施設に、不許可事由1ないし3、5及び6の技術上の基準に適合しない事実があると判断したと推認され、上記各推認を覆すに足りる証拠はない。

　以上の各事実に照らすと、被告ないしY市担当者においては、原告の上記信頼を保護するため、それまでと異なり、不許可事由1ないし3、5及び6について、技術上の基準に適合しない、ないしはその疑いがあることを指摘し、原告をして、これらの事項についての説明や本件許可申請の補正をするなどの対応を検討させる機会を与えるべき信義則上の義務があったというべきであり、このような機会を与えることなく、不許可事由1ないし3、5

及び6を理由として、本件不許可処分をすることは、信義則上許されないというべきである。」

このように述べて、本裁判例は、不許可処分そのものが処分理由を欠いた違法なものであるとして、取り消した。

もっとも、不許可事由が存在するにもかかわらず、許可申請者に対し、質問・指導をしなかったから一切不許可処分ができないという結論は行きすぎたものといえる。

したがって、本裁判例は、以下のように補足もしている。

「なお、上記のように、不許可事由1ないし7を本件不許可処分の不許可理由とすることができないとすると、廃掃法15条の2第1項各号の要件を充たさない疑いのある許可申請を不許可とすることができなくなり、同法15条の2第1項1号及び2号、廃掃法施行規則12条、12条の2の趣旨を没却し、ひいては、法律による行政の原理を没却するかのようにみえる。

しかしながら、Y市の担当者らの本件許可申請前後における本件許可申請に対する対応によって、原告に生じた本件許可申請が許可されるのではないか、あるいは、少なくとも不許可処分とはされないのではないかという信頼を保護するため、被告が、信義則上、不許可事由1ないし7を不許可理由とすることができないのは、本件不許可処分についてのみであり、被告ないしY市の担当者が、Y市の担当者らの本件許可申請前後における本件許可申請に対する対応によって、原告に生じた本件許可申請が許可されるのではないか、あるいは、少なくとも不許可処分とはされないのではないかとの信頼を保護するために、必要な指導ないし見解の変更の告知を行い、原告に対し、これに対応するのに必要かつ十分な機会を与えた上であれば、被告は、審査の上で、前記各不許可事由が存在すると認められる場合、これらを理由として、改めて本件許可申請を不許可とすることができるのであるから、前記廃掃法及び廃掃法施行規則の各条項の趣旨や法律による行政の原理を没却することなく、かえって、本件許可申請に対し、手続的に適正な方法によって、審査をすることができるものというべきである。」

このことからすれば、自治体が許可申請者に対し必要な質問や指導等をし

た上で、再度の審査においても、不許可事由が存在していれば、不許可処分をすることが許される。

したがって自治体としては、事前協議等によって許可申請者が許可されるという信頼を有するに至っている場合には、かかる信頼に応えるべく、許可申請書上不十分と思料される点について、質問や指導をしなければならない。

(4) 不許可処分通知書の記載

許可申請がなされ、審査を経て、不許可処分通知書を作成するにあたって最も留意しなければならないことは、理由の付記である。行政処分の場合には、法治国家理念の下、理由自体が法令に適合しなければならないことはもちろん、原則として理由そのものを付記していなければならない。

行政手続法8条は、「行政庁は、申請により求められた許認可等を拒否する処分をする場合は、申請者に対し、同時に、当該処分の理由を示さなければならない」と規定する。

理由付記の程度について、行政手続法は明言していないが、旅券法に基づく旅券発給申請拒否処分に関して、最高裁判所が「いかなる事実関係に基づきいかなる法規を適用して一般旅券の発給が拒否されたかを、申請者においてその記載自体から了知しうるものでなければなら」ない（最〔3小〕判昭和60年1月22日民集39巻1号1頁）としたことが基準となるとされる。単に根拠規定を示すだけでは、不十分であるとされる。

(5) 不許可処分の理由

① 産業廃棄物処理場設置許可規定の法的性質

産業廃棄物処理場設置の許可処分の法律要件と法律効果を規定する廃棄物処理法15条の2第1項は、「都道府県知事は、前条第1項の許可の申請が次の各号のいずれにも適合していると認めるときでなければ、同項の許可をしてはならない」というものである。

かかる産業廃棄物処理場設置許可規定の法的性質については、いわゆる釧路市最終処分場事件において争われている。

事案は、以下のとおりである。産業廃棄物処理等を目的とする会社であるXが廃棄物処理法15条1項（法改正前）に基づいて、Y自治体の知事に対し、

産業廃棄物処理施設設置の許可申請をしたところ、①右処理施設設置場所は第一種住居専用地域及び第二種住居専用地域並びに高等学校に近接しており、生活環境上不適当であること、②周辺住民の同意がないこと、③地元市との公害防止協定等の締結がないことを理由として、同法15条2項により許可しない旨の不許可処分をしたので、Xにおいて右不許可処分の取消しを求めて提訴した。

XY間において、本件処理施設が産業廃棄物処理場設置許可規定の要件を充足していることに争いはない。そこで、許可規定が、法定の許可要件に適合していても不許可とすることができる効果裁量を認めるものか、法定の許可要件に適合している限り許可しなくてはならない、いわゆる羈束裁量と解されるのかが争点となった。

まず、札幌地判平成9年2月13日判タ936号257頁は以下のように判示した。

「このような許可制は、従前の届出制から平成3年の法改正（平成3年法律第95号）によって改められたものであって、本来は自由であるはずの私権（財産権）の行使を、公共の福祉の観点から制限するものであるから、右許可に当たって都道府県知事に与えられた裁量は、申請にかかる産業廃棄物処理施設が法律に定める要件、すなわち、廃棄物処理法15条2項各号所定の要件に適合するかどうかの点に限られ、右各号の要件に適合すると認められるときは、必ず許可しなければならないのであって、この点に関する裁量は羈束されていると解すべきものである。」

さらに、控訴審である、札幌高判平成9年10月7日行集48巻10号753頁、判時1659号45頁は、以下のように判示している。

「憲法29条は、財産権の不可侵を宣言した上、財産権の内容は、公共の福祉に適合するように、『法律でこれを定める』（同条2項）べきものとしているので、公共の福祉の観点からも、財産権の内容の制限すなわち財産権の行使の制限をするためには、法律によることが必要とされる。廃棄物処理法15条は、本来は自由であるはずの私権（財産権）の行使を公共の福祉の観点から制限するものであるから、同条の解釈にあっては、その文理及びその他

の関連規定を総合的に判断して、当該申請に係る産業廃棄物処理施設が法律に定める要件すなわち同条2項各号所定の要件に適合する場合においても、なお知事に対して、許可を与えるか否かについての裁量権（以下、単に『裁量権』又は『裁量』というときは、右の意味における『裁量権』又は『裁量』をいう。）を与えているものと解されるときでない限り、必ず許可しなければならないものとしていると解するのが相当である。法の定めた要件が満たされたと認められる場合にも、その旨の規定がないにもかかわらず、許可を拒むことができるというのでは、法律による委任がないにもかかわらず、知事が私権（財産権）の行使を制限することを認めるのと同様の結果を認めることになり、憲法の前記規定の趣旨に照らして相当でないからである。そして、法15条については、その文理及びその他の関連規定を総合的に判断しても、知事に対して裁量権を与えたものと解することはできないので、知事には、裁量権はないものといわなければならない。」

　これらの裁判例はリーディングケースとされており、産業廃棄物処理場設置許可規定は、要件裁量を肯定するものの、効果裁量は否定するものと理解されている。

　したがって、不許可処分をするに際しては、廃棄物処理法15条の2第1項の各号を充足していないという理由を通知書に記載することになる。

　そのため取消訴訟においては、かかる理由の合理性が問われ、理由自体が存在しないか、あるいは理由そのものが法令に適合してない場合には、裁量権の逸脱濫用として、不許可処分が取り消されることになる。

② 訴訟上の主張

　このように産業廃棄物処理場設置許可規定は要件裁量を肯定するものの、効果裁量は否定するという前提に立った場合、法令の要件を充足する限り、どのような事情が存在しようとも不許可処分は許されないと考えるべきではない。

　法令は完璧なものではない以上、自治体としての公共の利益を守るために、来るべき取消訴訟を見据えて、合理的な法解釈の枠の中で不許可処分を下すこともやむを得ないと思われる。

第3章　訴訟法務　233

以下、いくつかの方法を紹介する。

ア　行政指導の不遵守と権利濫用

釧路市最終処分場事件において、大きな争点になったのは、許可申請者における行政指導の不遵守をもって、不許可処分の合法性を裏付けられないかという点である。

この点、前掲の札幌地判平成9年2月13日は、以下のように判示した。

「普通地方公共団体は、地方自治法2条3項1号及び7号に例示されているとおり、住民の安全、健康を保持し、公害防止その他の環境の整備保全を図るべき責務があるのであるから、廃棄物処理法の目的である生活環境の保全及び公衆衛生の向上をより一層確保する趣旨のもと、同法15条2項各号よりも厳格な指導指針等を定め、これに基づき産業廃棄物処理施設の設置者に対する行政指導を行うことまで否定されるものではない。また、産業廃棄物処理施設の設置者は、周辺地域の生活環境の保全及び増進に配慮する義務を負うのであるから（廃棄物処理法15条の4、9条の4）、産業廃棄物処理施設を設置しようとする者においても、右のような行政指導に対して誠実に対応すべく、かかる指導の内容が法定要件でないからといって、これを軽視すべきでないのは当然である。

このような点からすると現行法上、産業廃棄物処理施設の設置許可に関して、都道府県知事に与えられた裁量が許可申請にかかる産業廃棄物処理施設が廃棄物処理法15条2項各号に適合するかどうかの点に限られるとしても、行政指導に従わないまま許可申請することが権利の濫用と目されるような特別の事情がある場合は、不許可にすることも許されるとする考え方も十分にあり得る。」

また、前掲の札幌高判平成9年10月7日も以下のように判示している。

「普通地方公共団体は、地方公共の秩序を維持し、住民の安全、健康及び福祉を保持すること並びに公害の防止その他の環境の整備保全に関する事項を処理することをその責務の一つとしているのであり（地方自治法2条3項1号、7号）、また、廃棄物処理法1条は、『生活環境の保全』及び『公衆衛生の向上』を図ることをその目的として掲げているのであるから、これらの規

定の趣旨目的に照らせば、関係地方公共団体において、当該産業廃棄物処理施設設置許可申請が許可されて、申請どおりに設置されると、付近住民に対して、少なからず生活環境上又は公衆衛生上の被害を及ぼすことが予想される場合には、当該地域の生活環境、公衆衛生の維持・向上を図るため、申請者に対して、当該設置計画につき、一定の譲歩・協力を求める行政指導を行うことも許されるものというべきである。しかしながら、行政指導は、本来相手方の任意の協力を前提とするものであって、強制力を有するものではないことは当然のことであるから、申請者が右行政指導には応じられないとの意思を表明している場合には、当該申請者が受ける不利益と右行政指導の目的とする公益上の必要性とを比較衡量して、右行政指導に対する不協力が社会通念上正義の観念に反するものと言えるような特段の事情が存しない限り、申請者が当該申請を維持することが権利の濫用に当たるものとすることはできないというべきである（最高裁昭和60年7月16日第三小法廷判決・民集39巻5号989頁、最高裁平成5年4月23日第二小法廷判決・裁判集民事169号37頁参照）。」

これらの裁判例では、結論としては、いずれも権利濫用に該当する事情の存在は否定された。しかしながら、許可申請者の行政指導の不遵守が権利濫用に該当し、不許可事由となる可能性がある以上、自治体としては真摯に行政指導を施し、許可申請者の対応をつぶさに記録しておく必要がある。取消訴訟が提起された場合に、防御事由として主張し得るのである。

イ　効果裁量論

釧路市最終処分場事件における各裁判例が、産業廃棄物処理施設設置許可規定について効果裁量を肯定するものではないと判示したことは前述のとおりである。

しかしながら、かかる結論はいまだ最高裁判所が採用するものではない。そこで、効果裁量論に則り、自治体の立場を主張する場面も考えられる。

この点、学説上、産業廃棄物処理施設設置許可規定について効果裁量を肯定するものとする見解は有力である。北村喜宣上智大学法科大学院教授は、法律の文言を検討し、さらに、許可制をめぐる法改正の経緯を精査した上で、廃棄物処理法に関して、要件充足の際には効果裁量がないと解することはで

きないと主張されている。

　法令もその解釈も絶対的なものではなく、時代の移り変わりとともに、改正や変更を求めなければならない場面は多くある。自治体として、独自の理由がある場合には、訴訟の場において効果裁量論を主張することはやむを得ないと思われる。

　もっとも、リスクもある。釧路市最終処分場事件の国家賠償訴訟判決である名古屋地判平成11年6月16日判タ1061号113頁は、産業廃棄物処理施設設置許可規定について効果裁量を主張した点について、知事が誤った法解釈に基づき違法な不許可処分をしたとして、自治体の国家賠償責任を肯定した。

　ウ　自治体条例による法令要件の加重

　いくつかの自治体において、「産業廃棄物処理施設の設置に係る紛争の予防と調整に関する条例」が制定され、事業者と地域住民との間の紛争を予防することが企図されている。かかる条例そのものが争点となったわけではないが、自治体条例によって産業廃棄物処理施設設置許可規定の要件を加重することが問題となった事件を紹介する。

　事案は以下のとおりである。2000年施行の地方分権一括法により断行された地方分権改革によって、この事務は、法定受託事務という「都道府県の事務」になった。Y自治体は、本事務の実施に関して、2001年に、「Y県生活環境の保全に関する条例」（環境保全条例）を制定し、産業廃棄物処理事務について、「知事は、産業廃棄物を処理する施設の設置について、その計画段階から地域住民との合意を図ることに努めながら進めることを基本として、必要な事項を別に定めるものとする。」と規定していた（94条）。

　「別の定め」とは、Y県産業廃棄物指導要綱（指導要綱）である。同要綱には、周辺住民の同意取得や事前協議などが規定され、処理施設設置にあたっては、法律に基づく申請に先立って、要綱手続を行わなければならないとされていた。事業者Xはこの手続の対象となる産業廃棄物処理施設を計画したが、指導要綱の手続を全く行わないまま廃棄物処理法に基づき許可申請をし、Y自治体知事はそれを理由に、「行政手続法7条の規定に基づき、」同申請を却下した。そのため、事業者Xは事前協議を求めることは廃棄物処理

法に違反するとして、同却下処分の取消訴訟を提起した。

名古屋高判平成15年4月16日最高裁HP下級裁判例集は以下のように述べて、環境保全条例による手続は廃棄物処理法に違反しないとした。

「控訴人は事前協議を求めることは廃掃法に違反すると主張する。

しかし、廃掃法は、国が廃棄物についてのあらゆる事項についてすべて規制する趣旨で制定されたものではないし、同法15条の2第1項も、都道府県知事は、前条第1項許可申請が次の各号のいずれにも適合していると認めるときでなければ、同項の許可をあたえてはならないと規定しているに止まるのであるから、地方公共団体が特殊な地方的実情と必要に応じて条例等で特別の規制を加えることを容認していると解することができる。そして、環境保全条例は、Y県において、産業廃棄物処理施設の設置に対する周辺住民の不安等を解消し、紛争の予防を図るとともに、地域の実情に応じたより良い施設とするために制定されたものであり、同条例において規定されている、申請に先立つ手続（事前協議の手続）は適法なものと解することができる。」

本裁判例に対しては、多くの問題点が指摘されている。とりわけ問題なのは、本件環境保全条例は、「計画段階から地域住民との合意を図る」ことを産業廃棄物処理施設許可処分の要件としているところ、それを是認したように結論付けているように読める点である。こうした条例は、憲法上の財産権の保障や比例原則に反して違法というのが確立した見解なのである。

この点はともかく、本裁判例が、廃掃法は地方公共団体が特殊な地方的実情と必要に応じて条例等で特別の規制を加えることを容認していると判示した点は重要である。

自治体ごとに、事業者の財産権に十分に配慮した上で、産業廃棄物処理施設設置許可規定の要件を加重する条例を制定し、それに依拠して不許可処分を下すことを研究することは有意義であると思料する。

エ　事情判決
a　特別の事情による請求の棄却

事情判決とは、行政処分は違法であるが、公共の福祉確保の見地から原告の請求を棄却する判決である。

行訴法 31 条 1 項によれば、「取消訴訟については、処分又は裁決が違法ではあるが、これを取り消すことにより公の利益に著しい障害を生ずる場合において、原告の受ける損害の程度、その損害の賠償又は防止の程度及び方法その他一切の事情を考慮したうえ、処分又は裁決を取り消すことが公共の福祉に適合しないと認めるときは、裁判所は、請求を棄却することができる。この場合には、当該判決の主文において、処分又は裁決が違法であることを宣言しなければならない」とされている。

　取消訴訟においては、本案審理の結果、対象となっている行政処分が違法であれば、裁判所は当該行政処分を取り消さなければならないのが原則である。しかし、取消しによる私人の利益の保護よりも、自治体における公共の福祉を優先させる必要性がある場合も否めない。そのため、裁判所は特別の事情によって取消訴訟における原告の請求を棄却できる。

　もっとも、事情判決は、自治体が法律上違法な処分を行っても、例外的に被処分者の取消訴訟による救済を否定するものであるから、法治国家においてきわめて例外的な制度である。したがって、自治体訴訟法務遂行中に、当初から事情判決で自治体が救済されることを目指して対応することは許されない。

　b　行訴法 31 条 1 項の適用を認めた事例（横浜地判平成 18 年 5 月 22 日判タ
　　1262 号 137 頁）

　以下、市立保育園廃止処分取消請求において、事情判決が認められた事例を紹介する。

　事案は以下のとおりである。Y 市では、2003 年 12 月 5 日に Y 市保育所条例の一部を改正する条例が可決され、これにより同市の設置する保育所のうち 4 つの保育所が 2004 年 3 月末日をもって廃止され、その施設等を利用して民間の社会福祉法人が事実上その運営を引き継ぐことになった。かかる廃止に先立ち、Y 市では重点保育施策の 1 つとして、様々な保育ニーズに柔軟に対応することを目的とする市立保育所の民営化が掲げられ、2004 年度から年に 4 園を民営化させることが示された。同市では、これら 4 園に児童を入所させている保護者ら対する説明会等を開催し、事情の説明に努めたが、

保護者らの反発は強く、話し合いは頓挫していた。

　Y市保育所条例はこのような状況下で制定されたものであるところ、児童や保護者等は、当該条例の制定は行政処分に該当し、児童、保護者の保育所選択権等を侵害する違法なものであるとして、条例制定行為の取消しを求めるとともに、Y市に対し、慰謝料等の損害賠償を求めて提訴した。

　本裁判例は、条例制定行為を行訴法3条2項所定の「処分」に該当するとし、市立保育所の早急な民営化を正当化させる根拠が不十分であると指摘した上で、条例制定行為はその裁量の範囲を逸脱、濫用したものであり、違法であると判示した。

　その上で、以下のように述べて、事情判決を下した。

　「本件改正条例の制定は、その裁量権の行使に逸脱、濫用があり違法と解されるから、その制定行為（処分）を取り消すのが原則である。

　しかしながら、本件4園が廃止されてから既に2年余りが経過しており、既に保育所の建物、敷地は売却ないし貸与され、保育士等もそれぞれ新たな職場で勤務しているものと推測されるから、上記取消しによって法的には被告の設置する保育所としての地位を回復するとしても、現実問題として従前の保育環境が復活するわけではない。

　そして、その一方で、上記期間の経過によって、本件各新保育所では新たな保育の環境が形成されるとともに、新たに保育の実施を受けるに至った児童も存在するものと考えられる。現時点で本件改正条例の制定を取り消すことは、これらの新たな秩序を破壊するものであり、無益な混乱を引き起こすことにもなりかねない。

　そこで、本件改正条例の制定を取り消すことは公の利益に著しい障害を生じるものであり、公共の福祉に適合しないものと認められるから、行政事件訴訟法31条1項を適用して、本件改正条例の制定が違法であることを宣言するにとどめ、原告らの請求は棄却することとした。」

　本裁判例はこのように判示した上で、さらに民営化を前提とする市立保育所の廃止が違法であるとして、保護者らからの国家賠償請求を一部認容した。

　　オ　禁止されるべき主張

以上のように産業廃棄物処理場設置許可規定の効果裁量を否定するという前提に立った場合であっても、不許可処分に関する取消訴訟上の自治体の主張は工夫しうるものである。
　禁止されるべき自治体の主張は、法解釈上、およそ合理的とは解し得ない主張を根拠なく、訴訟引き延ばしのために繰り返すことである。
　敗訴のリスクを正面から受け止めなければならないだけでなく、裁判の進行は遅滞し、裁判所にも迷惑をかける結果となる。

5　違法行政の禁止
(1)　上下水道の使用拒否とリスク
　事業者と地域住民との融和がはかれず、自治体が地域住民の意向に配慮して産業廃棄物処理施設を使用させないために、下水道の接続を拒絶し、又は給水を拒絶することがある。このような処置は自治体のコンプライアンスにかんがみて、到底許されるものではない。
　このような場合、自治体はどのような訴訟リスクにさらされるか。
(2)　下水道の使用に関する裁判例
　まず、自治体が産廃処理施設に下水道を接続することを拒絶した場合には、実質的当事者訴訟によって下水道の使用を求められる。実質的当事者訴訟とは、「公法上の法律関係に関する確認の訴えその他の公法上の法律関係に関する訴訟」(行訴法4条後段)をいう。2004年改正によって明文化された。
　以下、裁判例(長野地判平成20年7月4日判タ1281号177頁)を紹介するが、平成16年改正後、下水道の使用に関して実質的当事者訴訟を利用した最初の事件と思われる。事案は次のとおりである。
　事業者が産廃処理施設として利用する予定の建物について、自治体Yに対し、排水設備新設等計画確認申請書を提出し、排水設備の新設について計画の確認を求めたところ、自治体は、産業廃棄物処理施設の設置に反対する住民に配慮して、事業者からの排水設備新設等計画確認申請については、当分の間、確認を保留する旨を通知した。もっとも、自治体Yは産廃処理施設が設置される市町村であり、産廃処理施設関連の許可権限は都道府県であ

る自治体Zが有していた。自治体Zは許可申請書類を返戻し、2年間以上にわたり審査義務を懈怠するという違法な不作為を継続し、その後、不許可処分を下した。

かかる不許可処分が下される直前に、事業者は訴訟を提起し、下水道の使用を求めた。

裁判例は、以下のように判示した。

「1　下水道事業は『下水道の整備を図り、もって都市の健全な発達及び公衆衛生の向上に寄与し、あわせて公共用水域の水質の保全に資することを目的とする』(下水道法1条) ものである。そして、公共下水道が整備されても各家庭や工場等の下水がその公共下水道に流されず、地表や在来の溝渠等に流されたのでは、清潔の保持が困難となって上記目的が達成されないことになるから、同法は、公共下水道の排水区域内の土地の所有者、使用者又は占有者に対し、排水設備を設置して当該公共下水道を使用することを強制している (同法10条1項)。このような下水道事業の目的並びに排水区域内の住民に対する排水設備設置及び公共下水道利用の強制に加え、下水道が国民生活に直結するものであること、下水道事業については自由競争にまかせず、地方公共団体たる市町村にその管理を許していること (同法3条1項) からすれば、公共下水道の排水区域内の土地の所有者、使用者又は占有者は、当該公共下水道を使用する権利を有し、これについて管理者たる地方公共団の承諾や許可等を何ら必要とするものではなく、他方、事業主である地方公共団体は、これらの者に公共下水道を使用させる義務があるのはもとより、公共下水道の使用を励行すべき立場にあるというべきである。

原告は、本件土地建物の所有者であるから、本件土地建物を排水区域内とする公共下水道を使用する権利を有し、当該公共下水道を管理する被告は、原告に公共下水道を使用させる義務を負う。

2　Y市公共下水道条例7条は、排水設備の新設等を行おうとする者に対して、排水設備新設計画について、市長の確認を受けなければならないと規定するところ、前記第2の1のとおり、被告が原告の排水設備新設計画に対する確認を当分の間保留することとしたために、原告は、排水設備を設置す

ることができず、公共下水道を使用できない状態にある。

　これについて、被告は、原告からは特定施設設置届出が提出されているところ、その施設における業務の前提となる産業廃棄物処理業の範囲変更許可申請が不許可とされており、本件土地建物において予定されていた施設の稼働ができないのであるから、本件土地建物から排除される汚水が、下水道法等の水質基準を満たすかどうか、そのままで汚水の排除が許されるか、又は施設の構造等の変更を命じなければならないかどうか、原告に公共下水道を使用させることが下水道法の趣旨目的にそぐわない結果をもたらすかどうか、公序良俗違反を助長する結果になるか否かなどについて、被告において審査、検討できない状況になっており、公共下水道の使用を認めることはできないと主張する。

　しかしながら、本件土地建物を原告の企図する産業廃棄物処理のために使用することができなくとも、原告としては、本件土地建物を合法的な他の用途に用いることはできるのであるから、これに伴って当然に下水道を使用することも認められるべきものである。被告の主張する上記事情は、将来において、原告が企図する産業廃棄物処理ができるようになった段階で考慮すれば足りるものである。法律上も、被告が主張する上記事情については、特定施設の設置等の届出に際して考慮すべきものとされているのであって（下水道法12条の5）、排水設備の新設に当たって考慮すべき事情とはされていない。よって、被告の主張する事情は、排水設備新設計画の確認を行わないことや下水道の使用をさせないことを正当化するものではない。

　そうすると、被告は、原告に対して下水道を使用させる義務があるのに、排水設備新設計画の確認を保留することによって、同義務を怠っているものといわざるを得ない。」

　裁判例はこのように判示し、自治体には事業者に対し、下水道を使用させる義務があるとした。事業者としては、この判決を受けて、Y自治体に対し、国賠法に基づいて、損害賠償請求をすることが可能である。

(3) 上水道の使用に関する裁判例

① 民事事件としての給付訴訟

次に、自治体が産廃処理施設に上水道を接続することを拒絶した場合には、給水契約に基づいて給水義務履行を請求される。これは給付の訴えを内容とする民事訴訟となる。

裁判例としては、自治体が給水契約の締結そのものを拒否した事件がある。事案は以下のとおりである。

不動産会社Xが、Y自治体でマンション建設を計画し、Yに建築予定戸数420戸分の給水申込みをしたところ、Yは「開発行為又は建築で20戸（20世帯）を超えるもの」又は「共同住宅等で20戸（20世帯）を超えて建築する場合は全戸」に給水しない旨を定めるY自治体水道事業給水規則に基づき給水契約締結を拒否したので、この締結拒否が水道法15条1項に違反するとしてXが給水申込みの承諾等を求めた。

最（1小）判平成11年1月21日民集53巻1号13頁、判時1682号40頁、判タ1007号254頁は以下のように判示した。

「法15条1項にいう『正当な理由』とは、水道事業者の正常な企業努力にもかかわらず給水契約の締結を拒まざるを得ない理由を指すものと解されるが、具体的にいかなる事由がこれに当たるかについては、同項の趣旨、目的のほか、法全体の趣旨、目的や関連する規定に照らして合理的に解釈するのが相当である。」

「水道が国民にとって欠くことのできないものであることからすると、市町村は、水道事業を経営するに当たり、当該地域の自然的社会的諸条件に応じて、可能な限り水道水の需要を賄うことができるように、中長期的視点に立って適正かつ合理的な水の供給に関する計画を立て、これを実施しなければならず、当該供給計画によって対応することができる限り、給水契約の申込みに対して応ずべき義務があり、みだりにこれを拒否することは許されないものというべきである。しかしながら、他方、水が限られた資源であることを考慮すれば、市町村が正常な企業努力を尽くしてもなお水の供給に一定の限界があり得ることも否定することはできないのであって、給水義務は絶

第3章 訴訟法務 243

対的なものということはできず、給水契約の申込みが右のような適正かつ合理的な供給計画によっては対応することができないものである場合には、法15条1項にいう『正当の理由』があるものとして、これを拒むことが許されると解すべきである。」

「水の供給量が既にひっ迫しているにもかかわらず、自然的条件においては取水源が貧困で現在の取水量を増加させることが困難である一方で、社会的条件としては著しい給水人口の増加が見込まれるため、近い将来において需要量が給水量を上回り水不足が生ずることが確実に予見されるという地域にあっては、水道事業者である市町村としては、そのような事態を招かないよう適正かつ合理的な施策を講じなければならず、その方策としては、困難な自然的条件を克服して給水量をできる限り増やすことが第1に執られるべきであるが、それによってもなお深刻な水不足が避けられない場合には、専ら水の需給の均衡を保つという観点から水道水の需要の著しい増加を抑制するための施策を執ることも、やむを得ない措置として許されるものというべきである。」

「そうすると、右のような状況の下における需要の抑制施策の一つとして、新たな給水申込みのうち、需要量が特に大きく、現に居住している住民の生活用水を得るためではなく、住宅を供給する事業を営む者が住宅分譲目的でしたものについて、給水契約の締結を拒むことにより、急激な需要の増加を抑制することは、法15条1項にいう『正当な理由』があるということができるものと解される。」

② 刑事罰

なお、水道法15条1項にいう正当な理由がないにもかかわらず、給水契約の申込みを拒んだ場合には、同法53条3号により、違反者は1年以下の懲役又は100万円以下の罰金に処せられる。

最（2小）決平成元年11月8日判時1328号16頁、判タ710号274頁は、要綱に基づく行政指導に従わないことは、水道法15条1項にいう正当な理由にはあたらないとしており、注意が必要である。

<参考文献>

越智敏裕「不許可処分が信義則に反して違法とされた事例」北村喜宣編『産廃判例を読む』（環境新聞社、2005年）、83頁

北村喜宣「住民同意のない施設許可申請の却下処分が適法とされた事例」いんだすと Vol. 22, No. 8（社団法人全国産業廃棄物連合会、2007年）、11頁

塩野　宏『行政法Ⅰ（第4版）』（有斐閣、2005年）

塩野　宏『行政法Ⅱ（第4版）』（有斐閣、2005年）

第3部

自治体政策法務を定着・飛躍させるために

第1章
政策法務のPDCAサイクルを回していくための組織的対応

第1節　通達依存の「非法治行政」

　自治体が当事者となる訴訟事件の判決は、法務管理のPlan-Do-Check-ActionのサイクルにおけるCheck（評価）としての意味を持つものであり、Action（見直し）や新たなPlan（政策立案）の段階へつなげていく必要がある。それは、当事者である自治体にとっては当然のことであるが、他の自治体でも他山の石として同様の取組みが求められる。

　しかしながら、従来、自治体が「法」として遵守してきたものは、中央省庁からの通達を介しての「法」であり、最高裁判所の判例であっても、この通達によって伝播されない限り、法運用の見直しにつながることはなかったといってよい。通達には、法令所管省庁から個別・具体の事例に即して質疑応答の形で法解釈が示された行政実例や法令執行に関する通知などがある。通達で取り上げられていない事例に遭遇すれば、所管省庁に照会すればよいわけであって、そこで得られた回答も通達となり「法」となってきた。ということは、自治体では、法律条文自体を適用するのではなく、通達を適用してきたといってよいことになる。そこには、自分の頭で考えるという思考回路がなく、そのため日常の法運用について、法的根拠や適法性を問い直したり、ましてや法律の目的である政策目的の実現を検証したりするといった発

想はなかった。

　自治体行政は、このように通達に従うことにより法治主義を守っていると思い込んでいるが、実は、本当のリーガル・マインドに照らせば「非法治行政」といってもよい状況となっている。この状況を克服しなければ、判例を生かす行政はほど遠いといわなければならない。

第2節　非法治行政に対する判例の反応

1　裁判所も通達を忖度している

　個別行政法規の解釈については、裁判所も、三権分立を意識してのことか、通達を忖度（そんたく）する傾向がある。科学技術の知識を要するような専門技術的な分野にあっては、法令の解説を所管省庁に頼らざるを得ないところがあるからかもしれないが、特に専門的といえない事柄についても、この傾向が見られる。ここでは、その例として、古い判例ではあるが、2つ挙げておく。

(1)　ガスの大口供給特約料金の違法性が問われた事件

　1つ目は、市営ガス事業における大口供給特約料金を条例で定めていないことが自治法228条1項の料金条例主義に違反するのではないかということが問われた事件（最〔3小〕判昭和60年7月16日判時1174号58頁）である。

　自治体が公営企業としてガス事業を営む場合は、民間事業者と同様にガス事業法の規制を受ける。同法17条1項によりガスの料金その他の供給条件について供給約款を定めて、経済産業大臣の認可を受けなければならず、同法20条によりこの認可を受けた供給約款以外の供給条件によりガスを供給してはならないとされる一方で、同条ただし書により大口供給を行う場合など特別の事情がある場合においては経済産業大臣の認可を受けたときは、供給約款によらない特別供給ができるとされている。このことは、訴訟が提起された1979年当時においても基本的に変わっていない。ところで、自治体が事業者である場合には、企業体としてのガス事業そのものが自治法上の公の施設に該当することから、ガス料金は公の施設の使用料として自治法228条1項により条例で定めなければならない。そのため、被告側自治体では、

供給約款は条例で定めていたが、ガス事業法20条ただし書の認可を受けた特別料金については、同ただし書を受けた形で条例中に「特別の事情がある場合は通商産業大臣（当時）の認可を受けて、この条例以外の供給条件によることがある」とする規定を置いていた。その訴訟は、この大口供給特約料金が条例で定められていないことが違法であるとし、特定の大口需要者に係る低額の特約料金と正規料金との差額の賦課徴収を怠る事実の違法確認とその需要者に対する1979年の提訴時から遡る5年分の差額累積金の支払いを求めて住民訴訟として提起されたものであった。当時通商産業省からは供給約款は条例形式としなければならないが、一方でガス事業法20条ただし書の認可を受けた特別料金は供給約款で定める範囲外のことであるとして条例で定める必要はないとする趣旨の見解が示されていて、被告自治体側も訴訟においてこの見解に沿った主張を行っていた。しかしながら、認可を受けているかどうかはガス事業法の見地からの問題であって、民間事業者ならそれで事足りるのであろうが、自治体にあっては、認可の対象となる供給条件の決定は別途自治法を含めた自治体組織法に則って行われなければならないのではないかという問題を残していた。果たして最高裁は、通商産業大臣（当時）の認可が特別供給条件の適正を担保するという考えによったのであろうか、条例中にガス事業法20条ただし書の所定要件に該当する場合に限り条例以外の供給条件によることができるとする定めがあれば自治法228条1項に違反しないと判示し、結果として、通商産業省（当時）の見解を是認した。

　なお、この事件の控訴審判決（大阪高判昭和59年5月31日行集35巻5号679頁）では、ガス事業法は自治法の特別法として優先的に適用されるから自治法違反の問題は生じないとしていた。この点は最高裁で否定されたが、現在でも自治法は他の個別行政分野の個別法に対して一般法の関係にあり、個別法は特別法として自治法に優先するとする根強い考え方がある。しかし、自治法は地方自治に関する憲法直属法として、各個別法の拠って立つ基盤を成すものとして、個別法に優位すべきものと解釈されなければならないのではなかろうか。このことは、2000年分権改革後の自治法2条12項・13項に個別法の立法原則や解釈運用原則が規定されたことから、確たるものになった

といわなければならない。

(2) **保育園の保育料の違法性が問われた事件**

2つ目は、保育園の保育料を条例で定めていないことが自治法228条1項の料金条例主義に違反するのではないかということが問われた事件（東京高判平成元年9月27日判例地方自治74号54頁）である。

保育園の保育料については、古くから「児童福祉法に直接根拠を有する負担金であって、自治法228条1項の分担金、使用料及び手数料のいずれにも該当しないから、条例で定める必要はない」とする通達があり、1986年に児童福祉や老人福祉などの事務が一括法の形で機関委任事務から自治体の事務に変更され、保育料徴収事務も自治体の事務に変更された際に「保育料は条例で定めるべきではないか」という議論が起きたが、この議論を鎮める形であらためて通達されていた。そうしたところ、保育料額の決定に対する取消訴訟が提起される事件があり、原告は、保育料額決定の違法の理由の1つとして条例で額を定めていないことを挙げていた。しかし、裁判所はこの点に関し、この通達を引用して原告の訴えを退けたのであった。

このような裁判所による通達の忖度が、自治体の通達への依存を強め、「非法治行政」を助長することになる。ただし、以下の事件のように、裁判所が通達等の法解釈を違法としたことがないわけではない。

(3) **訴えの提起について議会の議決を得ないことの違法性が問われた事件**

自治法96条1項12号は議会の議決を要するべき事件として「訴えの提起」を規定しているが、1984年までは、自治体の支払命令（現在は支払督促）の申立てに対し債務者から適法な異議の申立てがなされ民事訴訟法の規定により支払命令の申立てのときに遡って訴えの提起がなされたものとみなされる場合には、議会の議決を必要としないとする行政実例があった。ある自治体において、地方税徴収のために申し立てた支払命令がこの民事訴訟法のみなし規定により訴訟事件となったときに、地方裁判所から原告自治体に対し、訴えの提起に係る議会の議決証明書ないしはそれに代わる首長の専決処分書を提出せよとの補正命令がなされたのであるが、その自治体は、当時の自治省の指導に従って、この行政実例を尊重し裁判所の補正に応じないとの意思

を表示した。そのため、地方裁判所から訴えを却下するとの判決が下されたことから、自治体側は旧自治省の意向に沿って最高裁まで争ったという事件である。自治体としての意思にかかわらず、民事訴訟法の規定により自動的に訴訟に移行するのであるから、自治体の意思を決定するための議会の議決を必要とする場面がないという主張を展開したが、結局自治体側の敗訴が確定することとなった（最〔1小〕判昭和59年5月31日民集38巻7号1021頁）。

　さて、この判決確定後直ちに、民事訴訟法の規定により自動的に訴訟に移行した場合も議会の議決を経なければならない、というふうに行政実例が変更され、自治体に伝播された。判例が行政実例に取り込まれ、自治体が依存すべきものとしての行政実例の体裁は堅持された格好となったわけである。

2　予算主導の「非法治行政」を住民訴訟が問う

　自治体の中央依存の行政は、高度経済成長期以降、国庫補助金による後押しを受けて、公の施設による施設サービスを中心とする行政サービスの拡大路線を歩んでいった。1962年からの5次にわたる「全国総合開発計画」の下で自治体の総合計画づくりも始まり、公共事業・公共工事が積極的に進められていくことになった。これらの行政サービスは、国の法令の執行ではなく、国の予算の執行の側面を有する。そこでは、法解釈通達に代わって、国庫補助金要綱の通達が、自治体の依存するものとなった。この通達は、"先立つもの"にかかわるだけに、法解釈通達と異なり、従わないという選択肢はなく、拘束的に働いてきた。事業推進のためには、財源を獲得することが至上命題であったからである。法的には疑義があっても、それには目をつぶり、予算の執行に努めることが重要であった。そのためには、非法治行政により培われてきた、自ら考えない自治体の依存体質はうってつけであった。そうした中で、法的思考は、逆に政策や事業の足を引っ張るものとして軽視される傾向が生まれ、「法」は本来政策そのもの、あるいは政策を実現するための手段であるにもかかわらず、法務は、政策とは別のものであるとする考え方が定着することとなってしまった。

(1) 随意契約締結の違法性

このように予算や計画が優先され法務が軽視される中で、法律条文からは素直に読み取れないような法運用もまかりとおってきた。その典型が、自治体調達などのための契約の締結方法が、自治法234条2項では一般競争入札が原則であると規定されているにもかかわらず、一般競争入札は行われず、随意契約や指名競争入札を原則とする運用がなされてきたことである。もっとも、一般競争入札制度は、明治時代に地方自治制度と同様に、近代国家としての体裁づくりのために整備されたといったところがあり、国においても、会計法に原則は規定されたが、施行後すぐさま指名競争入札や随意契約の適用範囲を拡大する方向へ改正が行われ、原則を逆転するような慣行が定着してしまい、自治体もこれに追随してきたのである。自治体において随意契約が慣行上原則となってきた背景には、自治法によれば競争入札を行うためには予定価格を設定しなければならないところ、公共工事については、国土交通省などが工事の種類に応じて必要な材料の量や技術者等の作業日数などのいわゆる歩掛りとそれにかかる単価を定めてくれるので、これを利用して予定価格を積算することができるが、工事以外の契約に関しては、自治体では予定価格が積算できないかのようにいわれてきたことがある。ここでも中央省庁頼みの姿勢があり、加えて面倒なことは避けたいとする自治体職員気質が働いていた。

こういった契約締結など自治体の財務会計行為に対しては、その法規適合性を住民の立場から監視するといった意味合いで提起することができる住民訴訟の制度があり、住民参加の盛り上がりとともに、その利用が増えてきた。随意契約によったことが一般競争入札の原則に違反するとして訴訟の対象となることも少なくない。そこでの争点は、自治法施行令167条の2第1項各号に例外的に随意契約の方法をとることができる場合として規定されている事由に該当するか否か、とりわけ安直に利用されがちな同項2号の「その性質又は目的が競争入札に適しない」場合に該当するか否かである。これに対しては、最高裁もかねてから随意契約に対して寛大な見方をし、「多少とも価格の有利性を犠牲にする結果になるとしても、普通地方公共団体において

当該契約の目的、内容に照らしそれに相応する資力、信用、技術、経験等を有する相手方を選定しその者との間で契約の締結をするという方法をとるのが当該契約の性質に照らし又はその目的を究極的に達成する上でより妥当であり、ひいては当該普通地方公共団体の利益の増進につながると合理的に判断される場合」は、同号の事由に該当するとし、原告住民の請求を棄却してきた（最〔2 小〕判昭和 62 年 3 月 20 日判時 1228 号 72 頁）。

　その後も、下級審判決を含め、相手方事業者の不当要求にあたるような事例（広島高判平成 15 年 7 月 29 日最高裁 HP 下級裁判所判例集参照）以外には、同号の事由に該当しないとして自治体側が敗訴した事例は見当たらない。確かに、委託業務など、その内容を相手方事業者のノウハウに頼らざるを得ないものが多く、業務のやり方の違いなども考慮に入れると、自治体側が業務の内容を確定して予定価格を積算することは困難であって、価格面だけの競争で相手方を決めることができないことから、競争入札がよいとは言い切れない場合も多い。しかし、だからといって、前記最高裁判例を盾に、複数の事業者から見積書を徴収し、庁内で選考委員会なるものを組織して検討すれば随意契約でよいとする安直な風潮に流されてよいものではない。

　折しも、指名競争入札に対して談合の温床になるおそれがあり不公正であるとする批判があり、ましてや競争入札によらない随意契約は、なおさら不公正であるという批判が国・地方を問わず巻き起こっている。また、1999 年 2 月に自治法施行令が改正され、一般競争入札の方式として、価格面のみではなく、品質面、さらには地域政策の観点も加味して策定した落札者決定基準により総合的に落札者を決定する、総合評価一般競争の方式が導入されたが、この方式こそ前記の随意契約を是認した最高裁判決の趣旨に沿ったものと考えることができ、そういう意味では、競争入札に付さないで随意契約によることができる範囲は相当狭まったものと考えられる。このように考えると、前記最高裁判決も近い将来変更される可能性がないともいえない状況にある。いずれにしても、住民訴訟の隆盛は、予算主導に対する「法」からの反撃と見ることができる。「法」とは、公開性や透明性を本質とする民主主義の装置なのである。

(2) 土地開発公社の先行取得による塩漬け土地の違法性

　また、住民訴訟は、予算優先というより、予算すら飛ばして行われてきた、高度経済成長期に始まる土地開発公社による公有地の先行取得の、いわゆる塩漬け土地の問題もあぶり出している。自治法232条の3の、支出の原因となるべき行為は予算の定めるところに従わなければならないとする予算原則によれば、自治体側は公社に先行取得の委託契約を締結する時点で、その委託契約に基づき将来公社から買い取ることを予定した各年度の歳出予算を確保するための債務負担行為の予算措置をとっておかなければならないはずである。しかし、そういった予算措置はなされず、公社から将来買い取る際に予算措置をすればよいとする、予算がなくても公有地が取得できる便利な仕組みとして、先行取得は理解されてきた。公社が原地権者から買収する際の資金は、全額金融機関からの融資に頼っているため、自治体がその利息分を土地代に加算して公社から買い取るまでは、その利息がかさみ続けるという、無計画な財務運営となっている。利息負担よりも地価高騰による不利益が大きい時代の便法であったかもしれないが、地価が下落傾向にある時代においてまで、利用目的も確定せずに公有地を取得することは予算原則に違反しているといわざるを得ない。

　これに対し、最高裁はかつて、自治体の公社からの買取りが違法であるとして、その差止めが求められた事件において、買取りはすでに公社との間で締結された先行取得の委託契約に基づく義務の履行であるから、買取りに法的問題はないとして、訴えを却下していた（最〔3小〕判平成15年6月10日判例地方自治246号109頁）。しかし、塩漬け土地の問題が見過ごすことができないほど自治体財政を圧迫していることが表面化し、公社による先行取得が贈収賄事件とつながっているケースが相次いで発覚したせいか、最高裁はこの先例を変更し、当初の先行取得の委託契約が無効・違法となる場合は買取りも違法になると判示した上で、原審は先行取得の委託契約の無効や違法について審理を尽くしていないとして、先例に従った原判決を破棄差戻しした（最〔2小〕判平成20年1月18日民集62巻1号1頁）。そこでは、委託契約について予算措置のなされていないことは争点としてとり上げられていないが、最

高裁のいう無効や違法の原因として、この予算原則違反が注目されてしかるべきである。予算も「法」の規律を受けるのが当然だからである。

3　政策的対応の非法治性を行政手続法制が問う

　許認可等による規制行政は、私人間に存在する様々な利害衝突を調整することを目的とし、最も調和的と思われる基準を設定し、行政当局がこの基準を適用した許認可等を行うことによって利害調整がなされるという法システムの運用である。中央依存の自治体行政においては、この法システム設計も基準設定も国の法令が担ってきた。しかし、その中にあっても、国の法令どおりに執行するだけでは、地域住民の健康や生活が守れないとして、住民ニーズや地域特性に応じた地域政策として、法令の独自運用をすることもあった。ところが、許認可等の要件を付加したり、対象施設の周辺住民への説明会の開催などの手続を付加したりすることについては、違法といわれることを懸念して、正面から条例化することは避けて、行政内規である「要綱」を制定し、法的強制力を伴わない行政指導の手法を用いることによって対応してきた。機関委任事務時代には、開発指導要綱のように自治体政策法務の先駆として評価を得たものもあったが、その後、福祉的給付サービスや審議会設置などの根拠として、要綱が野放図に利用されるようになった。そのほか、法令基準にピッタリ当てはまらないイレギュラーな事例への対応の取り決めが内規として組織内で伝承されることもあるが、その呼び方も「要綱」「要項」「要領」「基準」などマチマチで、行政組織内部の書類の中に埋もれてしまい職員にとっても不透明な存在となっている。これらの内規には、行政手続法制の審査基準や処分基準（以下「審査基準等」という）に該当し公表しなければならないものもあるはずであるが、そうはなっていない。これらの内規は、条例や規則と異なり、例規審査の対象とされず、法務管理の範囲から外されていることが多い。ここでも法務と政策は別物とされ、法務が軽視されている。こういった公表がなされていないことを含めた審査基準等の未整備状態は、明らかな行政手続法制違反であることから、訴訟によってその違反が問われたら、ことごとく自治体側の敗訴となるであろう。現にいくつ

かの判決がその違法性を糾弾している（例えば、さいたま地判平成17年3月16日判例集未登載）。しかしながら、中央省庁から通知がないためか、審査基準等の整備についての理解は広まらず、法令に基づく事務を含め、相変わらず自治体の窓口に備え付けられているものは、法律施行令や施行規則と各省庁からの法令解釈通達や各省庁監修の（といってよい）Q&A式のマニュアル本の抜粋のコピーなど、あり合わせのものが綴られているといった感じとなっている。

　また、自治体では、開発指導要綱などに基づき周辺住民との紛争解決のための取組みを求める行政指導を行っている間は、許認可等の申請を留保したまま審査を開始しないということも、政策的対応の1つとして行われてきた。これに対し、最高裁は、建築確認留保の事件において、行政指導が行われているからといって、申請人が行政指導にもはや協力できないとの意思を真摯かつ明確に表明している場合には、その不協力が社会通念上正義の観念に反するものといえるような特段の事情が存在しない限り、申請を留保し審査を行わないことは違法であると判示して、原告の損害賠償請求を認めた（前掲最〔3小〕判昭和60年7月16日）。この判例は、自治体行政の非法治ぶりを糾弾するものとして衝撃を与えたはずであるが、結局は建築確認事務の範囲にとどまり、他の許認可事務にまで及んでいないようである。しかも、この判例は、その後制定された行政手続法33条の、申請人が行政指導に従う意思がない旨を表明した場合には続行してはならないとする規定となって結びついたように、その関心は、行政指導の続行の問題性に集中した。しかし、この判例は、実は、行政指導の続行が違法だといっているのではなく、審査を行わないことが違法だといっているのである。このことも同法7条に受け継がれ、申請内容が要件に適合しないものであっても審査を行い拒否処分すべきものは拒否処分すべきことが規定されたが、この点についての浸透は不十分であり、自治体では相変わらず、認容するものだけ申請を受け付け、認容できないと思われるものは申請の受け付けをせず、または取下げを求めるという同法の規定に反した慣行が続いている。こういったやり方は申請の拒否処分を行わないということであり、取下げを求める場合にあっては行政不服

申立てや行政事件訴訟提起の権利を奪い、司法審査の機会を奪うことになり、法治行政とは言いがたいものである。もちろん、明らかな行政手続法制違反であるから、訴訟においてその違法性が問われれば、自治体側の敗訴は間違いないであろう。現に、大阪地判平成15年5月8日判タ1143号270頁は、申請を受理しないことの違法性を糾弾している。

4　行政権限の不行使を義務付け訴訟が問う

　規制行政の根拠を与える行政法規は、住民や事業者に対して規制を加えるものであるが、一方で、国民や住民の代表議会が立法府として行政当局に対しその法システム運用を的確に行うことを義務付けているはずである。また、そのために権力発動の権限が付与されているのである。ところが、自治体行政にあっては、この権限行使をすることが「できる」とする規定を権限付与の意味とは受け取らず、可能性の意味として受け取り、したがって行使しない可能性も認められるというふうに読んできたのである。そのため、明らかな行政法規違反の違法状態があっても、是正命令を発するといった、「法」の本質である強制力を用いず、行政指導をねばり強く続け、違反者の任意の是正を求めることが自治体行政の本来の姿であるかのようになっている。例えば河川敷が工作物により不法占有されていれば、河川法に基づき工作物の除却命令を発し、さらに行政代執行法に基づく代執行に踏み込むことが法治行政のはずである。ところが、警告などといって法的効力のない行政指導をいつまでも続け、いっこうに解決の目途が立たないといったことが珍しくない。

　そこでは、法には政策目的があり、その目的実現のために的確な法執行を行うことが自治体行政に義務付けられていることが忘れられている。目的達成についてのCheck（評価）のプロセスがないのである。また、その法関係が違反者対行政当局の関係に矮小化され、本来は違反者対その他多数住民の関係であって、行政はその多数住民の利害を代弁していることを見失っているのである。

　これに対して、長らく解釈上は可能とされてきたが裁判所ではなかなか認

められてこなかった、利害関係を有する第三者住民が行政処分権限の行使を求めて提起する義務付け訴訟が、2005年施行の改正行訴法により法定された。これを受けて、改正法施行後間もなく、前述したような河川敷（湖岸）の工作物による不法占有の放置状態に対し、隣接地住民から河川法に基づく除却命令の発動を求める義務付け訴訟が提起される事件があった。結局は、訴訟提起に促され、行政側が命令の発動に踏み切ったため訴えの利益がなくなったとして、訴えそのものは却下されたのであるが、義務付け訴訟提起の与えた影響は決定的なものがあったといわなければならない（大津地判平成18年6月12日判例地方自治284号33頁参照）。この義務付け訴訟は、法律による行政の原理に立ち返って、行政のあるべき姿を問い直すものとして大きな意義がある。

第3節　法治行政へ転換するために——法務の日常化

1　法務能力の一般的必要性

　それでは、これまで見てきたような自治体の非法治行政を法治行政に転換するためには、どのような方策を考えればよいのであろうか。非法治行政の背景にあるのは、大多数の自治体職員が法務を自分たちの日常業務とは別のところにあるものと思っていることであり、この点に切り込むことが肝要である。法務といえば、条例提案や訴訟対応などの特別のことと思われている。その条例提案といっても、条例の大半は、法律で「条例で定める」と書かれているところについて下請け的に制定され、いわば法律所管省庁からやってくるものとなっていて、日常の自治体行政の現場が直面する課題の解決のために制定されるといったことは稀なことである。さらに、その条文の書き方や改正の仕方などの技法である"法制執務"は、特別に習った者にしかわからず、誰に対しても一般的に通用するものでないため、大半の職員には縁遠いものとなっている。その法制執務が法務の代名詞のように誤って語られたりするため、法務そのものが日常とは異なる別世界のことのように思われてしまっている。

また、訴訟といえば、それこそ弁護士など法律家の専門領域のことと見られやすい。訴訟対応では、政策の当否が問われなければならない場合であっても、「売られた喧嘩」のごとく勝つことが至上命題となり、重要視されるのは勝訴するための法廷戦術であり、大多数の自治体職員にとっては、その特殊性のため近寄りがたい世界となってきた。このように自治体では、首長を含め行政組織全体として、法務は他者依存的となり、自分たちの自主的な判断をはばかるような風土を育んできた。そうした中では、自治体職員に法的知識の研鑽への意欲を期待できないのも無理からぬことであった。法的問題と考えられるものは、イレギュラーな非日常的出来事であるため、法的知識を有する職員は、法務担当部門など特別の部署にいればよいと考えられてきた。

　しかし、法的能力とは、単に個々の法律条文の解釈適用の能力といったものではなく、法律の目的や理念から導き出される論理的帰結としての法知識や、さらに深層にある憲法や民法に表徴される社会一般の価値基準から導き出される論理的・価値判断的帰結としての法知識に基づく判断能力である。いってみれば、どんな事案にも応用できる総合的・体系的な判断能力ということができる。しかも、判断とともに、その理由付けを論理的に説明することができる能力でもある。このような法的能力は、法務担当部門など一部の職員にだけ求められるものではなく、すべての自治体職員に必要なものである。

2　行政手続法制の浸透化

　実は、自治体行政の一般法としてその日常のあり方を規律する行政手続法制が求めているのは、まさに、こういった自治体職員の法的能力や法的素養なのである。行政手続法制の中心にある行政処分は、まずは議会立法である法律や条例でその根拠や要件が定められ、その法律や条例を具体的事案に適用するという形で行われるが、そういう意味では裁判過程と同等の思考回路をたどることが求められている。行政手続法制では、具体的事案への適用に先立って、あらかじめ法律や条例の定める許認可等の行政処分の要件の抽象

的なところを解釈で補い、より具体的な基準を審査基準等として定立し公表するという回路が付け加えられている。行政手続法制は、そうした「法で考える」思考回路を行政過程に組み込むことを目指しているといってよい。

　ところが、自治体において行政手続法制が軽んじられているという一般的な見方があり、このことは、自治体職員に法的思考回路が欠如していることを示している。行政処分の理由提示が不十分にしか記述されないことなども問題であるが、その行政処分の判断の適否の前提となる審査基準等が、法解釈通達などあり合わせのものが綴られているだけで自ら定立したものがないなど、十分に整備されていないのは大きな問題である。審査基準等の整備は、条例提案に比べ、すべての行政組織が日常的にかかわる事柄であるだけに、法治行政にかかわる風土の問題といわなければならない。行政手続法制の不浸透の理由として、市町村にあっては、法令に基づく許認可（行政処分）が少ないことが挙げられることがあるが、市町村行政の多くを占める施設サービスは許可手続がとられることが多いし、福祉サービスも補助金交付も行政処分とみなされるものである。その根拠が要綱であったとしても、その行政決定を行政処分ないし行政処分に準じたものとして取り扱って、審査基準等を整備することが重要である。なお、要綱を根拠とする場合は行政処分として取り扱わず行政手続法制の適用外とする考え方もあり得るが、それは相手方住民の権利利益に対する配慮を欠いた考え方であり、それならば条例化するべきであるといわなければならない。

　さて、こうした審査基準等の整備を全庁あげて組織的に取り組むことは、自治体行政の風土を法治化する重要な一歩になると考える。審査基準等は、自治体行政が自ら定立する意思をもって定立することが求められている。その定立について、以下のような方策を考えてみてはどうだろうか。もともと自治体行政が内規として持っているものは、時々のイレギュラーな事例に対する法適用の実例である。この実例を審査基準等として綴り、積み重ねていき、その上で実例と実例をつなぎ、それぞれの実例の拠って立つような一般的法理としての基準を定立していくといったことを組織的に実践することである。新たな実例が生じたときは、それを取り込む形で基準を進化させてい

【コラム9】政策法務のPDCAサイクルは縦横無尽に回る

　法務といえば、法律条文を大前提として始まるものと見られがちであるが、その条文は、社会問題解決のための政策の実現を目指すものであり、有効に機能するためには、その適用される社会問題の分析や立法事実の把握が的確になされていなければならない。その分析や把握も法務にほかならず、行政各分野の担当課が政策を実施する段階でなされ得るものである。一方で、行政権は、法律や条例といった議会立法の機械的執行を担うだけでなく、その解釈や裁量判断をも担っている。特に行政手続の中心を占める行政処分にあっては、議会立法の抽象的なところを具体化するための審査基準の定立という過程も組み込まれている。時々のイレギュラーな法適用の実例として積み重ねられている行政内規は、これらの実例から一般法理を帰納するといった形で、審査基準にフィードバックされ整備されることが求められる。通達や判例も審査基準に取り込まれることによって拘束力を持つものとなる。Checkの段階は必ずしも裁判や行政不服審査とは限らない。審査基準として具体化され確定された法理は、条例の不確定なところを埋めるものとして条例に昇華させることもできる。審査基準は、行政処分に対してはPlanであるが、条例に対してはDoやCheckである。PDCAの各段階の区分は相対的なのである。法務のPDCAサイクルのイメージを図示すると次のようになる。立法権・行政権・司法権の過程のどの段階からでもその前のいずれの段階へも戻すことができるのである。

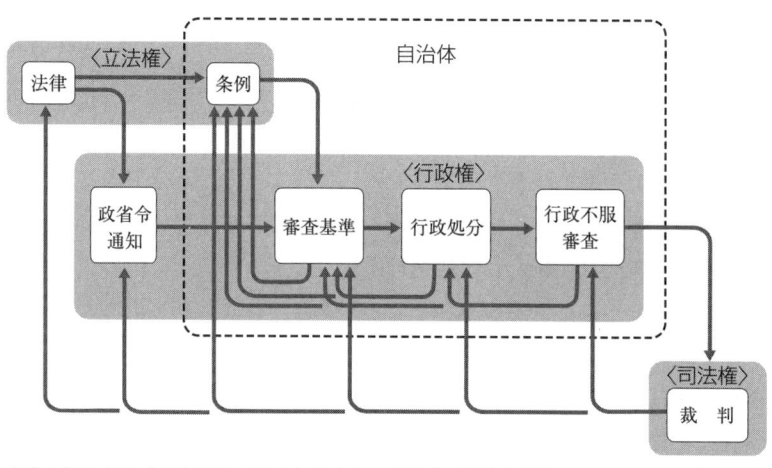

図3－1－1　自治体政策法務のPDCAサイクル

出典：提中富和「政策法務のPDCAサイクルを回す─建築基準法のいわゆる二項道路の問題を題材にして─」アカデミア89号（2009年）、37頁。

くのである。これは、判例法の国において個々の判例の積み重ねがそれらを包摂する法理を絶えず進化させ判例法を形成していくといったことに倣ったものである。そうした法的思考回路が行政組織に風土化され、自覚的に審査基準等が定立されることになれば、行政処分の判断にかかわる理由付けが十分に説明されないといったことも杞憂に終わることになるであろう。また、許認可申請について、認容するものしか申請の受け付けをせず、認容しないものは申請を取り下げてもらうといったことも、改まるはずである。

3　行政強制の日常化

　行政処分をキー概念とする思考回路は、措置命令などの行政処分により相手方に発生した行政上の義務が履行されない場合には、行政上の強制執行を行って義務履行を強制的に実現することを想定している。その前段の措置命令についても、法が定める要件を満たせば発動することが、法的思考回路には組み込まれている。ところが、自治体職員は、こういった法の強制力を用いることなく、相手方の任意の義務履行を求めて行政指導を繰り返すことを常道としてきた。そこには、行政法学説が明治憲法下以来、行政権力の発動を抑制することを基調としてきたことが背景にあるかもしれない。しかし、民主主義社会の行政法は国民・住民の福祉の増進を目的としているのであるから、その法目的の実現に向けた的確な法執行こそ行政に課せられた責務である。行政は、国民や住民のために存在するのであり、国民や住民の総意としての意味合いのある法律や条例を的確に執行するのが本分である。廃棄物処理業者による廃棄物の不法処理などの違法状態に対して措置命令を発動せず、したがってそれに続く行政代執行手続もとらないなど、法の強制力を用いず放置しておくことは認められないのであり、行政強制を粛々と行っていくことを風土化することが必要である。

　税や公共料金の未納問題に対する対応も同様である。行政は、税や公共料金の収入を資源とし、その上に成り立つ公共サービスの適正配分を行うことなのであるから、強制徴収の手段を用いないで未納を放置することは、制度全体の適正運営を省みず社会的正義に反することにつながる。行政上の強制

徴収ができない公営住宅の家賃の未納の場合などにあっても、その未納状態は、行政上の強制徴収ができる徴収金の未納に比べれば行政の怠慢が非難される度合いは低いかもしれないが、それでも正義実現のためには、民事訴訟の提起による民事の強制執行手続を用いることが法的思考の想定するところである。

　行政法は、条文的には行政対住民・事業者の関係を規律しているが、その内実は多数の住民や事業者の渦巻く利害の一致点としての公益の実現を目指しているのであり、その違法状態は、違反者対その他の大勢の住民の利害衝突を来たしているのであって、行政はその他大勢の住民の利益を代弁する立場にあり、行政の都合だけで法執行を止めたりすることはできないはずである。そこで、行政が的確な法執行をとらないとしたら、その他大勢の住民から行政権の発動を請求することができてもよいわけである。この点については、行訴法改正によって司法制度としては義務付け訴訟が導入されているが、その前段の行政上の仕組みとしては、名古屋市市民の健康と安全を確保する環境の保全に関する条例124条1項などすでにいくつかの条例で制度化されている。このような行政を強制する仕組みの創設は、行政側からの提案というより、住民代表議会こそが主導して制定することが望ましく、そのような風土が生まれることが期待される。なお、現在、行政不服審査法改正に伴う行政手続法の改正により、何人も法令違反是正のための行政処分を求めることができるとする規定の新設が予定されている。これに伴い各自治体の行政手続条例においても、条例違反是正のための行政処分を求めることができるとする規定が設けられることになるであろうが、市民の関心を喚起する手続をとることなく、行政側からの法律改正に伴う改正であるとする提案説明だけで済ませてしまったら、せっかくの新設規定も、これまで行政手続法制が機能しなかったのと同様に、画餅に終わるおそれがある。このことは措くとしても、行政に強制執行を強制するような行政手続が組み込まれることは、自治体行政に対し、行政強制を特別に大仰な手続とする考え方を排させ、法治行政への転換を促す意義がある。

4　行政不服申立てを回避しない

　法の強制力の行使は、行政不服申立てや訴訟提起を頻発させることになるであろう。そのため、従来からそういった事態を失態と考える源である、行政の無謬神話の呪縛から行政を解き放たれなければならない。行政は、利害調整や限られた資源の配分であるから、行政処分に対して不服や不満が生じるのは必然的なことなのである。現に不服や不満が絶えないのが自治体行政の現実である。にもかかわらず、これまで正規の不服申立件数が少ないのは、住民が不服申立制度を理解していないこともあるが、不服申立てはできるだけ正規の不服申立ての扱いをしないようにしたり、申立てのあったものは取り下げてもらうように精力をつぎ込んだりするといった自治体行政側の対応にも原因があったと考えられる。

　現在、不服申立制度を利用しやすくするため、行政不服審査法の改正が予定されている。改正案が通れば、不服申立ては審査請求に一元化され、自治体の首長部局のような首長を頂点とする組織にあっては、すべて首長が審査庁となって、原則として原処分の決定などにかかわったラインに属する職員を除いた職員のうちから「審理員」を指名して、その審理員が対審的な審理を行った上で作成した意見書に基づき、裁決を行うということになる。従来の不服審査では原処分にかかわった職員が何らかの形でかかわることが想定されるため、結局は申請の受付時のトラブルが延長するのと大差がなくなり不服申立ての存在意義が減殺されていた。改正されると、申立人にとっても中立的な審査が期待できることから、有効な制度として活用が期待される。

　ところで、正規の不服申立てとして扱うかどうかを見極めることについては、実は行政側の法的能力を要する。初めから形式的要件の整った不服申立書が提出されるといったことは少なく、行政側が説明すれば納得してもらえる場合もあるし、原課の窓口で直ちに誤りを訂正する場合もある。逆にいくら説明しても住民側の不満が消えない場合もある。そのほうが手っ取り早いということか、住民は首長へ直訴することも頻繁で、そこで結論が出てしまえば不服申立制度の存在がかすんでしまうこともある。不服申立てを端的に行政処分の再考を求めることだと考えると、相手方住民の不服が解消するの

であれば、正規の不服申立てとして取り扱わなくてもよい場合もある。一方で不服申立てとしないため無用の労力をかけるという話があり、それなら、粛々と不服申立ての手続に載せるほうがよい。結局、初期対応で不服が解消しない場合に、行政側が正規の不服申立ての手続を説明し、それに従って正規の不服申立書が提出されたものを不服申立てとして扱うということになるのであろう。その判断は相手方の不服申立ての内容や態様によって、さじ加減が変わるのであって、まさに法的能力が問われるのである。いずれにしても、不服申立てを回避しようとする姿勢は望ましくない。

そうして、不服審査の裁決は、そのつど、審査基準等にフィードバックさせ、改めるべきところは改めるといった形で進化させていくことが重要である。このことによって、行政処分におけるPDCAの全サイクルを自治体職員が自ら回すことになり、法務を所与と見ない考え方へ転換することが期待される。

5　訴訟遂行は職員の手で

自治体において訴訟は、敗訴することにでもなれば失態であるといった見方もあり、勝訴することに全力を挙げてきた。弁護士に訴訟事件を委任するときは、弁護士は勝訴を使命と心得ているから、本案（請求の中身を審理すること）前で訴えの利益や原告適格を争ったり、弁論主義を盾にとって行政側からの情報をできるだけ出さないといった法廷戦術を駆使してきた。しかし、特に行政事件訴訟は、公的資源の配分や諸利益の利害調整といった自治体政策の適否を争うものが多く、住民による政策評価という一面を有している。そのため、自治体行政側も、政策を問い直す機会と捉え、弁論を通じて原告住民に対する説明責任を果たすことが求められる。そこで、訴訟遂行は弁護士任せではなく、自治体職員が指定代理人となって臨むことが望まれる。せっかくの訴訟という政策の見直しにつながる問題発見の機会を有効に生かさなければならないからである。そして、何よりも自治体職員が訴訟を身近なものと感じることができるようになり、そのことによって法務を特別なものとしない組織風土が育まれることが期待される。もちろん、判決結果は、審

査基準等にフィードバックさせて進化させていかなければならない。

6 条例提案の平易化

　審査基準等は、議会立法である法律や条例の枠内でそれらを具体化するものである。ところが、自治体の地域特性によっては、法律の定める要件の枠内に縛られていては、法律の目的を達成できない場合もあり得る。このような場合、2000年分権改革により拡大された条例制定権を生かして、法律の定める要件を標準的なものとみなし、より厳しい要件を自治体意思としての条例で上乗せ的に規定することができると考える余地がある。このことは、審査基準等の見直しに向けて回すPDCAサイクルを、行政過程にとどめず立法過程にまで回していこうとするものである。自治体職員がとかく法律を上位法として自分たちには手の届かないものと観念していた考え方を払拭し、自分たちにも"法律"にアタックすることができるとする親近感を醸成することにつながる。しかも、このサイクルの発信源となるのは、自治体現場で悪戦苦闘する原課の職員のほかにはいないのであるから、自治体行政組織全体として法務への親近感を育むことになる。

　しかし、そのためには、条例提案を大仰なことと考える観念が払拭されなければならない。条例は、議会の「承認を得る」といった誤った言い方がされるように、行政が行政のために制定するかのような考え方になっていて、そのために議員の手を煩わすものといった感覚があり、行政組織あげての根回しに精神的なものも含め大きな負担がかかることになる。しかし、条例は、議会が住民福祉のために制定するもののはずである。案の作成を行政側に負っているのであって、議会は提案を歓迎的に受け取らなければならない。修正されることや否決されることがあってもよいわけであって、失態などと考えないフランクな雰囲気が求められるのである。そうしないと、行政側の条例提案の消極性が変わらず、行政の不透明性は改められない。法の本質は公開性・透明性である。そうした本質を大切にするためにも、条例提案をもっと平易にできるように、議会側とのオープンな連携が重要となる。極端な言い方をすれば年4回の定例議会の冒頭にしか提案できないといった慣例を改

め、条例へのフィードバックがタイムリーに行えるよう、いつでも臨時会を開き条例提案ができるのが本来の議会のあり方だとするような柔軟な発想が必要である。議員と自治体職員が打ち解けた雰囲気で質疑が行われることも重要である。

なお、条例の改正の仕方については、一般の自治体職員に縁遠いものである法制執務に基づく「改め文方式」に代えて、すでにいくつかの自治体で普及している「新旧対照表方式」に切り替えるべきである。誰にでも改正案文が作ることができ誰にでもわかりやすいことに越したことはないはずである。法務を特別なものとしない第一歩である。PDCAサイクルの起点がすべての自治体職員にとって身近に感じられないようなことでは、サイクルは回っていかないのである。

第4節　自治体職員の法務能力の向上のために

1　法務研修の考え方

法務を日常化し法治行政へ転換させるためには、自治体職員の法務能力の向上が欠かせない。法務能力は、伝統的法律学ふうにいえば、法律条文を大前提として、それに問題となる事実を当てはめて、合法か違法かを判断するといった能力である。ところが、法律条文は、ある程度汎用的でなければならないから、どうしても抽象的な書き方にならざるを得ないし、法律の想定していない事実が起きることもあるから、条文に事実を当てはめるといっても、自動的に回答が出てくるといった単純なことではない。そこで法解釈の能力ということが重要となるが、法解釈は、事実を法律条文の適用が可能となるように構成するという面と、法律条文を事実に即して解釈するという面を合わせ持っている。しかも、理由付けとなる法的論理を順次積み上げていって結論を導くというより、実際は結論と理由付けが同時並行的になされるといったほうがピッタリする精神作用である。つまり、法解釈は、単なる事実の当てはめではなく、その事案についての「法の創造」であるということができ、そこには大いに法解釈者の価値判断が働いていると見ることができ

る。もちろん、その法の創造や法的価値判断は恣意的であってはならないが、その正当性を担保するものは、究極的には解釈者の優れた法的素養に裏付けられた人格のなせる業であるという点に求めることになる。

　自治体職員にも、そういった法的素養が求められる。法知識を学習するだけでなく、その奥底にある法的思考回路を身につけるとともに、それを法的素養にまで高めることが重要である。法務能力の修得のための職員研修では、こういった点を重視するべきである。受講者の価値基準の形成に働きかけるようなものでなければならない。主権在民、基本的人権の尊重および平和主義という憲法価値を人格に浸透させることは当然のこととして、自分の頭で考えること、柔軟な思考をすること、新たな課題に挑戦すること、広い視野に立って考えること、住民の目線で考えることといった思考方法や価値基準を身につけた自治体職員を育成することを目的としなければならない。法知識は、前述したように個々の法律条文の断片的な知識ということではなく、もっと深層にある価値や理念から導き出される論理的・価値判断的帰結としての知識である。したがって、法学の学習は、既存の法律条文やその解説を鵜呑みにするのではなく、その既存の条文や解説が「なぜ、そうなっているのか」を問い直す姿勢を育てることであり、ものの道理に立ち返って自分の頭で考えることを学ぶことである。これこそが、法的素養であり、リーガル・マインドと呼ばれる創造的な思考方法である。また、法学は「必ず結論を出す学問」であり、デシジョン・メーキングの学問である。「自分はこう考える」ということを大切にする学問であり、こういった姿勢を育てることは、分権時代には欠かせないことである。

2　法務能力の研鑽意欲を高めるための方策

　職員研修は、いくら質の高いものであったとしても、受講者が自覚的に取り組むのでなければ、その成果は期待できない。そのためには、受講者に学習意欲を湧かせるための取組みが欠かせないところである。

　まず、法務研修で習った知識や技能を実務で使う場面がないという問題があり、これを解消しなければならない。PDCAサイクルを回していこうと

いう政策法務の考え方は自治体改革を目指すものであるが、そのためにかえって、中央依存と前例踏襲で長年培われてきた職員が年功序列で上層部を占めていて閉塞感が蔓延しているような自治体では、その問題が起きる可能性が高い。そういったところでは、いっそのこと、研修を模擬で行うのではなく、研修に応募した受講者をプロジェクトチームの一員とし、本物の課題設定をし、その課題解決に向けた政策（自治立法や自治的法解釈）を策定するといった積極果敢な研修を行ってみることである。そして、実際に使えると判断された政策は、担当課も加わって本物の政策として仕上げ、実務に採用するのである。こうした研修は、長期間にわたり、受講者にもかなりの負担を強いることになるから、そのモチベーションを持続させるため、研修成果が実務に採用された場合には、人事評価に際しプラス点を与えるといったことを考える必要がある。

　また、職員に学習の意欲を起こさせるためには、何といっても、昇格試験の問題に法律学科目を取り入れることである。そうしなければ、学習意欲も起きないであろうし、法務研修に応募する職員の数も増えてこない。もちろん、試験問題は、択一式ではなく、論述式にしなければならない。法的能力とは、論理的思考能力だからである。

　さらに、毎年の人事評価に際して、その能力評価の項目として、法務能力を挙げるべきである。現在項目に取り上げられているものは、特に学習して力をつけるといった類のものは少なく、協調性や決断力といった単なる人間性の問題を取り上げていて、果たして能力評価といえるのかといった疑問がある。そういった中で法務能力を項目として取り入れることは、人事評価をメリハリのあるやり方に改革するためにも重要となる。ただし、評価者がどれだけ客観的な評価ができるかという問題を残している。しかし、それこそ、法務を日常化することによって、例えば審査基準等をどれだけ進化させたか、どれだけの立法事実を探索し条例提案に貢献したかといったことが加算ポイントとして考えられる。

第5節　政策法務のPDCAサイクルを回すための組織的取組み

1　政策法務による法務の日常化

　政策法務は、「法」を政策そのもの、あるいは政策実現の手段と捉え、政策過程と同様にPlan-Do-Check-Actionのサイクルを回していこうとする考え方に基づいている。このPDCAサイクルは、日常業務であるDo（実施）の段階を、不服申立てや訴訟といったCheck（検証）の段階を経てAction（見直し）の段階へ回していく重要な段階と位置付ける。そこには、法務は日常業務の中にあることや、その日常業務を担う各原課にサイクルが回っていき、また原課から次の段階へ回していかなければならないことが前提として考えられている。つまり、政策法務は、法務を日常化し、すべての行政組織を法務に参画させるものである。また、このことによって、自治体組織に法治行政を行き届かせることができるものである。このサイクルが回っていくようにマネジメントすることが重要である。そこでは、やはり法務担当部門を中心にサイクルが回っていくようなシステム構築が望ましい。

2　Plan段階の法務担当部門のかかわり

　自治体の条例等の制定手続における法務担当部門と原課の関係は、これまで国における内閣法制局と各省の関係に倣う形をとってきた。そのため、法務担当部門は、原課から条例等の案が回ってくるのを待って例規審査を行うことを本筋とし、その企画立案の段階にはコミットしないというやり方をとってきた。原課には法制執務のノウハウがないのが一般的であることから、法務担当部門は、その技法を用いて条例案等の文章を加工するのが任務となってきた。特に「改め文方式」といわれる改正手法は、職人技のようなところがあり、改正文の作成は、実質的には法務担当部門が行ってきたといってよい。そこでは、条例等の中身の政策的な部分は原課に任せ、法務担当部門は法令違反がないかどうかについての審査を中心に行ってきた。そのため、

既存の法律ではうまく行かないような課題に対し新たに自主条例を制定し独自の政策を展開していこうというときに、法務担当部門が法令違反の疑いをかけたりして原課の政策の足を引っ張る存在になっていると揶揄されることもあった。ここに、政策と法務との対立が見られるのであるが、法務担当部門は組織的には係制ないしは担当者がいるだけであったりして劣位にあるため、結局、法務担当部門が押し切られることになってきた。
　しかし、政策法務の見地からいえば、法務は政策づくりを、法的技法を提供することによって、支えなければならないのであり、条例等の立案の初期段階から法務担当部門の参画が求められる。そのためには、例規審査は、文書審査の域を脱し、また法令違反を問うだけの審査から脱皮しなければならない。条例立案は、PDCAサイクルのPlanの段階であり、後にCheckの段階を経てActionとしてサイクルが戻ってくることを意識して取り組むことが肝要となる。そのため、この段階で行う審査は、違法性のほか、必要性、有効性、効率性、協働性といった評価基準を用いた事前評価ということになる。このうち、必要性の基準は、条例等を必要とする社会的な立法事実の存在を確認することであり、特に重要である。裁判所における条例の違法性審査も、分権時代にあっては、従来の法律との抵触問題よりも、この立法事実の存否に重点が移っているとする見方もある。その立法事実は、既存法律や既存条例のCheckからActionに至るサイクルで認識される場合もあれば、既存法がなくPlanの段階につながる新たな問題発見として認識される場合もある。こういった事前評価は、原課から回ってきた案を審査するというのでは対応できない。行政手法を組み込んで条例案を制度設計する段階から参画し、複数の代替案をシミュレーションし評価選択する際に、原課とは異なった尺度で評価しなければならない。それは審査というより、原課との協働による政策立案にほかならない。法務担当部門の任務は、条例等の制度設計に際し、行政手法の用い方やその組み合わせの仕方などについて様々な角度から案を示し、政策立案をリードすることである。そのためには、行政手法のすべてにわたる十分な知識を有し、それらを柔軟な発想で巧みに用いこなす能力が求められる。

そこで重要なことは、こうした政策決定に大きな影響力を及ぼすこととなる法務担当部門は、係レベルではなく、原課と対等以上の課等の組織でなければならないことである。そうでないと政策をリードしていくことは難しくなる。また、そうすることによって、予算主導や企画主導の下で非法治的に運営されるきらいのある自治体行政を法治行政に転換することが組織的に可能となる。

3　Do の段階の原課の取組みと法務主任

　法律による行政の原理に照らせば、行政は法律の執行なのであるから、自治体のすべての日常業務は何らかの意味で法務と考えることができる。このことを自治体職員に意識させ、法治行政への理解を深めさせるための方策として、日常の行政意思決定の起案に際し、法令や条例だけでなく要綱等の根拠も、さらに審査基準等の根拠も書き込ませるようにしたらどうかと考える。具体的には、様式化されている起案用紙に根拠とするものの名称と条項番号等を記入する欄を設け、その欄に記入させることとする。このことにより、法的根拠を確認するため直接法令や条例、要綱等の条文にあたるとともに、行政処分にあっては審査基準等のどれを適用するのかを確認することを習慣付けさせるのである。そのためには、要綱等や審査基準等は全庁的に統一された基準で作成し管理される必要があり、審査基準等についてはあり合わせのものを無秩序に綴っているだけでは済まないことになる。適用すべき審査基準等がない場合には、新たに定立しなければならないという意識も喚起され、さらなる審査基準等の整備につながり、法務の日常化が進むことが期待される。もっとも、こういった取組みは、法的根拠の記入さえすればよいといった形で形骸化するおそれがあり、そうならないための目的意識の再確認が絶えず必要となる。

　そうした取組みをマネジメントするために、行政組織の各部に法務主任を置くことが重要となる。法務主任にふさわしい人材を、職員研修等により育てることは、さらに重要なテーマとなってくる。この点に関し、これから輩出されていく法科大学院修了者を法務職といった職種を設けて特別枠で採用

することも一考すべきである。もちろん、こういった人材は、法務担当部門にも必要なことはいうまでもない。

4　CheckからActionの段階のキーステーション

　法務担当部門は、原課から法的な疑問について、日々相談を受けている。その中で原課の誤った法知識や法解釈を発見することもあり、全庁的に共通する事例として正しい理解の周知をはかる必要があるものもある。法務担当部門には、そうした周知を「ニュースレター」などとして定期的に紙ベースあるいは電子情報で全庁的に配布ないし配信するといった取組みが求められる。

　また、法務担当部門には法務関係の図書が集積されている。最新の判例情報が掲載される法務雑誌も購読している。そこで、重要な判例情報をピックアップしてニュースレターで紹介することも法務担当部門の重要な任務である。各原課は、こういった情報を受けて、条例や審査基準等の見直しに取りかかることになる。法務担当部門にあっても、各原課の審査基準等を統括・把握しておくことが求められ、その具体的な見直しについて主導し支援することが重要となる。法務担当部門は、そういった意味で、CheckからActionの段階へと政策法務サイクルを回すキーステーションとならなければならない。その際に原課との仲介役を果たすのが各部の法務主任であり、こういったシステムを動かす重要な任務を担っている。

　さらに法務担当部門は、原課の法務事務の実状を法治行政の見地から、何年かごとに定期的に診断する任務も求められる。制定された条例等が所期の目的を達成しているかどうかも診断の重要な視点である。行政評価の法務版といった意味があるが、原課が自ら評価するのではなく法務担当部門が第三者的立場で評価するのであって、この点において行政評価とは異なる。そういった意味では、見直しにつながる可能性は、行政評価に比べて格段に高くなる。診断の結果は、監査委員の監査結果のように公表されることが望ましい。そのために住民監査請求の件数が増えたりすることになるかもしれないが、公表することによって、住民監視の意味合いが働き、確実な見直しにつ

ながることが期待できる。このようにして、政策法務サイクルが確実に回っていくシステムを構築することが重要である。

5 政策法務のOJTの基地

　こうした重要な任務を担う法務担当部門は、人事異動によって法務能力を持つ人材を輩出する基地となることが期待される。法務能力は研修を受けたからといって容易に身につくものではなく、時間をかけて体系的に学ばないと身につかないし、法的素養にまで高めることは困難であることから、法務担当部門の職場が政策法務を実地に学ぶ研修（On the Job Training：OJT）の場となることが求められる。法務担当部門の現状は、長年の通達依存体質から脱却し切れていないため、政策法務のOJTといっても、教える側の上司や先輩に有能な人材が少ないかもしれない。しかし、そうはいっても、法務知識を取得するのにふさわしい職場であることに変わりはなく、要は「法」の捉え方を、それ自体が目的であるとするような考え方から、政策実現のための手段と捉えPDCAサイクルを回していこうという発想の転換がなされることが必要なのである。そのためには、その法務担当者が政策形成過程に通じるように積極的に政策形成手法を学び、PDCAサイクルの発想を思考回路に埋め込むことが肝要となる。また、政策法務を標榜する自主研究グループに積極的に参加し、先進的な取り組みをしている全国の仲間と交わり、自主性・創造性などの息吹を吹き込んでもらうことは、この上ないことである。その上で、さらなる研鑽を積み、政策法務の職員研修の講師として育っていくことを期待したい。他人に教えることにより自らの能力ははるかに向上する。このことは研修事業の側にとっても好ましいことである。外部講師よりも、自治体現場の実態に即した講義が期待できるし、職員の法的能力の程度を熟知し、ツボを得た話ができるというメリットもあり、受講者側にとっても共感が得やすいだけに理解も進むと考えられるからである。法制担当部門において、政策法務の講師の経験を積んだ者が後輩へと伝授するOJTが実りあるものとなることによって、やがて法務担当者が他の部署に人事異動することによってOJTの伝播が始まるという意味で、法務担当部門の職場は、

庁内全体の政策法務のOJTの基地となることが求められる。政策法務能力は現場の第一線の職員に伝播されてこそ生きてくるものだからである。各部の法務主任が法務担当部門から輩出されることも重要となる。

【コラム10】政策法務課と政策法務推進計画

　自治体行政組織にあっては、新たな課を創設することは、その施策の取組みに対する意欲を示すものである。中央集権的・前例踏襲的な体質が根強い自治体組織において、政策法務に取り組むことは、いわばこの体質改革に挑戦することであって、容易なことではない。そうした中、「政策法務」を冠する名称の課が全国各地で創設され始めたことは歓迎すべきである。係レベルであった法務担当部門が課に昇格することによって、発言力が強まり、法治行政の推進に資することも期待される。もちろん政策法務は法務担当部門だけが担うわけではない。政策の実施段階を担い、その実施結果をPlanの段階にフィードバックさせる役割を担う各担当課を総動員するのでなければ、政策法務を実のあるものにすることはできない。そのためには、政策法務を全庁的な計画サイクルに乗せていくための取組みが求められる。この点に関し、静岡市が2008年に策定した「政策法務推進計画」は、次のとおりその年度別事業実施計画が示すように、現時点で考案し得る政策法務のメニューを網羅したものであり、その成り行きが注目されている。

表3-1-1　静岡市の政策法務推進年度別計画

（■：試行又は準備　△：一部実施　○：実施　◎：完了）

施策名	2008	2009	2010	2011	2012
政策法務委員会の機能強化	◎				
政策法務推進体制の整備					
局政策法務主任者等の設置・局の政策法務機能の強化	■	■	◎		
課政策法務主任者の機能強化	■	■	◎		
政策法務担当部署の機能強化	■	■	■	■	◎
政策実現のための自治立法の推進					
例規の整備方針の策定	◎				
例規のマネジメントの確立			■	■	◎
政策法務推進規程の整備				■	■	◎
例規閲覧機能の充実		■	◎		
要綱の公表	○	○	○	○	◎
リーガルブックシートの作成			■	◎	
行政手続法における審査基準等の周知	■	◎			
研修体制の充実・整備					
専門家等の活用	○	○	○	○	◎

内部研修の充実		○	○	○	◎
外部研修の実施		○	○	○	◎
内部法曹の育成	■	○	○	○	○
法務支援のための情報環境の整備					
効率的な例規審査等のシステム整備		■	◎		
判例情報へのアクセスの向上	○	○	○	○	◎
政策法務関連マニュアルの整備	○	○	○	○	◎
標準要綱の整備・活用	○	◎			
他団体等との連携	○	○	○	○	○
政策法務アドバイザーの設置	○				
行政リーガルドック事業の実施	■	■	◎		
リーガルチェックシートの作成			■	◎	
裁判手続の積極的な活用					
訴訟マニュアルに沿った迅速な対応	○	○	○	○	○
裁判手続を活用した債権管理事務の遂行	○	○	○	○	○
専決処分の範囲の見直し	■	◎			
改正行政不服審査制度に対応した体制等の整備			■		
裁判外の紛争解決手段の活用					■
顧問弁護士の活用	○	○	○	○	○

出典：静岡市政策法務推進計画、24頁。

第6節　自治基本条例による政策法務の PDCAサイクルの規範化

　法が政策そのものであるにもかかわらず、法務と政策を別物と考えたり、法務のPDCAサイクルを回すことが日常化していないのは、国の法律を「上位法」として位置付け、それを「所与」とする法体系像に原因がある。この自治体職員の法体系像を払拭しなければ、政策法務サイクルを回していくことはできない。そこで、上位法に取って代わる自治体法の最高規範としての自治基本条例を創設し、その下に他の条例・規則そして内規類を位置付けるという自治体法体系を新たに構築することが求められる。この自治基本条例には、総合計画を頂点とする計画体系はこの条例が根拠となること、予算もこの条例の体系下の自治体法によって統制されること、法令解釈は地方分権的な自主解釈でなければならないことなどのほか、これまで述べてきた、

法治行政への転換のための組織的取組みや政策法務のPDCAサイクルを回していくための組織的取組みを方針として盛り込むこととなる。この自治基本条例は住民みんなで制定したといえるような住民参加の盛り上がりの中で制定されることが重要である。その盛り上がりこそが最高規範性の源泉となり、規範力の源泉となるからである。政策法務のPDCAサイクルの取組みが最高規範によって規範化されることにより、自治体政策法務は確たるものになるであろう。

＜参考文献＞
天野巡一編著『自治体改革6　職員・組織改革』（ぎょうせい、2007年）
礒崎初仁『分権時代の政策法務―改革の時代の自治を問う』（北海道町村会、1999年）
出石　稔「自治体の立法法務」ジュリスト2007年7月15日号
金井利之「自治体における政策法務とその管理」ジュリスト2007年7月15日号
兼子　仁＝北村喜宣＝出石　稔共編『政策法務事典』（ぎょうせい、2008年）
北村喜宣『分権政策法務と環境・景観行政』（日本評論社、2008年）
小林明夫「立法検討過程の研究―自治立法学への試論」自治研究83巻8号・12号（2007年）、84巻2号・3号（2008年）
佐々木信夫編『分権時代の自治体職員2　政策開発―調査・立案・調整の能力』（ぎょうせい、1998年）
末弘厳太郎『法学入門』（日本評論社、1952年）
鈴木庸夫編『自治体法務改革の理論』（勁草書房、2007年）
鈴木秀洋「自治体の訴訟対応」年報自治体学16号（2003年）
提中富和『自治体法務の最前線―現場からはじめる分権自治』（イマジン出版、2004年）
提中富和「行政訴訟・不服審査と自治体政府の責任」地方自治職員研修2006年3月号
提中富和「自治体職員の法務意識」ジュリスト2007年7月15日号
提中富和＝石井良一「自治体経営基本条例試案―市民とともに進める経営改革のために」地方財務2008年9月号
田中孝男「自治体総合行政不服審査機関の設置構想」法政研究（九州大学）73巻3号（2006年）

第2章 多様なネットワーク

第1節　自治体間のネットワーク

1　自治体間における統一条例の制定

政策法務の分野において、自治体間のネットワークの成果として、複数の自治体が連携して同様な条例を統一的に制定する取り組みとして「統一条例」がある。統一条例は、自治体の区域を越えた、広域的な課題に対応する手法として活用が期待される。

(1) 条例の地域的効力

条例の効力は、別段の定めがある場合を除き、その地域内であれば、住民であるか否かにかかわらず効力を有するとされ、すなわち、条例の適用においては、属地主義が原則となっている。

判例においても、新潟県外に居住する滞在者が新潟県内において行った無許可集団示威行動に対する新潟県公安条例の適用が争われた事案について、「地方公共団体の制定する条例は、……法律の範囲内に存する限り原則としてその効力は当然属地的に生じるものと解すべきである。それゆえ本件条例は、新潟県の地域内においては、この地域に来れる何人に対してもその効力を及ぼすものと言わなければならない。なお条例のこの効力は、法令又は条例に別段の定めある場合、若しくは条例の性質上住民のみを対象とすること

明らかな場合はこの限りでない」とされ（最大判昭和29年11月24日刑集8巻11号1866頁）、学説においてもこの考え方はほぼ定説とされている。

　しかし、環境問題などのように影響が複数の自治体の区域に及ぶ課題に対応するためには、単独の自治体だけの条例では問題の解決につながらない場合がある。そこで、複数の自治体が連携して、同様な内容の条例を制定することにより、広域的な地域課題に対応するための試みが行われるケースがみられ、このような条例を「統一条例」と呼ぶことがある。この統一条例は、当該自治体の区域内においてのみ効力を有する条例の属地性の持つ限界を克服する手段とみることもできる。

(2)　**統一条例の意義**

　統一条例とは、①立法事実を同一にし、②条例の対象とする自治体区域で相互に連関する複数の自治体が、③共通の行政課題解決のため、④同様な目的と効果を有する内容の条例を立法しようとする場合の条例を指すものとされる。

　「統一条例」と似た用語として「統制条例」があるが、「統制条例」は地方分権改革以前に、都道府県条例において「一方的」に市町村の事務に関する規定を定めていたものであるのに対して、「統一条例」は、関係自治体が「自主的」に、「平等な立場」で策定するものであるという点で異なる。また、先進的な自治体の事例をベンチマークした結果として他の自治体で同様な条例が制定される「条例の伝播」と比較しても、複数の自治体がほぼ同時に連携して策定することを当初から合意の上で条例を制定するという点において異なる。

　統一条例は、1992年に熊本県菊池川流域の環境保全のため流域の21市町村（当時）が同一の内容の条例を制定したのが最初とされる。それ以後、河川流域の環境保全（佐賀県松浦川流域、宮崎県・鹿児島県大淀川流域市町村などの河川環境関係の条例）、大規模不法投棄（青森県・岩手県・秋田県での産業廃棄物対策関係の条例）、景観保全（下関市・北九州市での関門海峡の景観保全関係の条例）、大気汚染（東京都・埼玉県・千葉県・神奈川県でのディーゼル車規制関係の条例）などの環境問題を中心に制定されている例が多い。また、制定した自治体の範囲では、

都道府県の地域全域まで至らない共通の地域課題を有する隣接市町村間において「中域的」に制定する例が多いが、都道府県をまたがる広域的な課題に対応するため隣接する都道府県同士での制定事例もみられる。

統一条例のタイプとしては、制定の方式や条例の内容から、次のようなタイプがあるとされる。

① ネットワーク型

複数の自治体が連携して全く同じ内容の条例をほぼ同時期に制定する方式である。前述の菊池川流域の保全に関する自治体連携により制定された条例などが該当する。このタイプでは、連携した自治体のうちの1つが事務局を担当し、参加自治体がネットワークを形成し、任意の協議組織を運営しながら条例に基づく各種の事業を行うこととなる（例：菊池川流域〔熊本県〕、松浦川流域〔佐賀県〕、大淀川〔宮崎・鹿児島県〕、奥入瀬川流域〔青森県〕、四万十川流域〔高知県〕、尻別川流域〔北海道〕など）。

② 共同歩調型

複数の自治体が連携し、同様な目的意識の下に、各自治体の条例中に共通事項のほかに、独自の事項を定め、共通事項については各自治体が同様に条例に規定し、独自事項については各自治体の実情に合わせた制度を条例化するものである。このタイプの場合、各自治体が共通事項の実施に関しては自治体間の協議に基づき共同歩調をとりながら施策を進めるが、独自部分では各自治体がそれぞれの実情により独自の施策を進めるものであり、条例の内容が大筋では同じであるが、自治体ごとの独自の部分を有するという点で、複数の自治体が条文レベルまでの統一性をはかろうとする「ネットワーク型」と異なる（例：青森県・秋田県・岩手県〔以下「北東北3県」とする〕での産業廃棄物税と産業廃棄物搬入事前協議制度、北東北3県での森林・河川・海に係る水質保全条例、東京都・埼玉県・千葉県・神奈川県でのディーゼル車規制条例など）。

③ 共同管理型

複数の自治体が連携して、同様な制度を条例で規定するが、自治体間が共同で行う事項を地方自治法第252条の2の規定による協議会を設置し、規約に基づき行うなど、地方自治法の広域自治制度のフレームを活用して行う旨

が条例で規定されているものである。自治体間の任意の協議組織を活用する方式に比べて、管理の仕組みがしっかりしている点で、国際間の条約にも似た「国内条約」的な性格を有するとされる。この「共同管理型」と「ネットワーク型」や「共同歩調型」を比べると、「ネットワーク型」や「共同歩調型」が内容的に同様な規定を持つ条例を複数の自治体が制定するものの、条例の運用自体は各自治体が自己完結的にできる規定となっているのに対して、「共同管理型」では条例の運用の一部について自治体間で共同して行う手続が条例に規定されており、各自治体が自己完結的に条例の運用をできない仕組みとなっている点で大きく異なる（例：関門海峡の景観形成に関する条例〔下関市、北九州市〕など）。

(3) 統一条例の制定プロセス

統一条例の制定プロセスについて、北東北3県の産業廃棄物対策条例（共同歩調型）を例にすると概ね次のとおりである。

① 首長間の大枠的な合意

首長間で共通する地域課題について「共同で対策を検討しよう」という大枠での合意を取り交わし、合意事項として公表する。北海道・北東北3県の場合では、毎年、4道県の知事が集まり知事サミットを開催している（2000年までは青森、秋田、岩手の3県のみで行われていた）が、その際、2000年の知事サミットにおいて、産業廃棄物対策を連携して進めることが合意された。

② 自治体間の事務レベル協議

首長間の合意事項の細部を調整するために、自治体間の事務レベルで具体的に検討を進める項目を決定し実務者による検討が始まる。北東北3県産業廃棄物対策の場合、知事サミット後に、各県の環境担当部の部長レベルの会議が開かれ、産業廃棄物対策に関する条例制定などの具体的な検討テーマと大まかな検討スケジュール、実務担当者によるワーキングチームの設置が決定された。

③ 自治体間の検討案の調整

そのワーキングチームでは、連携して制定する条例に盛り込むコンテンツを出し合い、その後、各コンテンツについて制度設計を検討しながら、条例

案の骨子をまとめていく。北東北3県産業廃棄物対策の場合では、「産業廃棄物税の導入」と「首都圏からの産業廃棄物の無秩序な流入への対応策」の2つのテーマについて、それぞれ税務部門と環境部門の担当者による部会を設置し、ほぼ2ヶ月に1回のペースでの会議と、メールでのやり取りをしながら、約2年間をかけて条例案骨子の調整を進めた。

④ 首長間の細部の合意

実務レベルで条例内容について方向性が定まった段階で、再度、首長間で条例に盛り込む内容と制定時期の目安について確認し合意する。北東北3県産業廃棄物対策の場合では、最初の知事サミットでの大枠合意から1年後の知事サミットにおいて、産業廃棄物税と他の地域から流入してくる産業廃棄物に対する事前協議制度等について、2002年度中に連携して条例化を進めることが合意された。

⑤ 各自治体内での条例化

自治体間の調整作業の終了後、自治体ごとに条例化と議会への提案の作業を進めることとなる。北東北3県産業廃棄物対策の場合では、3県共通の条例事項と各県独自の事項を組み合わせながら、各自治体内での条例立案を進め、最終的には2002年12月の議会にそれぞれ提案、可決された。この間、実際の条例案の調整にあたっては、各県の既存条例との関係等も配慮し、共通事項について、条例案文を相互にメールなどで情報交換しながら作業を進めた。

(4) 統一条例の成立要因

北東北3県産業廃棄物対策条例などの例から、自治体間の統一条例がスムーズに成立するための要因として、次のようなことが挙げられる。

① 共通する立法事実が存在すること

第1の要因として、統一条例がスムーズに成立するためには、関係自治体共通の課題があり、これを制度的手法により改善しようという立法事実が一致することが必要である。

② 首長のリーダーシップがあること

第2に、首長の強力なリーダーシップが挙げられる。隣接する自治体でも、

特に都道府県の場合、従来は、ほとんど交流がないのが通常であり、いくら共通の課題があっても、職員だけのボトムアップ方式では、統一条例の成立にこぎつけるのは容易なことではない。やはり、首長間の一致したリーダーシップの発揮が必要である。

③ 自治体間での話し合いの基盤があること

第3に、実務者が政策的課題について検討する基盤があることである。首長間のリーダーシップの下に合意された事項を実務的に話し合う場が必要であり、実務者間のコミュニケーションが円滑に行われる仕組みが必要である。

④ 政策法務的な研究が十分に行われていたこと

第4に、特に内容が全国的に例のない条例制定の場合、統一条例に限らず、大学の研究者などの専門家にも協力を依頼するなど、政策法務的な側面からの理論武装を十分にしておくことが必要である。自治体間の実務協議と平行して、研究者等からの指導を受けることにより、実務者間調整が円滑に進むことも期待できる。

(5) 統一条例の活用と課題

現時点では、市町村合併が一段落し、道州制の動向がまだ不透明な中、統一条例は、自治体の枠組みを直接的に変える合併や一部事務組合、広域連合の設置などのハード的手法によらないで、既存の自治体間の同意さえあれば、柔軟に広域的な制度を創設できるソフト的手法として、今後の活用が期待できる。

しかし、現行の地方自治制度は、事務の委任や共同処理の制度など事務事業を複数自治体間で行う制度はあるが、複数の自治体間で共通の制度を創設し運用する統一条例を想定していない。また、首長が交代すれば、自治体間の政策的合意も実施の担保がなくなってしまう可能性がある。そこで、統一条例をより簡易・有効に機能しやすくするために、国際間の条約などのように、複数自治体間の統一的な制度に関する批准手続のような制度の創設なども、立法論的には今後検討する余地があろう。

また、統一条例では、複数自治体間の実務的調整を伴うため、実体的な規制的内容を盛り込んだ立法例は少なく、理念的規定や努力義務規定が多くな

りがちな傾向にある。その点では、北東北 3 県の域外からの産業廃棄物の事前協議の義務化や産業廃棄物税の制定、東京都を中心とした首都圏の 1 都 3 県によるディーゼル車規制などは、実体的な規定を設けている点で評価できる。

2 自治体間における政策法務のネットワークづくり

(1) 自治体間の日常的な政策法務の連携協力の必要性

　地方分権改革の自治体政策法務に対する影響を考えると、立法法務においては条例制定権の拡大により、地域の実情に応じた自主的な政策条例の制定が数多く行われるようになった。執行法務においては機関委任事務の廃止により、自治事務、法定受託事務の双方において事務執行の責任の主体は、国から自治体自身に移り、自治体の自己責任による解釈運用を行うようになった。また、訴訟法務においては、まだ、事例としては少ないが、分権改革以降の多くの自主的な政策条例や法令の解釈運用が争点となり、これまで以上に自治体が訴訟当事者となることが予想され、自治体の訴訟リスクが高まる結果となると見込まれる。つまり、自治体職員は、自治体法務のあらゆる領域において、高度な法務能力が要求されるようになったと言える。

　このような状況に対応するためには自治体とその職員は、どうすべきか。大規模な自治体では研修体系や庁内組織の見直しによりある程度の対応が可能であるが、中小の自治体の場合は予算や人員の側面から対応にも限界があるのではないかと考えられる。また、大規模自治体の場合であっても、単独で最先端の法務技術や訴訟戦略のノウハウを常に組織に蓄積することは難しい側面がある。

　これらの点を克服し、組織的に政策法務のレベルを向上させる方法の 1 つとして自治体間の政策法務領域におけるネットワーク形成が考えられる。統一条例の場合は、一定の立法事実の共有により臨時的または偶発的に、同様な条例制定に向けて自治体間が協力することとなるが、自治体間の政策法務領域におけるネットワーク形成の場合は、日常的な自治体間の組織連携が前提となる。その意味では、自治体間の政策法務領域におけるネットワーク形

成は、分権改革後の新しい法環境に適応する自治体政策として有効な選択肢といえる。

(2) **自治体間の政策法務のネットワークの類型**
① ブロック会議等を通じた情報交換
　近隣自治体やブロック会議等を通じた政策法務に関する自治体間の情報交換が日常的に行われている状態である。多くのブロック会議等は年に1～2回程度開催され、研修会や各自治体から提出されたテーマに関する情報交換や意見交換などが行われる。分権改革以前は、このようなブロック会議等では国の担当者が出席し、関係する法律改正の状況などが紹介され、テーマ別の意見交換などでも国の行政実例に基づいた解釈や国の条例準則の解説が行われ、よい意味では垂直的な法務支援やベンチマーキングが行われた。しかし、このような垂直的な法務支援等は結果として国による地方への統制のツールとして機能した側面も否めない。

　分権時代における自治体政策法務の情報交換、ベンチマーキングの場としては、構成自治体がよりフラットな立場で、互いに切磋琢磨しながら自主的なテーマ設定の下に活発な意見交換が行われるような環境づくりが望まれる。このような環境で日常的に情報交換が行われることによって、自治体間でのよりよい政策事例の伝播が行われ、構成自治体の政策のレベルも高まることが期待される。

② 特定のテーマに関する特定自治体間のベンチマーキング
　その自治体が抱える行政課題について、先進的な取り組みを行っている自治体をピックアップして、その先進的な取り組みをベンチマークし、自らの自治体が抱える課題解決に役立てるやり方である。多くはインターネット等で全国状況を調査し、先進的な事例を有する自治体に対する訪問、電話連絡等により資料を収集し、その後何度か情報提供を受けながら、自組織の取り組みの参考にしていく形で行われる。この方法は、職員相互の個人的なつながりを基礎としており、自治体の組織間のネットワークまで発展することは稀である。また、課題が解決されれば情報の交流は終了し、一過性のものとなりがちである。しかし一方で、ベンチマーキング手法は、効率的に他の自

治体の優良事例を取り入れる方法として有効であり、1つのテーマに関するベンチマーキングを契機として、自治体職員間の継続的なネットワーク形成に発展することも期待できる。

なお、自治体間の条例ベンチマーキングを促進するツールとして政策法務に関するホームページの活用がある。主なものとしては、国の法律、政令、省令については総務省の法令データ提供システム、自治体条例等については鹿児島大学法文学部の全国条例データベースなどのほか、政策法務支援を目的としたものとして、北海道町村会法務支援室、千葉県政策法務課、岩手県総務室法務文書担当のホームページなどがある（このほか、研究者や自治体職員個人の政策法務に関するホームページや地方自治・法律関係の雑誌等を出版している出版社のホームページも参考になる）。

③ 取り組みの共同実施

複数の自治体が統一条例を制定したり、職員の政策法務に関する研修を合同で行うなど、自治体間で同一の目的の下で取り組みを共同実施するものである。統一条例の制定プロセスについては前述のとおりであるが、統一条例の制定の場合は、目的が1つの条例制定であるため、その条例制定の作業が終了すれば共同の取り組みも終わり、一時的なものとなる。これに対して、政策法務の研修の共同実施の場合は、研修の企画、実施などを継続的な取り組みとして行う場合もある。いずれの場合も自治体間の合意に基づき、いずれかの自治体が事務局機能を分担しながら、作業を共同して行うこととなる。

政策法務に関する高度なスキルが要求される社会状況の中で、小規模自治体の場合、体系的な政策法務研修を単独で行ったり、全国的に制定事例の少ない政策条例を単独で制定することは難しい場合がある。その点、複数の自治体が共同してこれらの取組みを共同実施すれば、各自治体の負担を軽減することも可能であり、今後の展開が期待される。

④ 共同組織の設置運営

複数自治体が抱える行政課題について、各自治体と独立した共同組織を設置して対応するものである。この方法により設置される共同組織の類型としては、自治法上の特別地方公共団体の一部事務組合や広域連合などのほか、

市長会や町村会などで法務支援サービスを行っているところがある。たとえば、東京23区の事務の一部を共同処理している一部事務組合である「特別区人事・厚生事務組合」では、職員研修のほか、法律的意見に関する事務として、争訟事件に関する答弁書、準備書面等の作成及び証拠方法の選択や行政事務に関する高度な法律相談のほか、特別区が裁判上の行為をなす場合には、組合職員をその特別区職員に併任し、指定代理人として訴訟活動等に従事させている。また、北海道、長野県、山梨県などの町村会でも「法務支援室」などを設けて、法務情報の提供、法律相談、法務研修などの事業を行っている。

今後、行政に関する争訟リスクの高まり、地域課題を解決するための政策条例の制定などの政策法務に関する高いスキルが要求されることが予想される社会では、特に、財政的に条件の厳しい中小の自治体では、共同組織を設置して対応することも有効であろう。

第2節　自治体職員間のネットワーク

1　業務を通じた職員間ネットワーク

政策法務に関する自治体職員の人的ネットワークの形成過程を考えると、最も一般的なパターンが、日常的な業務の中で、条例の立案担当者や、許認可等を通じて法令や条例の解釈運用担当者、自治体の行政運営についての訴訟の担当者になった際などに、庁内の法務担当部署や関係部局とのかかわりの中でネットワークが形成されているものである。

業務を通じた政策法務のネットワークでは、法務に関係する事務がいかに体系立って効率的かつ確実に行われるかが重要である。この点において、自治体行政でも、近年民間の経営管理手法の導入が盛んに行われており、政策についてのPDCA（Plan-Do-Check-Action）サイクルは、政策法務に関する業務についても該当し、立法法務、執行法務、訟務法務の仕組みとして体系的に行われている自治体も徐々に増えつつある。

これら政策法務におけるPDCAサイクルを効果的に機能させるためには、

仕組みとしての政策法務に関する体制整備が大切である。ここで「政策法務の体制」とは、地方自治体内での行政組織や担当区分としての体制（ハード面の体制）と、組織の中で政策法務に関するノウハウやスキルが有効に発揮されるための、仕組み、情報ネットワーク、研修システムなどの体制（ソフト面の体制）を総称して指すものである。

　政策法務のハード面の体制整備としては、戦略的な法政策の司令塔としての「政策法務委員会」の設置による政策条例の審査や、条例立案方針、訴訟対応方針などの重要事項の検討、各部局での政策法務担当者の配置、政策法務に関する課題解決についての組織横断的なプロジェクトチームの設置などがある。ちなみに、千葉県では政策法務委員会で条例制定、訴訟対応、法務的政策評価などの重要事項を検討し、横須賀市では地方分権に対応した自主条例の制定に関する方針として「分権型条例制定指針」を政策法務委員会で策定する取り組みなどを行っている。

　また、ソフト面の整備としては、政策法務の専門研修の実施、庁内のイントラネットによる政策法務ノウハウの提供などの取り組みなどが挙げられる。また、これらの取り組みについて、政策法務推進計画として年度別に体系的に行う事例（静岡市）もみられる（【コラム10】〔277頁〕参照）。

　自治体行政のあらゆる場面で政策法務に関するノウハウやスキルが要求されることとなる今日においては、自治体のマネジメント・システムの一部として、これらのソフト、ハードの体制整備により、人と情報とノウハウ・スキルが往来する面的な広がりを持ったネットワークが構築されていることが望ましい（政策法務を自治体の戦略的なマネジメント・システムとして捉えるものとして、田中孝男「政策法務のマネジメント」礒崎初仁編著『自治体改革4　政策法務の新展開』〔ぎょうせい、2004年〕149頁参照）。

2　業務外の自治体職員間ネットワークによるスキル・ノウハウの共有

　自治体の現場では、政策法務に関するスキル・ノウハウが日常的に必要になってきているとはいわれているが、一人の職員が、担当業務や職場での研修の中で吸収できるスキルやノウハウの内容には限りがある。また、それら

を吸収できる機会はそれほど多くはないのが現状である。

　また、自治体の規模や種類によっても、経験の差は生じ得る。例えば、都道府県と市町村とでは、自治体としての立場は対等協力の関係になったとはいえ、都道府県が許認可権限を持ち、日常的に法令を執行する業務が多いのに対して、市町村の場合は許認可業務が都道府県に比較して少ないという役割分担の違いのため、政策法務のスキル・ノウハウを身につける機会に相対的に差が生じ得るのではないかともいわれている（「創刊記念座談会　政策法務の最前線」自治体法務ナビ Vol. 1〔2004 年、第一法規〕における鈴木庸夫千葉大学大学院教授の指摘参照。なお、地方分権改革推進委員会は、2008 年 5 月、第 1 次勧告を公表し、都道府県から基礎自治体である市町村への権限委譲の推進を勧告した。勧告のとおり都道府県からの権限委譲が進めば、都道府県と市町村間での政策法務に関する経験を積む機会の差は次第になくなっていくことも予想される）。

　しかし、最も重要なのは、所属する組織や自治体の役割や特性ではなく、個々の職員が、いかに意識を高めて学習するかであろう。その点では、自治体行政にかかわる職員が、組織の壁を越えて、互いの政策法務に関するナレッジ（知恵）を共有することが重要である。

　とはいっても、仕事上のフォーマルな部分だけでは、時間的な制約や業務範囲の関係もあり、継続的に互いのナレッジを共有することは難しい。また、現実問題として、都道府県間、市町村間でも、個別の団体により政策法務に関するノウハウやスキルの蓄積には大きな差があり、自治体の枠を越えて政策法務に関する連携を進めることには困難もある。その難点を解決するものとして挙げられるのが、業務とは直接関係のないインフォーマルな形で全国の自治体で立ち上がっている自主的な研究グループであろう。

　政策法務に関する自主研究グループには次の 5 類型があるといわれる。

① 　自主型――政策法務に関心のある職員が自主的に業務に関係なく自主的に研究しているもの（地方自治法研究会〔川崎市〕、かながわ政策塾〔神奈川県〕、札幌地方自治法研究会など）

② 　法制担当者ネットワーク型――法制担当者の事務研究会などから始まり、職員の異動後も研究を自主的に続けているもの（おおさか政策法務研

究会など）
③ 研修所主導型――職員研修所の研修担当者が業務のかたわら研究グループの運営に関与しているもの
④ 中間型――上記の①から③までの要素が複合的な形で研究活動をしているもの（ちば自治体法務研究会など）
⑤ 連合体型――いくつかの自主研究グループが連合体として研究活動をしているもの（かながわ政策法務研究会など）

これらは、研究組織の発足の経緯による分類であるが、どのような形でも、異なる職場や自治体の職員が集まり、それぞれの持っているナレッジを交流しあうことにより、そこからまた新しい政策法務のイノベーションが生まれる土壌を作ることにつながるものである。このような研究グループで、色々な現場や問題意識を持つ職員間が連携することも、地方自治体間の政策法務に関するスキル・ノウハウの格差を埋めることにつながるものとして期待できる。

このほか、自治体職員、研究者、マスコミ関係者、地域活動実践者などにより、全国的な学会組織として、自治体学会など地方自治に関する学会もいくつか活動している。

第3節　自治体と研究機関、NPO、シンクタンク等とのネットワーク

政策法務に関する自治体と、研究機関、NPO、シンクタンクなどの外部セクターとの関係を考える場合、次のような役割・機能が指摘できる。いずれの役割・機能も、望ましい自治体の政策法務の姿からみた場合有効なものであり、今後、これらの外部セクターと積極的にネットワークを形成していくことが重要である。

1　市民立法等におけるファシリテータ機能
いわゆる市民派議員による議員提案条例への取り組みや、市民団体による

市民立法活動などの際に、事務局的な役割を果たし、行政との橋渡しや市民活動の組織化を促進する機能である。今後、議員提案条例や市民立法の進展に伴い、政策法務のスキル・ノウハウは、行政機関の職員だけが持つ特殊技能ではなくなってくるとみられ、また、住民自治の健全な発展を考えれば、むしろ積極的に住民に開放していくことも重要である。

　このような健全な住民自治の発展を考えた場合、市民と行政との橋渡し役を果たし、活動のファシリテータ（活動をまとめ、促進する役割を持つ人や組織）としての機能は、今後大切なものとなっていくとみられる。このような機能を果たしているのが、NPOや市民団体、マスコミ関係者、研究者などのセクターである。これらは、主に大都市周辺の基礎自治体を中心に、まちづくり条例や市民参加条例、自治基本条例の策定などの分野で、次のような類型のサポート活動をしており、ときにはサポートに止まらず、活動の主体となる場合もある。企業やシンクタンク、研究機関などが組織として、この種のサポート機能を果たすことは少ない。

① 　市民学習会、セミナーなどの設置、運営
② 　他の地域の情報、人材情報の収集提供
③ 　制度設計の提案
④ 　一般市民への呼びかけ、PR活動
⑤ 　要望や直接請求などに関する行政機関との連絡調整

　このような活動は、行政の側からみると、住民側から提案された政策が、しばしば自治体の既存政策と異なる場合があり、摩擦を生ずる事例もありうるが、中長期的に考えると、住民が地域の課題に関心を持ち、いろいろな提案をし、主体的に地方行政に参画することは、むしろ望ましい自治のあり方であり、通常は行政機関が行う作業を住民が行う場合もあり、結果として行政コストの削減も見込まれる。今後、行政側も積極的に協働関係を築きながら取り組みを進めていくことが期待される（牛山久仁彦『ドキュメント・市民がつくったまちの憲法―大和市自治基本条例ができるまで』〔ぎょうせい、2005年〕、内仲英輔『自治基本条例をつくる―「みたか市民の会」がめざしたもの』〔自治体研究社、2006年〕では、両市の自治基本条例をつくる市民の会による立法の取り組みが記述されてい

る)。

2 政策法務における技術的支援、コンサルティング機能
　主に小規模自治体や政策法務に関するノウハウが十分に蓄積されていない自治体が政策条例を立案する場合や全国的に事例の少ない先進的な政策条例を自治体が立案する場合、そのほか、議会事務局の体制が十分でない環境で議員が政策的議員提案条例を立案しようとする場合、政策法務のノウハウが十分でない市民団体などが条例制定のための活動をする場合などに、主に、大学等の研究者や研究機関、NPO、シンクタンクなどが、純粋に技術的側面から政策法務に関するアドバイスや指導をする機能である。
　小規模自治体の場合、政策法務に精通したスタッフを十分に配置することは、財政的に難しいと考えられるが、自治体の規模や財政状況で地域課題を解決する方途が狭められることは好ましくない。このような場合に、外部機関とのネットワークによる技術的支援を得ながら条例制定などの取り組みを進めることは、効率的かつ有効な方法の1つといえよう。
　また、全国的に事例の少ない条例等を制定する場合は、相当な理論武装が必要であり、大学の研究者などの支援を得ながら策定作業を進めることが有効である。

3 政策法務における事務的作業のサポート機能
　条例立案等の作業に付随して、住民意見の募集のためのパブリック・コメントの実施、住民との意見交換会の開催運営や資料作成など、政策条例を策定するためには多くの事務的作業があるが、その事務的作業をサポートする機能である。通常の首長提案の条例の場合は、自治体職員がこれらの作業を分担するが、議員提案条例や市民立法の場合は、スタッフが限られており、事務的作業の受け皿が十分ではない。このような事務的作業をNPOや市民団体、シンクタンクなどがサポートすることにより、本来的な制度設計の検討などにエネルギーを重点化することが期待できる。

4 首長や自治体職員の意識改革促進機能

　市民団体、NPO などの外部機関への政策法務のスキル・ノウハウの伝播により、市民からの自治体政策に対する評価の目が厳しくなり、首長や自治体職員の意識改革を促進する機能である。

　近年、自治体における自主的な政策条例の制定も徐々に増えてきているが、その多くは首長提案であり、実際の立案の担い手は自治体職員である。しかし、議員提案条例の立案プロセスを通じた議会の活性化や、市民、NPO などへの政策法務ノウハウの伝播や住民参画が加速化すると、議員は、議員提案条例の立案のみならず、通常の議会における一般質問や議案審議にも政策法務のノウハウを活用した政策志向的な活動を一層活発に行うようになり、また、地域住民は、地方自治への関心が高まり、各種の政策提言を盛んに行うようになると見込まれる。このように自治体・住民が活性化された状態になると、首長、自治体職員と議員のほか、住民も巻き込んだ政策立案の競争状態が生まれ、首長や自治体職員も、住民や地域に根ざした政策形成への意識改革を一層迫られることが期待される。

　＜参考文献＞
　　礒崎初仁編著『自治体改革4　政策法務の新展開』（ぎょうせい、2004 年）
　　牛嶋　仁「条例の属地的効力」『地方自治判例百選（第 3 版）』（有斐閣、2003 年）
　　牛山久仁彦『ドキュメント・市民がつくったまちの憲法—大和市自治基本条例ができるまで』（ぎょうせい、2005 年）
　　内仲英輔『自治基本条例をつくる—「みたか市民の会」がめざしたもの』（自治体研究社、2006 年）
　　兼子　仁＝北村喜宣＝出石　稔共編『政策法務事典』（ぎょうせい、2008 年）
　　北村喜宣『自治体環境行政法（第 4 版）』（第一法規、2006 年）
　　「創刊記念座談会　政策法務の最前線」自治体法務ナビ Vol. 1（第一法規、2004 年）
　　田中孝男『条例づくりへの挑戦』（信山社出版、2002 年）
　　田中孝男・名塚　昭「統一条例による共通地域課題への取組み—統一条例のベンチマーク」自治体法務ナビ Vol. 14（第一法規、2006 年）
　　津軽石昭彦＝千葉　実『自治体法務サポートブックレットシリーズ 2—政策

法務ナレッジ　青森・岩手県境産業廃棄物不法投棄事件』(第一法規、2003年)
津軽石昭彦「大規模産業廃棄物不法投棄事件が生んだ新しい広域的行政の仕組みづくりへの試み」自治体法務ナビ Vol. 14（第一法規、2006年）

判 例 索 引

最高裁判所

最大判昭和 27 年 10 月 8 日民集 6 巻 9 号 783 頁	47
最大判昭和 29 年 11 月 24 日刑集 8 巻 11 号 1866 頁	282
最（2 小）判昭和 30 年 6 月 24 日民集 9 巻 7 号 930 頁	223
最大判昭和 31 年 7 月 4 日民集 10 巻 7 号 785 頁	53
最大判昭和 33 年 10 月 15 日刑集 12 巻 14 号 3305 頁	40
最大判昭和 35 年 6 月 8 日民集 14 巻 7 号 1206 頁	49
最大判昭和 35 年 10 月 19 日民集 14 巻 12 号 2633 頁	48
最大判昭和 37 年 11 月 28 日刑集 16 巻 11 号 1593 頁	50
最大判昭和 38 年 5 月 15 日刑集 17 巻 4 号 302 頁	53
最大判昭和 38 年 6 月 26 日刑集 17 巻 5 号 521 頁	42, 57, 73
最（1 小）判昭和 39 年 6 月 4 日民集 18 巻 5 号 745 頁	223
最（1 小）判昭和 39 年 10 月 29 日民集 18 巻 8 号 1809 頁	19
最（3 小）判昭和 41 年 2 月 8 日民集 20 巻 2 号 196 頁	48
最大判昭和 41 年 2 月 23 日民集 20 巻 2 号 320 頁	156
最大判昭和 42 年 5 月 24 日民集 21 巻 5 号 1043 頁	55
最大判昭和 44 年 4 月 2 日刑集 23 巻 5 号 305 頁	50
最大判昭和 44 年 4 月 2 日刑集 23 巻 5 号 685 頁	178
最大判昭和 44 年 6 月 25 日刑集 23 巻 7 号 975 頁	58
最大判昭和 48 年 4 月 25 日刑集 27 巻 4 号 547 頁	51
最大判昭和 50 年 4 月 30 日民集 29 巻 4 号 572 頁、判時 777 号 8 頁	26, 56, 66
最大判昭和 50 年 9 月 10 日民集 29 巻 8 号 489 頁、判時 787 号 22 頁	27, 42, 75, 78
最大判昭和 51 年 5 月 21 日刑集 30 巻 5 号 1178 頁	51
最（3 小）判昭和 52 年 3 月 15 日民集 31 巻 2 号 234 頁	48
最（2 小）判昭和 53 年 6 月 16 日刑集 32 巻 4 号 605 頁	36, 223
最大判昭和 53 年 10 月 4 日民集 32 巻 7 号 1223 頁	223, 226
最（1 小）判昭和 53 年 12 月 21 日民集 32 巻 9 号 1723 頁、判時 918 号 56 頁	27, 75
最（3 小）判昭和 56 年 1 月 27 日民集 35 巻 1 号 35 頁	27, 166
最（3 小）判昭和 56 年 4 月 7 日民集 35 巻 3 号 443 頁	48
最（2 小）判昭和 57 年 4 月 23 日民集 36 巻 4 号 727 頁	35
最大判昭和 57 年 7 月 7 日民集 36 巻 7 号 1235 頁	55
最（1 小）判昭和 59 年 5 月 31 日民集 38 巻 7 号 1021 頁	253
最大判昭和 59 年 12 月 12 日民集 38 巻 12 号 1308 頁	78
最（3 小）判昭和 60 年 1 月 22 日民集 39 巻 1 号 1 頁	231
最（3 小）判昭和 60 年 7 月 16 日民集 39 巻 5 号 989 頁、判時 1174 号 58 頁	22, 207, 210, 213, 235, 250, 258
最大判昭和 60 年 10 月 23 日刑集 39 巻 6 号 413 頁	41

最（1小）判昭和61年3月13日民集40巻2号258頁	178
最（2小）判昭和62年3月20日判時1228号72頁	22, 255
最（3小）判昭和63年12月20日判時1307号113頁	49
最（3小）判平成元年9月19日刑集43巻8号785頁	40
最（2小）決平成元年11月8日判時1328号16頁、判タ710号274頁	13, 244
最（2小）判平成元年11月24日民集43巻10号1169頁	22, 142-143
最（2小）判平成3年3月8日民集45巻3号164頁、判時1393号83頁	22, 74, 153
最（2小）判平成3年4月26日民集45巻4号653頁	22, 210-211
最（2小）判平成5年4月23日裁判集民事169号37頁	235
最（3小）判平成5年9月7日民集47巻7号4667頁	48
最（3小）判平成7年2月28日民集49巻2号639頁	8
最（3小）判平成7年3月7日民集49巻3号687頁	27, 185
最（2小）判平成7年6月23日民集49巻6号1600頁	22, 143, 163
最（2小）判平成8年3月8日民集50巻3号469頁	53
最（2小）判平成8年3月15日民集50巻3号549頁	27, 183
最（3小）判平成8年7月2日判時1578号51頁	223
最（1小）判平成11年1月21日民集53巻1号13頁、判時1682号40頁、判タ1007号254頁	243
最（3小）判平成13年11月27日民集55巻6号1311頁	133
最（1小）判平成14年1月17日民集56巻1号1頁	35
最（1小）判平成14年4月25日判例地方自治229号52頁	19, 169
最（3小）判平成14年7月9日民集56巻6号1134号	24, 35, 153
最（1小）決平成14年9月30日刑集56巻7号395頁	154
最（3小）決平成15年1月24日裁判所時報1332号3頁	18, 193
最（3小）判平成15年6月10日判時1834号21頁	27
最（3小）判平成15年6月10日判例地方自治246号109頁	256
最（3小）判平成16年4月27日民集58巻4号1032頁	22, 136, 144, 223
最（2小）判平成16年10月15日民集58巻7号1802頁	22, 136, 145
最（2小）判平成16年12月24日民集58巻9号2536頁	27
最大判平成17年1月26日民集59巻1号128頁	26
最（2小）決平成17年6月24日判時1904号69頁	34
最（2小）判平成17年7月15日民集59巻6号1661頁、判時1905号49頁	19, 86
最（1小）判平成17年11月10日判時1921号36頁	22
最大判平成17年12月7日民集59巻10号2645頁、判時1920号13頁	18, 86, 193
最（1小）判平成18年3月30日民集60巻3号948頁	25
最（2小）判平成18年7月14日民集60巻6号2369頁、判時1947号45頁	27, 83
最（3小）判平成19年2月27日民集61巻1号291頁	27, 44
最（3小）判平成19年9月18日刑集61巻6号601頁	79
最（1小）判平成19年11月15日判例集未登載	169
最（2小）判平成20年1月18日民集62巻1号1頁	22, 256
最（3小）決平成20年5月27日判例集未登載	140

| 最大判平成 20 年 9 月 10 日民集 62 巻 8 号 2029 頁 | 19 |

高等裁判所

福岡高判昭和 58 年 3 月 7 日判時 1083 号 58 頁	27, 81
大阪高判昭和 59 年 5 月 31 日行集 35 巻 5 号 679 頁	251
名古屋高判昭和 61 年 3 月 31 日判時 1204 号 112 頁	190
東京高判平成元年 9 月 27 日判例地方自治 74 号 54 頁	252
東京高判平成 8 年 11 月 27 日判時 1594 号 19 頁	169
札幌高判平成 9 年 10 月 7 日行集 48 巻 10 号 753 頁、判時 1659 号 45 頁	27, 140, 195, 232, 234
仙台高判平成 11 年 3 月 24 日判例地方自治 193 号 104 頁	20, 195
東京高判平成 13 年 6 月 14 日判時 1757 号 51 頁	191
東京高判平成 14 年 10 月 22 日判時 1806 号 3 頁	27
大阪高判平成 15 年 2 月 6 日判例地方自治 247 号 39 頁	21
名古屋高判平成 15 年 4 月 16 日最高裁 HP 下級裁判例集	237
広島高判平成 15 年 7 月 29 日最高裁 HP 下級裁判所判例集	255
名古屋高金沢支部判平成 15 年 11 月 19 日判タ 1167 号 153 頁	212
大阪高判平成 16 年 5 月 28 日判時 1901 号 28 頁	213
福岡高決平成 17 年 7 月 28 日判時 1920 号 42 頁	24
大阪高判平成 18 年 4 月 20 日判例地方自治 282 号 55 頁	27, 169
名古屋高判平成 18 年 5 月 18 日最高裁 HP 下級裁判所判例集・行政事件裁判例集	27, 81
名古屋高判平成 19 年 6 月 15 日 LEX/DB 28131920	23
東京高判平成 19 年 11 月 29 日判例集未登載	140
東京高判平成 20 年 4 月 23 日判例集未登載	216
東京高判平成 21 年 5 月 20 日判例集未登載	141

地方裁判所

東京地判昭和 44 年 7 月 8 日行集 20 巻 7 号 842 頁	223
長野地判昭和 48 年 5 月 4 日行集 24 巻 4〜5 号 340 頁	186
仙台地決平成 4 年 2 月 28 日判時 1429 号 109 頁	25
浦和地判平成 8 年 2 月 21 日判時 1590 号 114 頁	190
札幌地判平成 9 年 2 月 13 日判タ 936 号 257 頁、最高裁 HP 行政事件裁判例集	195, 232, 234
仙台地判平成 10 年 1 月 27 日判時 1676 号 43 頁、最高裁 HP 行政事件裁判例集	20, 194, 209
名古屋地判平成 11 年 6 月 16 日判タ 1061 号 113 頁	236
那覇地判平成 12 年 5 月 9 日判時 1746 号 122 頁、地方自治判例百選（第 3 版）24 事件	8, 118
横浜地判平成 12 年 9 月 27 日判例地方自治 217 号 69 頁	156
盛岡地決平成 13 年 2 月 23 日判例集未登載	24, 63
東京地判平成 13 年 5 月 11 日判時 1765 号 80 頁	190

甲府地判平成 13 年 11 月 27 日判時 1768 号 38 頁	27
大分地判平成 15 年 1 月 28 日判夕 1139 号 83 頁	24
大阪地判平成 15 年 5 月 8 日判夕 1143 号 270 頁	259
和歌山地判平成 16 年 3 月 31 日判例体系 28091233	27, 228
大阪地判平成 17 年 1 月 18 日判例地方自治 282 号 74 頁	169
さいたま地判平成 17 年 3 月 16 日 LEX/DB 25410393	22
さいたま地判平成 17 年 3 月 16 日判例集未登載	258
福岡地決平成 17 年 6 月 29 日判例集未登載	24
岡山地判平成 18 年 4 月 19 日判夕 1230 号 108 頁	19, 85
横浜地判平成 18 年 5 月 22 日判夕 1262 号 137 頁、判例地方自治 284 号 42 頁	172, 238
大津地判平成 18 年 6 月 12 日判例地方自治 284 号 33 頁	260
名古屋地決平成 18 年 9 月 25 日 LEX/DB 28112501	30
名古屋地判平成 18 年 10 月 13 日判例地方自治 289 号 85 頁	23
東京地判平成 18 年 10 月 25 日判時 1956 号 62 頁、判夕 1233 号 117 頁	20, 226
千葉地判平成 19 年 1 月 31 日判時 1988 号 66 頁	141
千葉地判平成 19 年 8 月 21 日判時 2004 号 62 頁	141
大阪地判平成 20 年 2 月 14 日判夕 1265 号 67 頁	18
長野地判平成 20 年 7 月 4 日判夕 1281 号 177 頁	240

索　引

ア　行

(愛知県) 東郷町ホテル等建築の適正化に
　関する条例　　　　　　　　　　　81
違憲判決の拘束力と判例変更　　　　57
違憲判決の効力　　　　　　　　　　57
違憲立法審査　　　　　　　　　　　76
一般的効力説　　　　　　　　　　　57
(岩手県) 循環型地域社会の形成に関する
　条例　　　　　　　　　　　　　　65
岩手県総務室法務文書担当　　　　289
上乗せ　　　　　　　　　　74, 76-77
運用法務　　　　　　　　　　　　　43
営造物の設置・管理の瑕疵　　　　　23
公の施設　　　　　　　　　　　　182
岡山市開発行為の許可基準等に関する条例
　　　　　　　　　　　　　　　　85
(沖縄県) 日米地位協定の見直し及び基地
　の整理縮小に関する県民投票条例　117

カ　行

閣議請議　　　　　　　　　　　　　99
各省協議　　　　　　　　　　　　100
瑕疵担保責任　　　　　　　　　　133
仮定的第三者　　　　　　　　　　　50
過度に広範　　　　　　　　　　　　50
仮の義務付け　　　　　　　　　　　21
仮の差止め　　　　　　　　　　　　21
過料　　　　　　　　　　　　　　156
勧告　　　　　　　　　　　　　　　87
議員提案条例　　　　　　　　　　107
議員提案の政策条例　　　　　　　107
議員の議案提出権　　　　　　　　107
議会事務局　　　　　　　　　　　110
議会内部のルールを定めた条例　　107
機関委任事務　　　　　　　3, 77, 87
規制権限の不行使　　　　　　　　　22
羈束行為　　　　　　　　　　　　161
羈束裁量　　　　　　　　　　　　161
既存宅地制度　　　　　　　　　　　85
(岐阜県) 御嵩町における産業廃棄物処理
　施設の設置についての住民投票に関する
　条例　　　　　　　　　　　　　117
義務付け訴訟　　　　　　　　20, 259
客観データ　　　　　　　　　　　　68
行政強制　　　　　　　　　　148, 264
行政刑罰　　　　　　　　　　　　151
行政事件訴訟　　　　　　　　　　200
行政事件訴訟法の改正　　　　　　　87
強制執行　　　　　　　　　　149, 155
行政実例　　　　　　　　249, 252, 288
行政指導　　　　　　　87, 194-195, 258
　──不服従　　　　　　　　　　196
行政上の秩序罰　　　　　　　　　151
行政代執行　　　　　　　　　　　　64
強制徴収　　　　　　　　　　　　149
行政手続条例　　　　　　　　191, 194
行政手続法　　　　191-192, 194, 257, 261
行政手続法制　　　　　　　　257, 261
行政罰　　　　　　　　　　　　　151
行政不服審査　　　　　　　　　　　29
行政不服申立て　　　　　　　　　266
協働　　　　　　　　　　　　　　　7
協働型市民立法　　　　　　　　　112
共同管理型　　　　　　　　　　　283
共同歩調型　　　　　　　　　　　283
均衡の原則　　　　　　　　　　　176
勤務評定　　　　　　　　　　　　177
具体的審査制　　　　　　　　　　　46
形式的当事者訴訟　　　　　　　　　21
厳格な基準　　　　　　　　　　　　54
権限不行使　　　　　　　　　　　142
原告　　　　　　　　　　　　　　　87
原告適格　　　　　　　　　　　87, 194

303

検察庁協議	92
現実性	68
研修に関する基本的な方針	180
限定合憲解釈	50
憲法上の争点適格	49
憲法訴訟	46
憲法尊重擁護義務	44
効果裁量	235
抗告訴訟	17
(高知県)窪川町(現・四万十町)原子力発電所設置についての町民投票に関する条例	117
高知県条例等の立法指針	73
高知市普通河川等管理条例	75
公聴会	194
公表・行政サービスの停止	157
公法上の当事者訴訟	21
国民の知る自由	56
個人の領域	52
個別型住民参加条例	116
個別的効力説	57
個別法	251

サ 行

債務不履行責任	136
裁量権収縮論	162
裁量権消極的濫用論	162
産業廃棄物税	66
自己実現	55
自己統治	55
自主研究グループ	292
事情判決	28
静岡市政策法務推進計画	95
自治基本条例	4, 278
──型	117
自治体政策法務	3, 61
自治体の国政参加権	4
自治体の不作為	209
──と義務付け訴訟	220
──と国家賠償請求訴訟	211, 213
──と不許可処分の違法	216
自治体の法環境	86
自治立法指針	73
執行停止	20
執行罰	150
実質的当事者訴訟	21
実質的平等	54
指定管理者	188
指定代理人	267
市民立法	110
事務管理	64
社会権	55
衆議院先議	104
自由裁量	161
住民参加条例	114
住民参加のはしご	113
住民訴訟	21, 253
住民同意	195
住民投票制度	117
住民と自治体との関係のルールを定める条例	108
住民の利害関係	193
重要事項留保説	69-70
首長と議会との関係のルールを定める条例	108
受理	196
消極的規制	54
常設型住民投票	117
条例案要綱(法政策要綱)	91
条例準則	96, 288
条例等の整備方針	95
条例の制定改廃の直接請求	111
条例の制定過程	62
条例の地域的効力	281
条例の適法性テスト	77
条例の伝播	282
処分基準	257
処分性	87
侵害留保説	69
新旧対照表方式	269
審査応答義務	196
審査開始義務	195

審査基準	51, 191-192, 257, 262		統治行為	49
人事管理	174		徳島市集団行進及び集団示威運動に関する	
人事評価	177, 271		条例	75
随意契約	254		特定の行政分野に関する条例	108
スソ切り	75		土地開発公社	256
スソ出し	75, 77		取消訴訟	19
政策評価	9, 71			
政策変更	159		**ナ 行**	
政策法務委員会	291		内閣法制局	97
政策法務課	277, 289		──予備審査	100
制度設計	62		内部組織を設置する権限	181
積極的規制	54		(長崎県) 飯盛町旅館建築の規制に関する	
全国条例データベース (鹿児島大学法文学部)	289		条例	81
			(長崎県) 小長井町まちづくり町民参加条例	117
全部留保説	69-70			
争議行為に通常随伴して行われる行為	51		名護市における米軍のヘリポート基地建設の是非を問う市民投票に関する条例	118
総合型住民参加条例	116			
争訟法務	79		(新潟県) 巻町における原子力発電所建設についての住民投票に関する条例	117
想定問答集	106			
争点訴訟	25		ネットワーク型	283
即時強制	151, 156		能力実証主義	177
訴訟リスク	26			
タ 行			**ハ 行**	
第三者所有物没収事件	50		廃棄物処理法	194
第三者の利益	193		パブリック・コメント	91
代執行	149		PDCA サイクル	290
大臣官房文書課	98		非法治行政	250
タコ部屋	100		平等原則	83-85
他事考慮	197		比例原則	77, 81-83
地域による取扱いの差異	40		服従の強制	194
千葉県条例等の整備方針	73		複層的な審査体制	100
地方議会議員に対する懲罰	48		不作為違法確認訴訟	19, 209
地方分権一括法	87		不受理	196
抽象的審査制	46		部設置条例	8
庁内法務委員会	91		部分社会	48
直接強制	150		不法行為責任	136
通達	249		Plan-Do-Check-Action	290
適法性	62, 69, 74, 200		ブロック会議等	288
統一条例	281-282, 284-286		分権型条例制定指針	291
東京都環境影響評価条例	87		文面審査	50

ベクトルの相剋	102
便宜裁量	162
返戻	
申請書等の――	195-196, 209
法解釈	269
法規裁量	161
法規審査	91
法制執務	6, 260, 269
法治主義	69
報道の自由	56
法務研修	269
法務支援室	289-290
法務主任	274
法律上の争訟	47
法律（条例）の留保の原則	69
法律先（専）占論	13
法律にリンクしない条例	75
法律にリンクする条例	75
法令審査	100
法令データ提供システム（総務省）	289
法令との抵触関係	74
法令の自主解釈	139
――権	87
補助参加	193

マ 行

見直し規定	71
箕面市市民参加条例	117
民事訴訟	200
民主政の基盤を欠く裁判所	52
無効等確認訴訟	19
名誉毀損を理由とする謝罪広告	53

ヤ 行

大和市条例等の整備方針	73
（山梨県）高根町簡易水道事業給水条例	
	83
緩やかな審査基準	55
要件裁量	161, 225
要綱	257
横須賀市地方分権に伴う条例等の整備方針	
	73, 94
横出し	74, 77
与党審査	100

ラ 行

リーガル・マインド	270
利害関係者の意見	194
立法事実	36, 56, 64, 66-67, 87, 273, 285
――の把握	62, 65-67
立法の契機	89
立法評価	96
立法法務	61
料金条例主義	250, 252
列記型住民参加条例	116
レファレンダム（住民表決）	118

編著者紹介

田村泰俊（たむら・やすとし）
明治学院大学法学部教授　博士（法学）
『公務員不法行為責任の研究』（信山社、1995年）
『組織・企業と公的規制訴訟—RICO法研究—』（中央大学出版部、2001年）
『最新・ハイブリッド行政法（改訂版）』（編著、八千代出版、2006年）

千葉　実（ちば・みのる）
岩手県環境生活部廃棄物特別対策室主任主査・岩手県立大学講師
「産業廃棄物処理施設設置における周辺住民の安心度の向上と設置手続」『いんだすと』No. 239〜242（全国産業廃棄物連合会、2007年）
『政策法務ナレッジ　青森・岩手県境産業廃棄物不法投棄事件』（共著、第一法規、2003年）
「国の『法令』および『通知』への自治体のかかわり」「都道府県の『条例等』および『通知』への市町村のかかわり」「市町村合併と政策法務」兼子仁・北村喜宣・出石稔編『政策法務事典』（分担執筆、ぎょうせい、2008年）

吉田　勉（よしだ・つとむ）
茨城県病院局経営管理課企画室長・明治学院大学法学部講師
『自治体法務・つれづれ草教室（増補版）』（茨城県地方自治研究会、2007年）
『講義・地方自治法—基礎から実務まで—』（八千代出版、2008年）
「やる気の出る自治体条例立案入門」『自治体法務研究』No. 5〜8
　（ぎょうせい、2006〜2007年）

自治体政策法務

2009年11月16日　第1版1刷発行
2013年12月12日　第1版2刷発行

編著者—田村泰俊・千葉　実・吉田　勉
発行者—森口恵美子
印刷所—神谷印刷㈱
製本所—㈱グリーン
発行所—八千代出版株式会社
　　　　東京都千代田区三崎町2-2-13
　　　　TEL 03-3262-0420
　　　　FAX 03-3237-0723
　　　　振替 00190-4-168060

＊定価はカバーに表示してあります。
＊落丁・乱丁本はお取り替えいたします。

ISBN 978-4-8429-1497-8　　Ⓒ 2009 Printed in Japan